PRACTICE OF CREDIT
LENDING MANAGEMENT FOR
COMMERCIAL BANKS

商业银行
放款管理实务

赵延河 / 著

中国财经出版传媒集团
经济科学出版社
Economic Science Press

图书在版编目（CIP）数据

商业银行放款管理实务/赵延河著.—北京：经济科学出版社，2017.1

ISBN 978-7-5141-7563-9

Ⅰ.①商⋯ Ⅱ.①赵⋯ Ⅲ.①商业银行-信贷管理-研究-中国 Ⅳ.①F832.33

中国版本图书馆CIP数据核字（2016）第306518号

责任编辑：周国强 李 建
责任校对：杨晓莹
责任印制：邱 天

商业银行放款管理实务

赵延河 著

经济科学出版社出版、发行 新华书店经销
社址：北京市海淀区阜成路甲28号 邮编：100142
总编部电话：010-88191217 发行部电话：010-88191522
网址：www.esp.com.cn
电子邮件：esp@esp.com.cn
天猫网店：经济科学出版社旗舰店
网址：http://jjkxcbs.tmall.com
北京汉德鼎印刷有限公司印刷
三河市华玉装订厂装订
787×1092 16开 18.5印张 300000字
2017年3月第1版 2017年3月第1次印刷
ISBN 978-7-5141-7563-9 定价：58.00元
（图书出现印装问题，本社负责调换。电话：010-88191510）
（版权所有 侵权必究 举报电话：010-88191586
电子邮箱：dbts@esp.com.cn）

序

　　信贷管理是金融领域中银行管理的常谈常新话题，而放款管理又是信贷管理理论和实践的重要组成部分。赵延河博士一直关注和研究现代市场经济条件下商业银行的信贷管理，尤其是放款管理问题，他新近完成的著作《商业银行放款管理实务》，是基于笔者多年从事商业银行信贷管理实践的基础上，持续不断地进行理论探讨、总结、思考的成果，是一部探究我国商业银行放款管理理论与实践问题的力作。

　　我认为这部著作在以下四个方面颇具特色和新意：

　　第一，研究对象独特。传统研究往往是将放款管理笼统并入信贷管理研究之中，对放款管理缺少深入系统研究，而该书首次明确界定"放款管理"涵义，并尝试将放款管理作为独立的研究对象进行专门系统研究并贯穿始终，这在现有研究文献中较为少见，具有一定的原创性。

　　第二，制度设计新颖。在传统的信贷管理"三查"制度基础上，该书提出了信贷管理的"四查"制度，对放款管理在整个信贷管理链条中的基本功能进行了更加清晰的定位和阐释，由此构建了信贷四阶段管理框架，调整了传统信贷管理理论对信贷放款管理"相对忽视"的状态，进一步深化和细化了信贷管理理论。以此为指导，对放款管理的制度进行了比较、选择和设计。

　　第三，结构体系完整。该书的结构安排也是独具匠心的，沿着从理论到实务、从产品到流程、从制度到方法、从原则到案例、从政策到法律的逻辑线路，层层递进，依次展开研究。不仅如此，该书还多视角地观察和分析放款管理与相关因素的相关关系，包括放款管理与信贷调查和信贷审批及贷后管理等环节的相关关系、放款管理与融资产品、网络金融模式、利率市场化和科技进步等的相互影响等，丰富和拓展了我国商业银行信贷管理研究体系。

　　第四，内容具体实用。在我国商业银行信贷管理的实践中，信贷管理粗放或流于形式的现象较为普遍，因放款管理环节管控不力而导致的风险及案件更是频发，后果严重。对此，该书从合规和风险控制的视角对放款管理制度、操作流程和管理要点进行了全面梳理提炼，这对于优化商业银行的信贷管理体系，科学规范放款实践，切实贯彻全流程风险管理的理念，具有重要的指导意义。本书大量运用图表、案例的形式对有关放款管理的内容进行体现，针对性强，直观易懂，具有可操作性。

  由此可见，该书可作为信贷管理、风险管理、合规管理，尤其是放款管理方面的研究资料或培训教材，对于商业银行、非银行金融机构、贷款公司、财务公司、资产管理公司等有直接的指导作用，对于理论研究、金融监管和企业管理的相关人士也具有参考价值。相信该书的出版能够进一步激发对放款管理更广泛的关注和探讨，从而推动我国商业银行信贷管理理论和实践的发展和完善。

中央财经大学 齐兰

2016 年 10 月 10 日

前　言

　　商业银行的经营始终面临着各种各样的风险，而且，随着市场条件的变化、金融管制的放松、金融全球化、创新步伐以及信息技术的迅猛发展等诸多因素的影响，风险的表现形式（如信用风险、市场风险、流动风险、法律风险[①]和操作风险[②]等）及其影响程度在不同的发展阶段和历史时期也呈现不同的特征。例如，操作风险及其影响程度的上升、金融产品创新和产品结构复合化成为当今银行业经营风险的突出特征。数据表明，操作风险已成为商业银行经营管理的主要风险之一，给银行业造成的损失呈上升趋势。据巴塞尔银行业委员会的估计，在银行业所有风险中，操作风险所造成的损失仅次于信用风险。

　　操作风险的存在是对银行资本的直接侵蚀或潜在威胁。风险的增加和变化直接考验着银行的风险承受和防范能力，也客观上推动了国际银行业监管原则（巴塞尔协议）的不断修改、调整。2003年巴塞尔委员会公布《操作风险管理和监管稳健原则》，2004年6月颁布《巴塞尔新资本协议》（*International Convergence of Capital Measurment and Capital Standard: A Revisal of Framwork*），对操作风险提出的新资本要求中，将操作风险纳入资本监管的范畴。"关于操作风险管理指导意见的重点已从损失数据的收集向前瞻性的风险评估和全面的风险管理转变"[③]。在2006年10月最终发布的新版《有效银行监管核心原则》中，专

---

　　① 巴塞尔委员会把法律风险视为广义的操作风险的一部分，但有争议。IFCI金融风险机构定义为"由于法律不可执行和缺乏法律依据的交易而导致的风险"（IFCI，2000）。克瑞斯·汉德姆认为，法律风险损失可以归结为："①银行或其员工、代理机构在法律上的无效行为；②法律要求和结果的不确定性；③一个国家法律制度的相对无效性"。克瑞斯·汉德姆："法律风险和欺诈：资本金的分配、监控与保险"，见卡罗尔·亚历山大著，陈林龙等译：《商业银行操作风险》（Operational Risk），中国金融出版社，2005（1），79~80.

　　② 按照《巴塞尔新资本协议》，操作风险是指"由于不完善或有问题的内部程序、人员、系统或外部事件所造成损失的风险"。

　　③ 杰克·帕日："对巴塞尔资本协议关于操作风险管理建议的评论"，见卡罗尔·亚历山大著，陈林龙等译：《商业银行操作风险》（Operational Risk），中国金融出版社，2005（1），47.

门为"操作风险的监管"新增一条原则（原则15），该条原则概括了《操作风险管理和监管稳健原则》的主要内容："银行监管当局必须满意地看到，银行具备与其规模及复杂程度相匹配的识别、评价、监测和缓解操作风险的风险管理政策和程序。"新资本协议的颁布表明，银行业在关注信用、市场风险的同时，也日渐重视操作风险或其他案件风险的控制与管理。国内银行业也紧跟并适应新的监管趋势，先后出台了多项法规。2005年3月22日，中国银监会发布《关于加大防范操作风险工作力度的通知》，就操作风险管理提出13条指导意见（又称"操作风险十三条"），2007年5月14日又颁布《商业银行操作风险管理指引》，加强了对操作风险管理的监督和评估。

从信贷管理的视角看，上述风险既是信贷风险的表现形式，又是导致信贷风险的原因。信贷业务仍是当今商业银行业务的重要收益来源，信贷资产收益的高低取决于信贷资产的质量，而资产质量的高低又取决于信贷风险的防控成效。如何有效防范和控制信贷风险是理论界、银行界、监管机构等共同关心的永恒课题。从《商业银行法》、《贷款通则》、"三个办法一个指引"[①]（下称"贷款新规"）到《银行业机构全面风险管理指引》等法规的颁布过程反映了信贷风险管理理念和手段的与时俱进，全面风险管理和精细化风险管理是风险管理的必然要求。充分认识新时期的风险特征，主动适应变化，运用先进和变化的管理理念和措施，从纵（指全环节、全链条）横（截面、深度、精细化）两个方面有效管理风险，推动信贷业务的健康开展，仍是商业银行的重要任务。当今，公司业务投行化已经成为重要趋势，传统信贷业务萎缩，这种表外化的资金投放虽然与传统信贷产品有所区别，但所遵循的风险管理原则没有实质区别。

商业银行经营信贷业务必须遵守"审贷分离"的原则，这已是法律层面的要求[②]。原则中的"审"是贷前调查基础上的信贷准入审批，而"贷"即实际发放，即通常所称的"放款"，是信贷项目从"纸上谈兵"阶段（信贷调查、信贷审批）向现实转变（签订合约、实际发放）的分水岭。"从放贷开始，银行便进入了风险之地"[③]。从这一刻始，信贷项目从风险分析、评估、认定阶段将转变为"现实的风险资产"。银行在获得收益的同时，开始真正承受风险。放款

[①] "三个办法一个指引"：系中国银监会颁布的《固定资产贷款管理暂行办法》、《流动资金贷款管理暂行办法》、《个人贷款管理暂行办法》和《项目贷款指引》的简称。
[②] 我国的《商业银行法》和《贷款通则》对信贷业务的"审贷分离"原则均进行了专门规定。
[③] 美洲开发银行：《银行业与发展：拉美的危机与改革》，高静等译，世界知识出版社，2007（6），12.

管理就是银行以一定的管理模式、运作机制，对信贷业务的实际发放过程进行有效管理和经营，是银行全流程风险管理的重要组成部分，也是效益管理的主要手段。加强放款管理是推动信贷精细化管理的关键环节之一。

现实中，"审贷分离"已深入人心，但对于如何实现"审贷分离"长期未能形成统一的认识，或认识上存在偏差。传统认为，只要审贷分离了，监管要求就实现了，具体由谁（哪个部门、环节）实施发放无所谓；只要审批通过了，客户或业务的风险度也就"确定"了，至于如何发放则不重要。受此种观念的影响，长期以来，业界普遍较重视"审批管理"，但疏于"发放管理"。信贷流程无法做到环环相扣，形不成相互的协作和制约，管理上难以实现精细化和全流程化。表现在信贷管理架构上缺少专门的放款审查环节；或即使存在，也是流于形式，缺乏足够约束，管理责任不明，难以实现有效的监督和制衡，致使信贷审批理念、信贷政策常常得不到贯彻，或得不到彻底贯彻；审批条件不能或不能完全落实，信贷资金配置难以实现科学合理，信贷内控制度流于形式，制度效应难以发挥。传统放款管理的制度缺陷暴露了银行信贷管理的软肋，是导致信贷风险、案件风险不断暴露的重要原因。风险的暴露严重威胁着银行的信贷资产安全，损害了银行健康发展的基础，增加了银行经营的脆弱性。2011年以来，我国银行业案件的爆发再呈上升态势，骗贷、违规违法放贷屡禁不止，内控失效，大案要案频发。除了受宏观调控和经济下行等因素的影响外，信贷管理薄弱，信贷管理不到位仍是导致银行业案件频发的要因。

2015年在向十二届全国人民代表大会第三次会议做政府工作报告时，李克强总理明确提出围绕服务实体经济推进金融改革。放款管理的科学化不仅是控制风险的需要，也是银行适应不断提高的监管要求，贯彻中央推进金融改革的工作精神，推动金融为实体经济做好服务的客观需要。长期看，信贷资源的合理、合规和科学分配直接影响着金融机构健康运行的基础，科学的放款管理可以在其中发挥重要作用。

为推动商业银行信贷业务放款管理制度的构建，本书以银行业有关监管政策、法规和信贷管理理论为指导，从理论和实践两个方面，对商业银行的放款管理与操作进行了系统性论述。

本书在传统的信贷"三查"制度的基础上，进一步发展和构建了信贷管理的"四查"制度。在新的框架下，以放款管理作为独立的研究对象展开系统研究。本书尝试对放款管理的基本功能给予理论定位，明确了放款管理在商业银行信贷风险管理、内控管理中应具有的地位，提出了实施相对独立、集中化的放款管理制度的建议，倡导全流程和精细化的风险管理理念。以此为指导，着重对放款管理制度进行了初步设计和优化，同时引申探索了放款管理理念、放款效率、放款管理中的冲突与化解、企业视角的放款管理、科技进步（网络金融、供应链金融）和利率市场化对放款管理的影响等问题，梳理了放款管理与经营单位、信贷审批和贷后管理（对于投行业务，就是投后管理）等环节间的相互关系，丰富和发展了信贷管理理论。

从放款管理的业务实践出发，本书以认识融资产品和业务、认识放款资料和手续、了解放款流程（放款的发起和准备、放款审查）为逻辑主线展开论述，全景式分解放款管理的具体内容和操作流程。其中，重点剖析了融资产品的概念和结构，对部分融资产品或业务进行了专题分析，针对性梳理了放款审查要点（包括制度依据、一般性要求、需要提供的信贷、法律文件或手续），对放款管理和操作给予实务上的具体指导。

全书的结构安排如下：

全书由7章构成。前4章偏重于理论分析并对有关问题进行探讨。第1章"信贷业务放款管理理论分析"，从放款管理的概念、基本原理、现状、问题、功能定位和制度选择方面对放款管理进行理论探讨。第2章"放款管理制度设计"，基于相对独立和集中化的放款管理理念，对放款管理制度进行初步设计、优化。第3章"放款管理的探索与创新"，对放款管理中存在的低效和冲突等问题的根源及其应对措施、科技进步和利率市场化及其对放款管理的影响等进行初步探讨。第4章"融资产品专题"，以独特视角，概括了融资产品的基本内涵、类别，解析了融资产品的结构、融资产品的运行环境和创新，以深化读者对融资产品的理解。同时，对部分融资产品、业务及其风险管理进行了专题研究。

后3章是放款操作实务。第5章"放款流程管理"，梳理了放款操作流程，引领读者深入认识放款所需要准备的各类资料、手续及其意义；掌握如何进行放款的准备与发起，了解放款管理部门的审查程序、原则和流程。第6章"信贷业务放款审核"针对常见的融资业务，具体列示审查要点，指导实务操作。第7章"放款管理常见法律问题"，概述放款管理和操作需要掌握的有关法律知识和要求。最后，"附录"列示了放款管理和操作需要了解、掌握的政策、法规和国际惯例以及放款检查的速查工具。

需指出的是，本书的放款管理虽然主要以传统对公信贷业务为研究对象，但是放款管理的基本规律对于投行业务、零售信贷、网络金融业务并没有本质的区别，每种业务，在基本的放款管理理论基础上，结合具体的业务特点、技术支持手段等体现出其特殊性。比如，零售信贷，需更加重视效率和流程化，放款管理要反映与中介公司的合作、合同的网签和面签等要求，网络金融、消费信贷的信贷工厂模式，往往采用批量化的审批和发放模式。

本书定位于商业银行信贷管理的指导丛书，对于其他金融机构、信用社、财务公司、监管部门、企业财务部门和高校理论工作者也有一定的参考价值。

由于时间仓促，加上水平所限，不当之处在所难免，还请读者和业界的专家、学者、同行不吝批评指正（电子邮箱：1400316227@qq.com）。

作者

2016 年 10 月 8 日

目 录

第1章 放款管理理论分析 1
    1.1 放款管理的基本概念 3
    1.2 放款管理现状及问题 8
    1.3 放款管理功能定位分析及制度选择 13

第2章 放款管理制度设计 23
    2.1 放款管理制度界定 25
    2.2 放款管理制度设计 25

第3章 放款管理的探索与创新 67
    3.1 放款效率管理 69
    3.2 放款的"冲突"与化解 72
    3.3 放款管理理念与创新 74

第4章 融资产品专题 83
    4.1 融资产品概述 85
    4.2 产品运行环境及对放款的影响 89
    4.3 产品创新及其影响 91
    4.4 融资产品专题分析 93

第5章 放款流程管理 119
    5.1 认识放款资料和手续 121
    5.2 放款的准备与发起 130

5.3　资料提交与放款审查程序 ·· 137

第6章　信贷业务放款审核·· 147
　　6.1　流动资金贷款 ··· 149
　　6.2　外汇担保项下人民币贷款 ·· 152
　　6.3　出口押汇 ··· 154
　　6.4　进口押汇 ··· 157
　　6.5　福费廷 ·· 159
　　6.6　商业承兑汇票贴现 ··· 162
　　6.7　固定资产贷款 ··· 166
　　6.8　房地产开发贷款 ·· 170
　　6.9　项目贷款（及搭桥贷款） ·· 173
　　6.10　并购贷款 ··· 176
　　6.11　银团贷款 ··· 177
　　6.12　信贷资产转让 ··· 180
　　6.13　贷款重组 ··· 181
　　6.14　银行承兑汇票 ··· 182
　　6.15　保函业务 ··· 184
　　6.16　进口信用证 ·· 187
　　6.17　未来货权质押开立信用证 ·· 193
　　6.18　国内保理 ··· 196
　　6.19　出口应收账款池融资 ·· 200
　　6.20　自偿性贸易融资业务模式 ·· 203

第7章　放款管理常见法律问题·· 207
　　7.1　信贷业务合同相关法律问题 ··· 209
　　7.2　担保合同相关法律问题 ··· 216
　　7.3　担保方式及法律要求 ·· 222
　　7.4　重要授权文件的有效性 ··· 256
　　7.5　票据业务常见法律问题 ··· 257
　　7.6　进口业务融资相关法律问题 ··· 260

  7.7 出口押汇的性质及法律关系 …………………………………… 262
  7.8 涉外担保相关法律问题 …………………………………………… 263
  7.9 福费廷与其他融资方式的比较 …………………………………… 268

附录 ……………………………………………………………………………… 269
  附录1 商务合同审查常见问题 ………………………………………… 271
  附录2 发票的种类、内容及作用 ……………………………………… 273
  附录3 放款资料、手续和常见问题表 ………………………………… 275
  附录4 常用政策法规和国际惯例目录 ………………………………… 279

参考文献 ………………………………………………………………………… 282
后记 ……………………………………………………………………………… 284

第 1 章

放款管理理论分析

本章对商业银行信贷业务的放款管理和模式的基本概念进行了界定，在总结当前国内商业银行放款管理现状的基础上，提出了信贷"四查"制度框架，进而从理论上对放款管理的功能进行定位，对放款管理的制度选择提出建议。

1.1 放款管理的基本概念

1.1.1 放款管理的含义

贷款的发放过程简称"放款"。实际上，商业银行的信贷业务有许多方式，对客户的融资并非仅限于发放贷款，还有票据贴现、进出口押汇等表内业务，以及开立信用证和保函、对商业票据进行承兑等表外业务。"放款"的含义已不再局限于发放"贷款"，还包括其他融资业务的发放。投行业务的发放、融资租赁、保理业务等，也应该纳入放款的范畴。

对于"放款"一词的理解和使用，目前在理论界和银行界并不统一，这里有必要进行区分。

有的把放款直接理解成"贷款"[1]，这是狭义上的概念；有的把放款视为"信贷"、"授信"，包括信贷调查、信贷决策（信贷审批）及实际发放的过程，甚至包括贷后管理（杨俊川，1998）；还有的把放款与存款、结算一起作为广义信贷业务（张静琦，2005），均属于广义上的认识。

本文中，"放款"特指根据我国《商业银行法》和《贷款通则》规定的"审贷分离"原则，经信贷调查并上报信贷审批部门（含贷审会、投委会等）审批通过后的信贷项目，在完成有关合同的签约、履行了发放审查程序并确认信贷审批意见全部、正确落实后，由经营单位（支行、分理处、营销部门、事业部等）[2]或独立的信贷发放部门，对授信客户（申请人）进行实际融资发放，直至客户能够使用信贷资金（或信贷文件），并能对外支付（或对外提供）的全过程。"放款"是银行运用信贷资金或提供信用过程的一部分，也是信贷业务的一个特定管理阶段。

表内、表外业务的放款表现形式略有不同。对于贷款、贴现、押汇等表内业务而言，放款具体指经合同签署、发放审查、审批的程序后，由银行的会计或运营管理部门把一定金额、币种的款项实际发放至客户的信贷专户并可以转入企业结算账户正常使用的过程。此过程是银行的资金使用过程，银行的资产负债表发生变化，信贷资产增加；而对于开立信用证、保函等表外业务融资而言，则是银行利用银行信用（而不实际动用资金）对外签发信贷文件并实际交付，或对外拍发格式文本电

---

[1]《国家外汇管理局关于境内企业境外放款外汇管理有关问题的通知》规定，境内企业可以对境外的全资附属企业、参股企业提供直接贷款融资，这是为了支持企业"走出去"而出台的制度。

[2] "经营单位"指商业银行的对外经营单位和部门，实行相对独立的核算或业绩考核。常见的是分行层面的营业部、支行（含分理处）、具有经营职责的市场营销部门、业务部门等。

报（比如电子票据、涉外保函、信用证等）的过程。此过程中，银行的或有负债增加，资产负债表表内项目未有变动。

由此可以界定，信贷业务的放款管理，是指商业银行对已经各级信贷审批部门审批通过后信贷项目的实际发放进行组织、审核、管理的过程，也是对放款行为进行制度约束并进行流程管理的过程。放款管理的目标是确保审批意图的实现，依法合规经营，防范信贷风险，提高效益。一般包括以下内容：

（1）放款的准备与发起。指上报的信贷项目经信贷审批部门审批通过后，经营单位根据信贷审批意见的基本精神和条件要求，与客户洽商实际放款事宜（了解资金需求细节，如金额、价格、用途、品种、时间等），并准备各类放款资料和履行有关手续的过程。其中，重点是有关融资合同、协议的签署、有关融资（含抵质押）的授权文件的取得、有关信贷用途的证明文件（即贸易和交易背景资料）的索取等。准备完备后，经营单位向所在经营单位的审查岗位或独立的放款管理部门提交全套放款资料及手续，请求放款审查、审批。如有放款管理系统，还包括在系统上进行登录、初级审查、向上级审查岗位提交、待批等工作。

（2）放款的审查与审批。即有关审查岗位或审查部门，受理放款申请，进行贷时审查、管理的过程。一般涉及授信额度管理、信贷押品管理（含货押监管）、法律、合规审查、会计审查、动态因素影响、程序审查、授权管理、价格调控、信贷系统管理、档案管理、账簿登记、放款指令的签发等。在实务上，各银行存在经营单位自行审查、信贷审批部门兼职审查、独立的放款部门专职审查等多种管理制度模式。

（3）实际发放管理，即"出账管理"，有的还称为"贷款交割"。指由会计或运营部门，或独立的集中作业部门、国际业务部（特指国际业务、离岸业务）等，根据放款审查岗位、部门的审查意见及签发的放款指令（《放款通知书》《准贷证》等类似文件）进行实际划转资金、记账、签发信贷文件（对于银行承兑汇票、人民币保函、信贷承诺书等）、拍发电文（对于信用证、涉外保函等）、加盖银行印章等的操作过程。在本书，"出账"只是放款管理环节中的其中一环。

（4）客户提款与银行的支付管理。从客户角度看，提款是银行发放贷款后，客户提取、使用信贷资金或领取信贷文件的过程，属于客户行为。从银行角度看，银行贷记客户的贷款账户后，还要对客户的提款、资金划拨、资金用途和支付、文件交付等进行管理。"三个办法一个指引"实施后，该环节的意义更加清晰。

（5）信贷档案管理。放款后的信贷档案应及时归集、整理、装订、归档保存。一般由专门的档案室负责管理。

1.1.2 放款管理制度模式

放款管理模式是指银行对信贷业务的发放实行的组织、管理方式和有关制度的总称。

国内商业银行放款管理模式的形成受到我国《商业银行法》、《贷款通则》、《商业银行内部控制指引》等有关法律、法规和监管政策，尤其是"审贷分离"原则、"三查"制度的直接影响。我国法律规定，商业银行的贷款行为，以及更广义上的"信贷或授信行为"，必须接受国家产业政策的指导，同时在贷款制度方面，必须实行"审贷分离，分级审批"的制度。

传统认为，银行贷款的审批部门与实际发放部门只要分开就符合"审贷分离"了。信贷审批部门一般不直接接触客户，只负责审查经营单位提交的授信申请资料，决定批准与否，对信贷项目的评估、审批决策负责；而贷款发放部门直接接触客户，审查客户申请贷款的资料，对资料的真实性负责，但无权决定批准贷款[①]。实践上，大体产生了两类管理模式：

一类是"分散、松散型的放款管理模式"。此模式下，经过信贷审批程序后，经营单位自行准备并审查放款资料、手续，在信贷审批条件和额度品种范围内，自行决定是否发放、发放多少、何时发放。该模式属于传统管理模式，长期为国内商业银行所采用并至今仍有沿用。也有的由信贷审批部门兼职放款审查，但审查职责履行地并不充分，往往只审查一些合同等法律文件，重心仍在审批上。

另一类是"独立、集中化的放款管理模式"。经营单位的信贷申请经过信贷审批部门分级审批后，经营单位并不直接发放贷款，而是需要把准备好的全套放款资料、合同及其他手续等提交到专门的放款管理部门进行发放的审查审批，签发放款指示，由经营单位会计、运营管理部门（营业部），或其他集中作业部门、国际业务部等，凭放款指示进行实际出账操作。即放款的审查职能集中在分行一级或按照一定地理区域设立的专门放款管理机构，如放款管理中心、放款部、信贷执行部等。该模式是近几年才逐步实行的一种新型管理制度，尤其受到中小商业银行的青睐。

1.1.3 放款管理模式比较

不同管理模式的制度效应和适应性是不同的，它们的形成也有其历史原因和客观性。

---

① 吴志攀. 金融法概论 [M]. 北京：北京大学出版社，2000 (4)：26.

长期以来,各家商业银行所采取的多为分散管理模式。此模式虽然遵循了"审贷分离"原则,但同时认为:只要审批了,经营单位就可以发放,不再存在一个专门的"放款管理"中间环节①。

对于简单的融资业务而言,放款审查的内容相对简单、资料较少(如信用贷款)。因此,在传统、简单业务占主体的年代,要求银行设立一个独立的放款审查部门或类似机构的必要性大为降低。从一些银行的实际操作和管理情况看,在传统、分散型的管理模式下,分散管理实质上是没有或者弱化了"放款管理"。在信贷风险相对单调,信贷产品相对简单的情况下,分散模式的弊端体现地尚不明显,而随着金融产品创新的蓬勃发展,产品结构日益复杂化,风险品种日益增加,传统模式已越来越不能适应新的形势。表现为:

a. 审批条件未落实或未完全落实的现象普遍,审批假设常遭破坏,审批意图难以确保实现,风险在发放时就已孕育。以市场导向为基础的银行管理制度下,经营单位普遍存在经营压力,客户经理、信贷员、经营单位存在考核压力,受利益驱动,既当运动员,又当裁判员,在收益与风险平衡方面,难以自我把握,道德风险更难控制。b. 风控制度不完善,放款管理和审查职责不明确,或制度落实不到位,依法合规经营缺少制度保障。c. 如前所述,融资方式、产品愈来愈复合化、结构化,分散而缺乏专业的管理难以适应。有些业务审查,如贸易融资、国际业务、固定资产贷款、结构化融资等,更需专门知识和技能才能胜任。d. 不利于实现对信贷项目后续放款的动态、持续管理,难以满足新的监管要求。审批意见的阶段性落实、审批意见的变更、增量业务发放前诸多事项的审核;存量业务的法律手续、额度、押品(含保证金)的动态管理和适应性调整;其他动态或突发事件等均需要放款环节的重新审查与管控,非传统的贷后管理职能所能完成。"贷时"实际上是一个期限,并非一个点。要跨越一个授信额度有效期。e. 有效解决信贷管理中授权不合理的问题。一些银行对分支机构的信贷授权过大,导致了信贷风险和案件的发生。

与之相对,独立和集中化的模式(见图 1-1)则有助于解决上述弊端。此模式的主要问题是效率受到一定影响,随着银行机构网点布局和业务量的扩张,问题将进一步凸显。

---

① 有的银行在放款前,虽然要求经营单位提交有关借款合同、担保合同、借据等到信贷审批部门审查、复核,但并未进行全面的放款条件审查。

第 1 章 放款管理理论分析

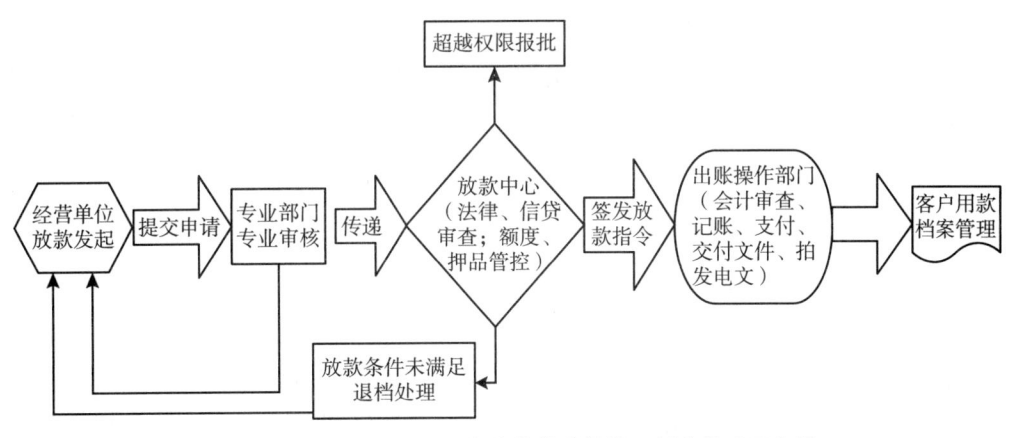

图 1-1 商业银行独立、集中化的放款管理制度模式示意图

案例 1-1：分散放款　约束失效

授信审批情况	经贷审委审批通过，同意给某油脂公司人民币贷款授信 1.0 亿元，期限 1 年，资金用于采购大豆 20 万吨，除部分用于生产食用油的 5 万吨外，其余 15 万吨大豆由市粮食局批准转入粮油储备。由市粮食局下属的 A 粮库提供连带责任担保。本笔贷款实行封闭运行，支行必须实现开立专户，按照购销合同，专项逐笔划款，严格资金监管，防止挪作他用
操作流程	国家对粮油收购实行"库贷挂钩"政策，即收购资金先有粮食部门自行筹集，待粮食入库后，由农发行发放专项贷款。银行贷款给油脂公司，由专户按照采购合同定向支付给上游大豆供货商，大豆足额入库后，农发行发放专项贷款给 A 粮库，粮库付货款给油脂公司，油脂公司偿还银行贷款
放款管理模式	分散放款管理，审批后由支行自行准备放款资料和手续，直接发放，分行层面无专门放款管理机构
实际放款操作情况	支行没有执行封闭运行的审批要求，没有依据大豆购销合同，逐笔定向支付（划款）
	企业在短短 35 天内，分 11 笔分别向 8 家单位划款 1.0 亿元，信贷资金并没有使用在大豆收购上，而是用于归还其他行的借款，弥补期货交易亏空和偿还历史欠账
后果	信贷资金挪用，没有应用在贸易上，没有形成现金回流，没有偿还信贷资金的来源，而是弥补了遗留的各种亏空或欠账，直接导致信贷风险，进入诉讼、保全程序
案例分析	案例中，如果不考虑在调查和审批时，没有充分考虑到企业历史遗留问题以及从事期货交易等不利因素，也不考虑担保主体选择上的缺陷等其他因素。从封闭运行模式来看，此笔业务如能够按照"封闭运行"模式操作，严把贸易背景真实性，严格资金的定向支付，确保资金用于采购大豆，基本上能够满足风险控制的要求 风险产生的主因之一是放款管理模式存在缺陷，经营单位缺乏放款约束，审批要求并未得到执行。该行没有专门的放款管理机构，而主要由经营单位（支行）自行发放，对信贷审批意见的落实缺乏有效的约束，导致审批要求完全未落实，审批条件落空。管理上实际不存在"放款管理"理念，相关制度上没有体现，严重依赖于支行的自觉"管理"。在其案例分析中，只是强调了"经办支行没有执行封闭操作，没有对贷款使用进行监督"，没有提及分行的放款管理职责问题 说明，如果信贷审批意见得不到认真落实，设计的操作模式不执行，即使是审批意见出具的再完善、再合理，也枉然。这是"重审批、轻放款"的典型。启示是，商业银行仅仅依靠"审贷分离"的原则，仍不足以有效控制信贷风险，加强放款管理，明确相关部门和岗位的职责，确保审批意见的落实是保持"审"、"贷"一致性的必然途径

1.2 放款管理现状及问题

在经历了多年不良资产困扰的痛苦过程之后，商业银行对于信贷风险的重视程度较过去已普遍提高。"审贷分离"原则得到坚决贯彻，信贷管理制度日趋完善，风险控制能力不断提升，但信贷风险管理远未达到完善的程度。由于放款管理研究相对滞后，放款实践缺乏有效的指导，传统风险观念根深蒂固，一些管理制度（方法、模式、流程和手段等）不能满足风险防范和监管部门的要求，也跟不上变化了的新形势。笔者认为，对放款管理的基本功能缺乏明确和科学的定位是导致上述问题的重要原因之一。

银行在放款管理方面存在的具体问题多种多样（见表1-1），其原因归纳起来，主要表现在以下几个方面：

1. 管理观念落后，"重审轻放"现象仍较普遍

多年来，为业界所常常诟病的是"重贷轻管"。这里的"重贷"通常指的是重视信贷调查、信贷审批，而不是放款审查。"轻管"指的是轻视贷后管理，贷后管理流于形式。即重视表面上有关格式报告的填写、上报，忽视对企业、信贷项目的动态监测、检查，揭示实质上的不利变化和风险信号，为信贷资产安全管理提供预警。

而"重审轻放"则是银行信贷管理中存在的另一问题。比较而言，银行相对重视"信贷审批"环节，精力和资源的投入也相对要高，而对实际发放环节则不那么重视。有的省略放款审查程序，缺少相应管理岗位或机构；有的直接授权分支机构经营单位自行审查；有的虽然建立了专门岗位或机构，主观上仍然认为放款管理环节可有可无，管理地位和层次偏低，决策的独立性、权威性差，协调难度大，容易受到来自经营单位、营销部门的压力；或者对相关部门的后勤支持与保障程度差，管理效果受到制约，如人力资源配置不足，服务手段落后，超负荷运行，审查质量与效率难以保障等。

与上述相对应的现象是，银行对于"事后"机构（保全等）及其功能又存在一定程度的依赖。一旦风险暴露，才又重新引起重视。领导亲自过问保全、诉讼工作，甚至出台各种激励措施，加快清收不良资产（尽管其本身并无不妥）。

从信贷管理的全过程看，表现为"重视两头、忽视中间"，这里称之为信贷管理中的"U"型现象（见图1-2）。它形象地表明了信贷管理工作的非连贯性，风险控制的中间过程投入不足，表明了放款管理、贷后管理在当前一些银行信贷管理中的整体地位和现状。

管理者追求"结果",重视结果的处理(灭火),却不重视"中间的过程控制"(防火),"结果"往往事与愿违。

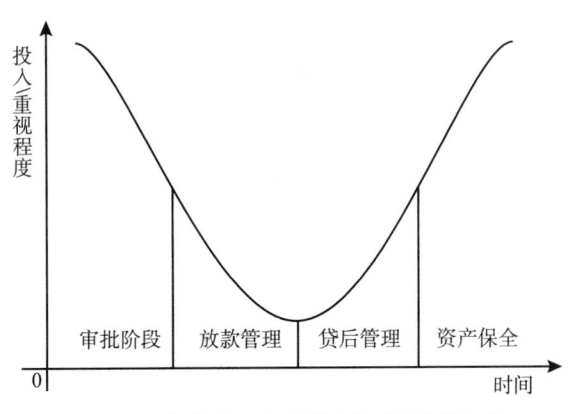

图1-2 信贷管理全过程中的"U"型现象

2. 放款管理制度供给不足或不完善,管理机制有待优化

在分散、松散型的放款管理模式下,分支机构或经营单位有很大的自主发放权,"审贷"虽分离,但不科学,缺少放款管理方面的制度建设,未建立起相应的管理岗位、机构。形式上,主要由经营单位自行履行发放前的审查职责,或有的由信贷审批部门兼职放款前的审查,有关职责不明确,实质上是没有或者是严重弱化了"放款管理",难以形成有效的制约。

有些银行在放款管理制度体系建设和流程再造方面进行了积极探索并取得了初步成效。比如,有的建立了放款管理中心或放款部,成立了集中作业机构,还有的为了开展新的业务,适应业务创新,建立了新的职能管理部门。但总体看,制度仍不完善,体系建设欠合理,放款管理地位不能凸显,制度效益尚未充分发挥。管理体系的设计(管理机构、岗位的设置、隶属关系、职责要求)不尽合理,直接影响到管理的成效,放款审查的独立性严重缺乏,工作压力大、难度大。有关的管理职责不明确或相互交叉,部门之间相互推诿或配合不力,难以实现无缝对接,或管理环节多,流程不顺畅,效率偏低。

放款考核制度不科学是影响放款管理制度成效的另一重要因素。考核基本是做"减法",正向激励缺乏。风险管理与业务考核脱节,基层单位、客户经理在放款操作、贷后管理等方面的表现,不能体现在客户经理的总体考核上,风险意识难以培养,制度执行力不足。另外,信息不对称,导致用人的逆向选择,唯业绩导向,忽视道德风险,队伍不稳定,难以培养高素质的专业队伍。

3. 健康的放款管理文化有待形成

认识上的分歧会成为健康放款管理文化的形成的一大障碍,放款管理文化的形成有赖于上下对放款管理认识的基本统一，意识得到培养，制度自觉执行。

长期以来，放款管理的概念未能形成，基层经营单位、市场部门，甚至包括一些管理者往往认为，只要审批就可以发放，很少关心如何发放以及不按照要求发放的后果。放款审查与管理方面所采取的各项限制性、约束性措施，被认为制约了业务发展，影响了服务效率。在考核压力过大或考核扭曲的条件下，常常怨声载道、牢骚满腹，配合不力，合规经营自觉性差，制度执行阻力大。更有甚者，只顾眼前利益，不顾风险防范，以种种理由、手段倒逼放款。另一极端是管理者有时会提出一些不切实际的要求，有的提出"零风险"观。"风险就像物资一样是永远存在的"[①]（Clarke and Varma，1999），潜在风险时时刻刻存在。"零风险"既不现实，也不利于客观、科学地控制风险。"零风险"使银行上层管理者、监管者有向下推卸责任之嫌，并给与下属不应有的巨大压力，其结果往往适得其反。事实上，管理者每天的决策都是在风险与收益之间进行着动态平衡和取舍，根据特定的风险偏好政策，使风险度控制在合理的限度内。

对于"合规"与"风险"之间关系的认识，也存在偏差或争论。有的简单认为，"合规"就意味着没有风险，其实，合规仅仅意味着操作和管理行为达到了基本要求，但不是风险管理的最高境界。

"规"是人为制定的，有一定的主观性、局限性、时间性，其本身也应适应不断变化的新形势并适时作出调整。2008年的金融危机爆发以来，为促进经济增长，金融监管政策发生了较大变化，以"银十条"为代表的监管政策不仅适度拓宽了商业银行业务的范围，允许在一定条件下，开展一些过去不能办的并购贷款等业务，一些风险管理指标和控制要求甚至突破了《贷款通则》原有的某些规定，如允许中小商业银行适度突破"存贷比"要求。为支持中小企业，促进资金科学合理配置，银监会适度放松了对小微贷款的监管约束和考核；对于"合规"的标准和尺度的把握，在操作层和监督部门之间也存在争议。实际放款操作客观上要求一定的灵活性，符合业务实践，而监督、监管机构则有时更表现地过于形式化、表面化，而对于实质性风险却不能有效捕捉，或者对于责任的认定缺乏科学性。检查者与被检查者之间，应有一个科学合理的对话机制，寻求共识。在此基础上，对于不合时宜的"规"、影响业务发展和形势的"规"适时进行修订。

4. 管理制度执行不力，放款行为缺乏约束

制度缺乏或者制度执行不力，都导致放款行为缺乏硬约束，违规操作，案件频发，对于银行的资产安全形成潜在和现实的威胁。

[①] 转引自维克多·道："操作风险的测量：巴塞尔方法"。见卡罗尔·亚历山大著，陈林龙等译：《商业银行操作风险》（*Operational Risk*），中国金融出版社，2005（1）：33.

银行授信审批意味着，针对特定的授信客户，依据客户经营状况，在个性化的风险控制方案和合作条件下，实行"有条件"的市场准入，而不是无原则准入。这些富有个性的融资方案设计，包含了特定的担保方式、具体的额度控制标准、明确的业务品种以及操作方式等诸多内容，是基于银行大量人力物力投入基础上取得的，对放款管理的轻视，制度安排的缺失或执行不力只能导致"审批理念"、"审批假设条件"无法真正实现，风险必然产生。如果"设计"与"施工"脱节，即使完美的设计也并不能确保完美的未来产品。一个好的施工队伍还不够，甚至还需要监理角色的存在。

现实中，放款管理环节违规经营与操作的现象屡见不鲜。市场部门和客户经理不重视放款手续资料的准备或调查与核实，不重视核库、核价、核保工作，有关文件证书以及贸易背景的真实性难以保证，信贷资金受到直接威胁；银行人员法律意识淡薄，不重视法律文件、合同的填写、审核、面签，不履行银企合作协议规定的义务，不按照合同规定的日期、数额发放，单方面违约。还有的甚至采取违法手段变相减少放贷款项，比如预收利息、支付保证金等。有的甚至不落实规定的担保措施，对资金用途、支付疏于监控，不按照要求实行资金的封闭监管。银行内部的授权管理制度执行不严，过分迁就市场部门，倒签（字）、补签、逆流程操作时有发生。

5. 放款管理不符合科学发展观的要求

以人为本，实现全面、协调、可持续的发展是科学发展观的基本要求。近年来，银行管理中存在重视管理系统开发，重视人机对话，而忽视人文关怀的现象。

管理系统上线后，忽视实际运行及实际影响的评估与反馈，忽视配套体系建设，人力资源配置脱节，服务效率与风险控制水平并未有效提升。上层重视信贷数字的变化、指标的完成情况，对管理和操作人员的工作情况、思想状况缺乏关注，凝聚力不强，积极性难以调动，职工队伍不稳，短期行为盛行，不利于可持续发展。有关信贷管理环节定位不清、职责不明，直接影响到放款管理与上下游各环节之间的合作与协调。如，从放款管理视角看，审批部门审批意见的出具存在表述不严谨、涵义模糊、有多种解释、前后矛盾或存在错误等问题，致使放款部门难以正确执行，同时缺少高效的解决机制。许多涉及市场调查程序的市场准入要求，在审批阶段尚未落实的情况下进行终审，审批职责不合理后移。

表1-1　　　　　　　　　放款操作与管理常见问题

序号	放款存在问题或现象描述
1	放款准备不充分，资料不齐全、不规范，存在问题过多，返工情况普遍
2	经营单位和客户经理以各种理由倒逼放款
3	干扰放款秩序，给放款管理部门施加压力，影响放款决策的独立性、客观性

续表

序号	放款存在问题或现象描述
4	经办人员素质低、业务经验少，风险合规意识差，对存在问题缺乏纠正、处理的能力
5	信贷操作系统操作违规、错误、失误多，层级授权形同虚设
6	担保手续未落实（未签定担保合同，或生效条件未成立，未办理相关抵押、质押登记、记载、交付等手续）；续做业务未重新办理抵质押登记
7	担保物品（押品）管理不善（未移交、占有、监管、未入库保管、或损毁、贬值、丢失、未办理保险手续或保险不足值等）
8	保证金管理混乱，不按照规定开户、销户、冻结、转出、转入
9	有关非格式合同、协议未经法律审查，擅自签署并履行，或未经过验印程序
10	格式合同存在较多问题，主从合同之间不协调、不匹配，格式设计不合理，填写容易错误、失误，或印刷本身出现错误，依赖人工纠正
11	合同格式版本缺乏系统梳理，版本过多，选择困难，或格式已经变化的情况下，仍然使用旧合同版本
12	合同、协议签署存在问题（漏签合同、选择错误、签字盖章或逻辑关系不正确、存在法律瑕疵、错误未经修改确认、约定不完整等）
13	超越权限、超越额度、品种范围等放款
14	违背放款程序（逆程序、遗漏程序等）发放
15	一些关键性资料手续（法定代表人证明书、年检的营业执照、各类决议、授权文件、担保手续、部分合同）缺乏，且事后缺乏跟踪落实
16	各类客户、银行的内部欺诈、道德风险
17	银团贷款的有关操作，发现问题难以及时协调、解决，依赖于牵头行的操作管理
18	放款审查人员审查不力、失误
19	未经审批部门同意，放款部门擅自放松或修改信贷审批条件
20	违反利率、价格管理、收费管理制度
21	不按照信贷用途发放，缺乏背景资料或背景资料问题多，未进行约定或监督
22	未按要求实行资金封闭管理，未开立相关的监管账户，贷款发放划转账户不正确，或未按照合同约定执行，支付管理不到位
23	未在发放前认真审查有关当事人的信用状况、环保信息、抵押物、诉讼等信息（贷款卡查询、个人信用记录查询等）
24	间接额度管理困难，难以准确管理
25	下游销售合同的回款账户未明确约定，还款资金来源未按要求实现封闭
26	未落实必要的担保公告、见证、公证、征信系统查询、登记等手续
27	其他未落实信贷审批意见、法律审查意见的行为
28	末端出账操作部门（运营、会计或国业业务部门）不按照放款指令发放（日期、价格、数额等）；未经审批提前领取重要空白凭证，甚至填写银行承兑汇票、对外拍发电文等
29	未见放款指令，擅自给信贷文件（主要指保函、承诺等文件）加盖公章
30	信贷文件（银行承兑汇票、保函等）交付对象、流程不正确
31	缺乏有效的信贷管理系统
32	未建立放款管理审查、登记、考核等管理制度，缺乏制度保障
33	放款管理部门职责不明，协调不力，管理效率低
34	放款审查与市场部门、其他部门的观点的冲突，缺乏有效解决机制

续表

序号	放款存在问题或现象描述
35	放款审查人员素质有待提高、风险意识有待增强,服务态度有待改善
36	放款审查人力配置不合理,超负荷运行,影响审查质量与效率
37	档案管理人员配置不足,档案归档不及时、不规范
38	信贷审批意见存在错误、含义不明确,或前后要求矛盾,或与客观情况不符,或审批条件过于复杂或难以落实导致放款困难;或错误的修改、纠正机制不畅,存在被动违规现象
39	授权管理不规范,后补签字、签批现象普遍
40	放款审查意见的签署和决策缺乏独立性
41	其他违背信贷、外汇、外债政策和有关法律规定和国际惯例的行为

1.3 放款管理功能定位分析及制度选择[①]

1.3.1 放款管理研究现状及评述

"放款管理"是信贷管理过程或体系中的一个重要环节,放款管理理论属于信贷管理理论的重要组成部分,也是银行经营管理、风险和内控、信贷文化和管理制度的重要内容。

放款管理方面的研究多散见或体现于信贷风险管理、内控制度建设、监管政策等有关著作或文献中。江其务(1994)在信贷管理学的"信贷组织管理"和"贷款操作程序"部分对放款进行了简单介绍。肖舟(2008)遵循传统的信贷"三查"制度,把信贷放款作为信贷审批、贷时风险管理内容的一部分进行了讨论。孙建林(2003)从"合同制作、合同签署、提款手续、资金到账"四个方面对放款环节进行了一定程度的扩展分析,提出了发放阶段的风险防范措施,但对于各环节的操作与审查职责分工问题未有触及。康书生(2005)研究了国外银行的信贷授权与审批制度,认为花旗银行的授权审批制度是西方商业银行典型、有效的模式,包括四个方面:审贷分离、企业授信额度管理、信贷授权审批及三人信贷委员会批准制度。市场部负责对客户进行资信评估,信贷委员会核定额度,信贷部负责信贷发放。这里发放职能已经独立化。张静琦(2005)从贷款的法律管理方面关注了贷款的法律审查依据、借款合同和担保的法律问题。赵志宏等(2005)对银行的全面风险管理体系建设及流程管理进行了研究,提出银行控制过程模式(简称 PDCA 模式):"计划—执行—检查—改进",对于信贷控制有指导意义。Geoff Bedser(2001)指出,"信贷限制"是信贷批准程序的必然产物。限制是复合的,有主限制、从限制,有

---

① 赵延河. 论放款管理的功能定位和制度选择[J]. 深圳金融,2010.

关于政治经济风险的限制，有根据不同行业、部门的产品限制等。信贷限制就是对信贷政策、风险管理政策的执行，信贷管理部门、上级管理层、董事会成员均应担负责任。同时认为，仅仅依赖人控制风险是不够的，管理系统（如 Robust）在帮助设立信贷限制方面被证明十分有效①。杨学友，孟霞（2001）关注了信贷管理文化、制度、机构设置、风险管理职责，强调集中管控有利于银行的成功。认为信贷审批的集权、分权之争，取决于银行的经营规模和金融产品的复杂程度。在风险责任方面，区分了信贷员、贷款监督部门和贷款审批委员会的不同作用，但机构设计沿袭了传统的审贷分离模式。有的从国有银行不良贷款的成因角度关注到，因内部管理原因导致20%不良贷款的产生，其中涉及到放款环节存在的问题。如忽视贷款的担保、担保人资信状况的调查和对抵押物的评估等（林伟艺、朱正萱，2009）②。还有的认为，信贷制度中没有明确的风险责任制度是信贷管理的重要缺陷，导致不良贷款的形成。2009年银监会颁布《固定资产贷款管理暂行办法》（后续又出台了《流动资金贷款管理暂行办法》《个人贷款管理暂行办法》，与《项目贷款指引》并称"三个办法一个指引"或"新规"）是信贷管理理论发展的重要里程碑。新的法规提出了全流程和精细化管理的理念，尤其首次明确"贷款人应设立独立的责任部门或岗位，负责贷款发放和支付审核"工作，丰富了放款管理的内涵。

总体看，有关放款管理的研究零散而不系统，相关论述基本遵循了现行的"审贷分离"原则和"三查"制度，尚不足以形成对放款管理功能定位的清晰认识。

其一，"审贷分离"作为一项法律原则是指导性和粗线条的，仅解决了信贷审批与实际发放的分离问题，并未回答如何实现具体分离。实践中，存在多种分离模式，制度效益大相径庭。其二，"三查"制度（贷前调查、贷时审查、贷后检查）实质上将信贷审批（"审贷分离"原则中的"审"）与信贷发放管理（"分离"原则中的"贷"）糅合为一个"贷时审查"环节，与审贷分离的内在要求存在逻辑上、提法上的不一致，不利于审、贷在观念上的区分，容易导致重审轻放，也是分散、松散型的放款管理制度在国内银行长期占主导地位的重要原因。信贷管理仍存在制度缺陷，制度创新势在必行。其三，新规虽然明确了合同签订、发放与支付等环节，但从管理上看，有必要对相关环节进行整合，明确各环节的具体管理职责，尤其对"放款管理"的边界进行科学界定，以期更适应组织管理和操作上的需要。

1.3.2 "四查"制度及放款管理定位分析

基于上述分析，本书认为，把"放款管理"明确定位并表述为"贷时审查"，

---

① "发达国家银行信贷风险管理政策的新动向"，东木编译，中宏网，2001-5-22。
② 林伟艺，朱正萱. 关于银行问题贷款管理的国际经验与启示 [EB/OL]. 多智网，2009-8-26。

而信贷审批归入"贷前审查"的范畴更为准确、科学。为此，建议把《商业银行内部控制指引》提出的信贷"三查"制度细化为"四查"制度，即"贷前调查、贷前审查（准入审批，即信贷审批）、贷时审查（发放审批，即放款管理，包含支付管理）、贷后检查（包含预警监测、资产保全等）"（见图1-3）。

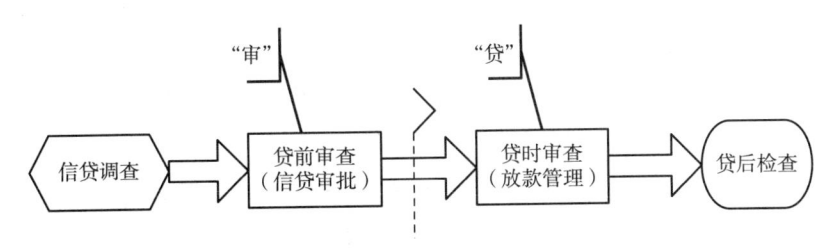

图1-3 "审贷分离"原则与"四查"制度示意图

从"三查"到"四查"不是简单意义上的数字和提法上的变化，而是信贷管理制度的创新。

第一，"四查"制度充分体现了"审贷分离"原则的内在要求，保持了二者的高度一致性。尤其是，实现了放款管理职能的明确化和独立化，风险管理责任更加细化和明晰。放款管理不只是简单的"发放"程序，而有着丰富的审查与管理内涵，适度拉长和凸显放款管理不仅具有重要的理论意义，更具有实践价值。理论上，解决了放款管理职能的科学定位；实践上，避免观念上的混淆，有助于扭转"重审轻放"，推动放款管理制度创新，保持信贷管理的连续性和全面性，提高风险管理成效。

第二，"四查"制度客观反映了信贷运行规律。现实是，审贷不仅要分离，而且分离程度逐步扩大。

①银行业竞争加剧，争抢客户资源，主动授信普遍，额度空置率居高不下，有的高达70%。"审批"并不意味着就能"发放"。②为提高效率，适应市场，现行政策、制度允许在实际发放前后补一些必要的审批手续，信贷项目的审批通过往往设置了关键性前提。此情况下，实际处于"半审批"状态，"二次"审查不可或缺。③理论程序往往与现实脱节。多数情况下，尤其是主动授信，一些本应在授信申请时或审批阶段需要落实的条件，往往在实际发放时落实。如根据公司章程或相关法律规定提出的法律审查意见，要求提供借款企业同意授信或担保的相关决议。事实上，在审批真正通过前，银行不便或难以要求提供相关决议，而通常是在被通知审批通过后，且企业有实际需求时，才会配合出具相关文件。④信贷审批的理论假设与条件设计为单方面行为，假设前提能否成立，审批要求能否达到，受各种因素的制约。放款管理应根据实际情况决策，决定"能否发放（前提条件），发放什么

（品种）、发放多少（数额）、发放多久（期限）、如何发放（方式）。"如前提不成立或部分成立，则会有两种结果，不能发放或者依据实际情况，调整发放尺度。譬如，审批意见同意给与 A 公司综合授信额度 5000 万元，由 B 公司提供保证担保。隐含的假设是，公司能够按章程的规定得到相应授权（如股东大会或董事会审议通过），B 公司事实上能够提供相应的担保且得到相应的授权，并实际签署有关的担保合同。如 A 公司的融资权力机构实际只授权申请 3000 万元的授信，则实际发放的最高额度就不能是 5000 万元，而是 3000 万元。或如果实际担保的数量小于银行授信额度，也会同样存在上述问题。

第三，"四查"制度更能适应金融创新和放款管理难度不断上升的需要。与传统业务比，许多创新业务（如一些银行开展的供应链金融业务），主体门槛有所降低，但操作风险却相应增加。一些产品设计复杂，操作管理流程加长，放款条件和手续繁杂，迫切要求放款管理的专业化。对于货押业务而言，有些职能甚至已超过一般独立的放款管理部门所设定的职责能力范畴，资料的表面性审查已难以适应管理的需要。要实现对质物、抵押物的有效监管，不仅涉及监管方的认定和管理、有关监管协议的签署，还涉及诸多日常管理事务，如货物现场检查、商品价格监控、物权确认、货物的入库与释放、代理报关报检等。

第四，"四查"制度凸显和强化放款管理，与监管部门希望进一步加强放款管理的理念一脉相承。新规与以往政策的区别是，增加了贷款发放需满足的各种提款、支付条件。即使其他准入条件已落实，资本金到位情况、工程进度与投资匹配情况、客户支付是否符合要求等也始终制约着放款的进程。此类问题依赖信贷审批部门进行管理已不现实。监管要求的提高，事实上也延长了审批与发放环节之间的"距离"。支付管理加强了对信贷用途的监控，有助于信贷资金用于实体经济。一段时期以来，商业银行的不规范经营问题突出，其中的典型之一就是附加不合理贷款条件的放款。加强放款管理，有利于整治不规范经营。

具体而言，可以对放款管理的基本功能和作用进一步做以下定位：

1. 放款管理的核心功能是"贷时审查"，在审查的基础上做出放款决策

贷前审查与贷时审查的基本功能不同，二者的分离具有客观性。前者即传统意义上的信贷审批，重点对准入把关，对企业信息进行真实性核实，对客户的法律和业务资格进行审核，运用信贷政策对信贷项目进行方向性衡量，评估客户与业务的风险度，核定信贷额度，确立合作方式，规划操作流程，提出风险防范措施，针对业务和客户的特殊性提出个性化的放款标准、限制性条件和贷后管理要求等。简言之，是根据经营发展的需要，运用信贷政策和风险管理原则，筛选、过滤客户与业务，对信贷产品的投放进行规划设计；而放款管理的重心是审批基础上的实际发放

审查和管理，对信贷调查和审批阶段提供的资料进行复核监督，对有关资料进行齐全性、一致性、表面真实性进行再审核。坚持"不贷、不审；何时贷、何时审"的原则。

2. 放款管理的目标是确保信贷审批意图的准确、完全贯彻与执行

参照银行的控制过程模式，信贷管理过程应当是"信贷调查基础上的信贷审批（计划）—放款管理（执行）—贷后管理（检查）—改进"。审批标准的设定很大程度上只具有理论意义，是一种"计划"，而实际放款管理才是真正的执行和落实，即把审批标准、要求和其他风险控制、收益、营销等意图转变为现实。执行程序如出现问题，则意味着审批假设被否定、审批条件被悬空。从这个意义上说，放款管理又可称为"信贷执行"。

贷时审查的基本内容是多方面的。重点有：审批前提是否成立；信贷审批要求、法律意见是否落实；各项信贷文件、资料、手续是否齐全；有关业务合同协议是否全面、正确签订，是否合法有效；各资料、文件或合同之间逻辑关系是否一致、正确，表面是否真实；业务背景是否真实、合理；信贷用途是否符合要求；信贷额度、期限是否在有效范围；信贷押品是否入账（保证金）、入库或监管（抵押物、其他质物）；信用状况、主体与业务资格、财务状况、人事和法律状况是否有重大变化；操作程序是否正确，各级审批是否越权等。

应当指出，这种"执行"不是机械式的，存在着某种变通，但并不构成对审批意见的修改。

其一，根据落实的具体情况、程度以及其它制约因素，在不突破审批总限制的前提下，做出实际放款的决定。

其二，对审批意图的实现方式做出有区别的处理和安排。如对双方有约束力的内容、企业承诺等，一般需要在信贷合同中依法进行全面、正确约定；对于合作交易对手的限制性要求，如特定对象、合作期限等，需审查相关的历史凭证、文件、记录；有关收费管理则审核提交的相关收费凭证等。

3. 放款管理机构和人员是监管政策、管理制度贯彻执行的中坚

信贷政策、内部制度及有关的法律法规是放款管理和审查的基本依据。放款管理的实质是运用上述依据对业务操作进行衡量、判断、规范的过程。符合则放行，不符合则否决，确保依法、合规经营。这种政策性、实践性强的特点，对放款管理人员的整体素质和实践经验均提出了较高要求。一支政策水平相对较高，法律和风险意识强，熟悉各类信贷产品和制度，经验丰富，善于把握风险点的专业队伍，可以弥补基层行这方面的弱项。在做好放款审查的同时，他们还担负起对基层行、客户经理队伍的咨询、培训工作。

放款管理人员不仅是有关制度的执行者，同时还在制度建设中发挥特殊作用。作为管理信息、数据收集反馈的重要平台，放款机构能通过审查过程发现并反馈关于经营单位、客户经理、客户、业务操作、社会相关机构、各审查岗位、上下游各相关部门等方面的信息。如制度执行过程中存在的问题、制度的完善程度或发现的漏洞、客户配合情况、部门协调情况、分支机构风险管理状况、对待合规性的态度及诚信情况、操作差错率等。这些数据都是管理者优化决策、制定和完善制度的重要依据。

4. 放款管理是防范各类信贷风险的一道屏障

放款环节是信贷项目从"纸上谈兵"阶段转变为"现实风险资产"的分水岭，自然成为风险管控的关键点。

（1）银行债权的保障依赖于法律文件的签署，法律审查的基本目标就是确保有关法律文件提供、签署的正确性、规范性、齐全性、合法性，以维护银行的合法权益。实务中，发现的问题较多，法律风险呈现多样化特征。如，法律意识不强，合同签订不规范，或法律文本未经法律合规部门的审查，或文件签署未得到有效授权，或与审批意见不一致，或重要事项的未约定或约定无效，合同生效条件未达到，或抵押、质押登记存在法律瑕疵等，不胜枚举。

（2）日常放款管理中，诸如外部串通、内部欺诈、伪造信贷文件、冒充签字、盲目承诺、擅自越权、明知存在问题故意隐瞒、恶意倒逼出账等各种不良现象时有发生，实践表明，放款管理有助于有效防范道德风险。

（3）作为贷前审查和贷后管理的重要连接点，放款管理可以发挥对上下环节的监督、协调与互动作用，形成制约机制，防范操作风险。

从与贷前审查的关系看，放款审查环节首先要对审批信息进行分析、研究，在准确理解的基础上，确立审查判定的标准。此过程中，放款部门同时起到对贷前审查环节的监督、纠正和澄清等作用。对审批意见存在的错误、前后要求矛盾或不科学的地方进行反馈，及时纠正；对于含义不清，存在多种理解的表述，进行澄清、确认，防止误判；对于客观上不能实现的审批条件与审批部门进行沟通，准确把握审批意图，或了解能否修改审批条件；反映实际执行上的客观困难，合理优化审批要求，更好地适应市场需求。

从与贷后管理的关系看，放款管理部门可以为贷后管理提供监控信息和预警提示，减少贷后环节的盲点和不足。尤其那些信贷审批意见未提及，贷后管理部门难发现，但放款审查过程容易识别或认为需要贷后跟踪落实的事项。如抵押物需办理财产保险，保险的期限需覆盖授信期限，如抵押物事先已办理了年度保险且尚未到期，则保险期限与授信期限不匹配，需贷后部门跟踪到期的续保问题。

(4) 放款管理部门可以发挥对信贷风险实施动态、持续的控制的功能。各种不确定性和变化因素可能孕育着风险。在长达一年甚至更长时间的额度有效期内，除贷后管理环节要对风险因素持续关注外，放款管理部门也有不可推卸的责任。额度内每次放款前，放款审查部门都要对客户的信用记录进行动态核查（贷款卡查询、个人信用记录查询），对异常情况、不良信用记录、他行贷款到期情况、客户的主体和业务资格变动情况、押品状态、市场变化、政策变化和法律诉讼等进行实时监控，对于贷后管理反馈的任何影响资产安全的不良信息做出适当反应。如房地产抵押物被司法部门查封的信息，直接导致抵押担保业务增量的终止。贷后风险预警监测的结果和风险度的变化，及时对客户、额度、业务品种、期限等进行调整是信贷管理的重要内容，也是银行退出机制的一部分。

5. 放款管理环节是信贷运行过程的调控枢纽

信贷运行过程不是一条平滑的直线，每笔贷款发放前，不仅对业务本身的材料、手续进行审核，对数量期限进行控制，还要实现管理上的与时俱进，尽管这些信贷项目是已经审批通过了的。

任何相关法律法规的出台、监管政策的变化以及银行实际经营状况都将直接影响放款决策。这里，放款管理环节发挥着"节制闸"的作用。如银行在报表编制期，会根据监管要求，对加权风险资产规模、信贷投放规模及结构进行调控，以使各项监管指标符合要求。利率的变化不仅影响信贷增量，而且会对信贷存量产生影响。比如，2008年金融危机发生后，各国央行纷纷降低利率，导致企业和银行对利率的不断下行纷纷采取应对措施。2011年则出现了相反情形，为抑制通货膨胀，存款准备金不断上调，市场利率持续攀升，放款价格调控成为新的关注点。这些调整和应对的工作要由放款管理部门来具体执行。企业经营过程中需要根据具体情况进行动态的调整，这些调整必须由专门的机构或岗位进行有效的管理，防止操作风险。比如，对于押品的置换和调整，必须重新落实抵押或质押手续（签订抵/质押合同、重新办理抵/质押登记、押品的出入库等）。

6. 放款管理部门是银行利润的间接创造者

毫无疑问，经营单位、市场部门、客户经理是银行利润的直接创造者，放款管理部门和其他管理部门一样，在银行利润的形成过程中，也发挥着重要作用。每一项风险暴露或每一笔不良资产的产生都是对银行利润的直接扣减，而防止不良资产的产生是放款管理的直接目的。各项管理功能的发挥，无不是在为银行的经营目标服务。在防范风险的过程中，也在为市场一线提供着各种直接或间接的服务。每一笔信贷业务的成功发放、每一收费收息项目的操作都体现了放款管理人员的辛勤劳动。应当指出，间接创造利润的角色尽管是事实，由于难以计量并出现在成绩报告中，因而常常被一些管理者忽视、或被部分市场人员和部门轻视。

1.3.3 放款管理的基本职能与内容

根据上述分析以及放款实践，可以将放款管理细化为以下12项具体职能（见表1-2）。

表1-2　　　　　　　　　　放款管理基本职能表

序号	管理职能描述
1	实现信贷审批意图（含复核监督），执行信贷审批意见，贯彻信贷、监管政策
2	落实法律审查意见，确保依法经营，防范法律风险
3	放款准备（放款前的调查、开户、合同签订、担保、公证公告等的落实）
4	放款的合规性、合法性审查，包括放款后有关放款条件动态的变更、调整和落实。审查借款合同、担保合同、法律文件、交易背景等放款资料、操作手续和程序、权限管理、收费管理、利率管理、各种动态因素，提出明确的审查意见（作出能否以及如何发放的结论），签发《放款指令》
5	支付管理。审查信贷资金提款和支付条件、标准、方向（对象）、方式（受托、自主支付）时间和匹配等
6	对信贷额度、押品进行动态管控（台账、实物），放款管理操作系统管理与维护
7	发挥信息平台和桥梁作用，实现上下游管理环节间的相互监督、协调和信息反馈
8	对经营单位的放款操作行为进行约束、监督和考核
9	制定相关制度，规范放款管理秩序，维护管理系统
10	根据风险资产、资金成本、头寸状况、资本充足率、盈利水平、市场竞争态势等综合情况，对信贷品种、价格、期限、规模、客户、行业等实施动态调控
11	产品、政策、制度等的宣导；专业咨询与培训
12	信贷档案管理（或归入贷后管理）

1.3.4 放款管理发展趋势及制度选择

"与公司的信用风险和市场风险的外生性不同，操作风险是内生性的，它依赖于公司系统的结构、效率和控制能力。第一道防线是公司的系统设计与激励机制，而第二道防线则是资本要求"[1]。除了资本要求外，管理系统的设计、流程的优化、制度的完善成为银行控制信贷风险的基础手段。

---

[1] 帕翠沙·杰克逊（Patricia Jackson）.卡罗尔·亚历山大著，陈林龙等译.商业银行操作风险（Operational Risk）[M].中国金融出版社，2005（1）：1.

为有效控制操作风险，银行的集约化经营力度逐步加大，管理层次更趋扁平，审查审批权限上收，操作流程与管理系统不断再造或更新，试图构造好第一道防线。放款管理职能也渐进呈现明确化、独立化、集中化的趋势，设立专门的放款管理机构，履行放款管理和审查职能[①]，运营管理线条也随之做出调整，以充分实现"四查"制度中的"贷时审查"职能。为便于新制度模式的推行和业务操作，提出以下几点建议：

（1）明确提出信贷"四查"制度，实行精细化管理，重视放款管理在风险控制方面的作用。

（2）根据自身实际选择适合的放款管理制度模式并建立相适应的机构体系。对于中小银行，建议推行分行层面集中的放款管理模式，建立放款管理部或放款管理中心，而对于大型银行，鉴于机构众多，地理位置分散，建议推行区域相对集中的放款管理模式，建立区域性放款管理中心。

（3）梳理原有制度，建立适应于新制度模式的制度体系。内容涉及放款管理机构岗位的设置及职责划分、授权管理、操作流程、部门间的协调责任、放款审查内容与标准的设定（包括信贷政策审查、法律审查、会计审查、额度管理、信贷押品管控、仓储监管）、放款指令的签发、台账登记、档案管理、放款考核与责任追究制度、放款系统管理、联席制度等。

（4）重视解决集中模式下服务效率问题，采取配套措施，便利运行，兼顾效率与风险控制双重目标。如增加或提高硬件标准，增加人力资源配置，优化作业流程，避免环节过长，分工过细，制约效率，影响竞争力。有效发挥基层行的放款初审职能，扭转对放款审查部门的过分依赖。

（5）实行科学的放款考核制度。一方面把经营单位、客户经理的放款行为表现纳入到日常考核体系；另一方面，正视"执行难"的问题，维护审查人员的工作积极性、审查意见出具的独立性、严肃性和权威性；增加正向激励，严格按照职责分工，科学对待审查责任的认定。

（6）完善放款管理操作系统，防范风险的同时兼顾操作效率，避免仅仅成为便利综合统计的工具。

[①] 尽管以往有的商业银行内部也设有一些岗位，履行放款审查的职能，但与当前设立的放款管理机构相比，原来的岗位职能单一，并未上升到放款管理的高度。

案例 1-2："被贷款"迷局

案情简介	近日，辽宁鞍山台安县农村信用合作联社一名信贷员突然去世后，数百名村民发现自己凭空多出银行贷款，很多人称从未贷过款。记者调查发现村民"被贷款"或与该名信贷员违规操作有关，涉及金额3000多万元。警方已介入该案调查①
风险点及要求	(1) 许多"贷款人"不知道自己有贷款，办"关系"贷款，借用别人的身份证办理贷款，有的贷款人甚至不提供身份证原件（提供复印件）或贷款人不具备起码的"贷款人"资格，应该不具备民事行为能力（据报道，年纪很小的小孩居然也有贷款） (2) 审批程序（包括放款程序）形同虚设，各级管理职责（信贷员、信贷副主任、信贷主任）几乎均未能落实，制度执行落空 (3) 合作社下设13个网点、5个储蓄所，未建立统一的审批和发放管理平台。而且，外部监督（省级联社）不力。信用社"一个独立法人监督另一个独立法人"的体制存在一定问题 (4) "找不到原始资料"，反映档案管理等基础管理混乱
启示	此案例反映了一个信贷风险管理失效的较为极端的情况。 (1) 案例中的信贷员承担的是商业银行的客户经理角色。客户经理承担市场、客户调查职责，对资料、身份、交易或贸易等背景的真实性负责 (2) 此案涉嫌客户经理伪造客户资料、欺诈，存在道德风险 (3) 银行强调的"双人调查"、"四眼原则"、"面签"（合同、协议）原则未落实，与银监会颁布的"三个办法一个指引"、"内控指引"、"尽职指引"等的有关要求相差甚远 (4) 考核制度存在严重缺陷。制定"放贷任务"，却无风险责任，没有相应的日常考核奖惩和责任认定和问责机制 (5) 缺乏日常监督（贷后管理、风险预警、稽核内审、事后监督），过程控制失效。"操作风险十三条"明确提到关键岗位的轮岗、强制休假制度，定期进行任期稽核 (6) 信用联社的监管问题存在缺陷 (7) 相对集中的放款管理平台和制度体系对于基层信用社等金融机构的信贷管理也具有参考价值和指导意义

---

① 刘一丁. 信贷员去世牵出3000万"被贷款"迷局 [J]. 新京报，2012-3-26.

第 2 章

放款管理制度设计

本章以放款管理理论为指导,构建了放款管理制度框架,在对现行一些商业银行的放款管理制度及要点进行梳理的基础上,进行制度设计、优化。

2.1 放款管理制度界定

广义上,放款管理制度是指信贷放款的组织、管理、审查、考核过程中需遵循的政策、法规与制度体系。为便于掌握,本书把政策、法规(含国际惯例)视为更高层面的制度。

依上述界定,放款管理制度体系至少应包含以下五个层面:一是放款的组织管理制度;二是基本信贷管理制度;三是融资产品制度;四是外汇、监管、信贷政策;五是相关的法律法规和国际惯例。

后两类制度是商业银行制度设计的指引、依据、前提和基础。前三类制度是商业银行基于国家相关政策、法规、国际惯例,根据自己的信贷管理理念和文化所设计的具有自身特色的制度体系。各行的制度间既有共同点,也存在着较大差异。

2.2 放款管理制度设计

2.2.1 制度设计的基本要求

放款管理制度设计是指商业银行根据信贷政策、风险管理和内控的目标要求,对放款管理的组织、流程、秩序、考核等方面进行规范,对操作、审查和管理职责和要求进行明确,以使放款操作有序、高效运行的制度规划过程。

制度的设计应遵循以下原则:

(1) 成本收益原则。任何制度的制定,必须考虑制度经济学上的成本和收益的对比。即以最小的成本投入,获得最大的制度收益。

(2) 风险控制原则。放款管理属于信贷、运营控制的范畴,有效控制信贷风险应当成为该制度体系要达到的主要目标。岗位配置、职责划分、操作流程、系统设计等均要考虑相互的制衡,满足控制风险的需要。

(3) 政策法规原则。商业银行的各项制度,必须在遵循国家有关政策法规和国际惯例的基础上,根据自身的管理理念和其他实际状况进行细化、创新。

(4) 服务效率原则。商业银行是服务机构,放款管理直接与市场接轨,服务效率的高低、服务手段的优劣直接影响到银行的信誉、品牌和竞争力,保持运营和操作的效率至关重要。

（5）以人为本原则。任何制度的执行关键在人，制度的设计，工作量的安排必须考虑相应的人力资源配置（数量和结构），不同的岗位按照不同的重要程度，管理职能和专业水平的要求给予相应的薪酬和职务，配备相应的设施设备，提供有力的技术支持。

2.2.2 放款审查制度设计

2.2.2.1 放款审查"五要素"

1. 审查对象与内容

信贷放款所需要的各种文件、资料、手续、权证和合同等是放款审查的基本对象和直接客体。基本资料包括：客户的基础资料、信贷审批文件及相关资料、贸易背景资料、业务合同（协议）、担保手续以及所需要的登记、移交、记载、公告、审批、公示、公证、转递、见证等手续。

既审核其内容，又审核其形式。放款审查包括业务审查、法律审查、会计审查、程序审查、授权审查、额度控制、押品管理、提款及支付管理等。

2. 审查标准

放款管理部门的审查人员一般无法直接参与市场调查，因此只对经营单位提交的资料、手续进行表面性、文义性审查，具体审查资料、手续表面真实性、齐全性、合理性、合规性、逻辑一致性等①，不承担调查职责，调查由经营单位及经办客户经理（信贷员）负责。对于有疑问的，可以责成经营单位（客户经理）作出相应的调查、核实、证据或说明。

但是，对于涉及贸易融资中的货押业务的货物或仓储监管、实地巡查等放款前的职责，一般由独立的货押监管岗位或部门负责，核查后，签署相关审查意见，放款管理中心或信贷执行部复核核库、核价报告以及监管手续。

3. 审查依据

放款审查的依据是国家政策（产业、调控、监管、外汇管理等）、相关的法律法规和国际惯例、银行信贷政策、信贷和产品制度、放款的组织与管理制度、信贷审批意见和法律审查意见。

信贷管理尽职要求和银行内控制度的相关规定，对于放款审查意见的出具也将产生直接的影响。

---

① 与国际结算业务中的审单标准"单证相符、单单一致"有类似之处。国际业务部亦只审查提交的单据。

4. 审查原则

(1) 谨慎性原则。

所谓谨慎性原则,是指放款审查人员对自己的审查行为、审查意见的出具、对审批过程发现问题的处理应持谨慎态度。这要求,审查人员必须认真对待审查的每一份文件、每一个细节,不放过每一个疑点,对需要由客户经理、经营单位、业务管理部门(协审部门)、信贷审批部门等落实或澄清的问题,不能随意放过,或草率处理。充分考虑不确定性因素,充分履行好自己的职责。

(2) 从紧性原则。

如果存在两种以上的解释、可能性或执行方案,在没有确定的执行标准时,放款管理人员须按照最低的标准掌握。不得擅自放松要求,不得擅自解释。

有些操作或做法,合法但并不合规,对于审查人员(同时也就是执行人员)必须按照合规的要求执行。比如,抵押登记机关一般要求填写抵押的存续期限,银行制度要求该存续期限应能够覆盖银行的主合同期限。但法律的解释是,只要主合同存在,抵押权则存在(只要不解除抵押),该存续期限并不影响抵押权。但放款审查人员必须遵守银行的制度要求。否则,放款管理部门应责成经营单位变更或重新办理抵押登记,或者由有权审批人认定或审批。

(3) 一致性原则。

放款审查人员应坚持统一的审查标准、审查依据,不能执行双重标准。同时,关注放款资料、文件、手续等之间的内在逻辑一致性、合理性问题。比如:合同之间的逻辑性、关联性,文件日期先后关系、增值税发票或普通发票与交易关系的关联关系等。

(4) 全面性原则。

各审查岗位,尤其实行初审、复审制度的放款管理岗位、部门,应按照分工原则,全面审查所需要审查的放款资料、手续、要点,不得遗漏。

如果实行专业审查、各有分工,下一步骤的审查人员、岗位应对前面审查步骤的其他审查岗位的审查意见进行复核,审查流程、程序的正确性,是否经过有权签字人签字,审查是否存在明显的失误、遗漏或错误。如果发现问题,则应提示、反馈、纠正,不能视而不见。这对末端审查岗位,提出了更高要求。尤其是,信贷终审意见、信贷审批条件的落实岗位,应树立全局观念,履行全面审核职责,包括对各级协审部门的审核进行必要的复核。

5. 审查方法

放款审查的基本方法大体上有两种,各有利弊,见表2-1。

表 2-1　　　　　　　　　　　放款审查方法及比较

	流程审查制	初/复审制	复合审查制度
优点	操作流程化，环节控制力强	流程缩短，签字人数少，效率较高	总体流程管理，在部门环节实行初/复审制，吸收两者的优点
	各审查环节职责分工明确，便于责任认定	不必分工，全面审查，相互监督	
	审查专业化，知识专业化	知识面要求更加全面，不会产生分工形式上的灰色地带	
缺点	如果分工过细，则环节相对长，影响效率	对同一环节均负有责任，容易导致两环节的责任不明确	
	传递时间长	受制于人员素质、结构现状	
	签字人过多	单个人的审查质量偏低	
	分工不明确、不科学时，容易产生审查灰色地带	不分工并不意味着审查效果真正能够实现全面、可控	

2.2.2.2　信贷审查制度

放款管理的核心内容就是对信贷业务的实际发放进行贷时审查。放款阶段的信贷业务审查主要是对信贷审批意见或审批条件的落实进行把关，落实相关的信贷政策要求和银行内部各项制度、政策、惯例等的要求，确保业务操作合规，防范信贷风险。

1. 信贷业务审查的范围

（1）审核信贷调查与审批环节的程序合规性。通过审查信贷资料中的调查报告、信贷审批报告、贷审会审查意见、信贷审批意见（有的称为"终审意见"、"信贷审批通知书"）等，核实授信业务审批过程是否正常履行、流程是否合规，授信业务是否已经批准，是否为有权人审批/签字，是否盖章。该环节确保放款申请提交的是经过审批通过的信贷项目，这是个关键性前提。

（2）审核经营单位提交的信贷业务资料及手续的齐全性、表面真实性及内容填写的正确性。凡复印件资料，均要求客户经理双人签字，签署"已核对原件无误"或加盖类似印章等，形式上确保提交资料经过了核查或调查程序。

（3）审查信贷审批意见的落实情况，尤其是各类限制性条件。关键审查要素如：授信主体、担保方式及手续（含抵质押登记、公证、公示、见证等手续）、担保人、保证金、信贷品种、期限、利率、资金用途、合作模式、交易对象、贸易或交易背景、合作期限、仓储监管、资金监管、账户要求（含监管账户、回款账户等）、提款与支付条件审核、会计审查（票据查询、查复、背书、凭证的入库、票据的托收手续等)、贷款卡查询等。建立限制性条款的跟踪台账，并实现动态监测（不涉及属于贷后监测的内容），确保每次放款符合限制性条款的要求。

（4）复核关键数据是否正确。比如保证金转入金额是否足够，汇率折算以及抵质押率是否正确、保险是否足够（覆盖本息或按照评估价值投保）等。

（5）审查监管部门或相关部门、岗位是否有限制该客户放款的提示、知会、风险预警信息，并及时采取相应措施。

（6）审核协审、专业审查部门的放款意见是否明确、是否同意放款，有无保留意见。

（7）审查《授信业务放款申请/审批表》的填写、各级审查职能部门签批程序的合规性。

（8）放款管理系统的网上审查，并签署意见（如有）。

2. 信贷业务审查人员配置与素质要求

合格的审查人员必须具备相应的素质。基本要求包括：一定时间的信贷从业经验（一般要求3年以上），具备经济、金融、法律、会计等相关领域的知识结构，对金融产品和工具比较熟悉，风险、合规意识较强，工作作风严谨。

2.2.2.3　会计审查制度

会计审查，这里指根据放款管理的需要以及各行内部制度的规定，由会计或运营管理部门或集中作业部门配合进行的与信贷放款有关的审查工作。

会计审查的基本范围包括：

1. 账户管理与审查

账户管理是会计或运营部门的基本职责。与放款管理关系密切的是保证金账户、回款账户、贷款专户（监管账户）开立与销户，除了开户手续、资料的管理审核之外，配合信贷管理部门做好账户的监督管理和信息反馈。

2. 保证金/现金类物权凭证的管理

信贷业务中的保证金账户是一种特殊账户，其开立与注销与信贷业务直接关联。随时根据信贷业务的需要开立，而又随着业务的结束而销户。账户开立的通知由经营单位的市场部门（或营销部门）发出，并根据业务需要转入、转出保证金，相关手续由经营单位和信贷管理部门审核、审批。

现金类物权凭证主要是与信贷业务相关的尤其是用于质押的存单、国债、银行承兑汇票、商业承兑汇票等的保管（托管）、入（金）库、出库等工作。

3. 票据审查

对于用于质押的票据、用于贴现的票据，会计部门负有审查责任，确保票据的真实性、有效性，票面要素必须全面、正确，经过查询、查复程序，出具审查报告，承担审查责任，防止假票、克隆票。一些票据还要办理托收手续。

4. 出账审查

放款管理部门签发《放款通知书》后，会计/运营部门依据放款指令进行出账，进行会计账务的处理。在出账前，必须进行一系列的审查。重点审查：

（1）放款指令是否经过放款管理部门的审查，是否经有权签字人签字、盖章；

（2）对放款指令的基本要素进行审查（金额、期限、币种、账号、利率、收款人、受益人等）；

（3）凭证审查（借款借据、贴现凭证、透支凭证的提交、填写、盖章等）；

（4）业务合同验印（合同公章、银行预留印鉴等）。

5. 支付审核与管理

配合信贷管理部门做好对信贷资金的对外支付管理，比如支付方向、支付对象、支付金额等方面，重点是固定资产贷款业务。对于要求封闭监管的，还要做好监管账户资金的划转管理。

2.2.2.4 法律审查制度

为了防范法律风险，维护银行权益，确保授信业务的合法性、有效性，银行把法律审查工作作为一项独立于业务审查的专门工作，并进行制度性安排。

通常，银行内部设立专门法律审查岗位或机构，制定相应的法律审查制度和办法，对于有关法律审查的范围、内容、要求、程序、组织、分工、职责进行规定。比如：《中国工商银行法律审查办法》（2000）规定了审查范围、程序[①]。《深圳发展银行授信业务法律审查实施办法》（2008）明确了两阶段法律审查及审查的内容、要求和分工，即授信审批中的法律审查以及放款（出账）环节的法律审查。

1. 法律审查的依据及适用原则[②]

（1）规范信贷活动的一般法律原则和基本的权利、义务、法律责任的法律。如《民法通则》《合同法》《借款合同条例》《贷款通则》《商业银行法》等实体法及《民事诉讼法》《刑事诉讼法》《行政诉讼法》等程序法。

（2）规范贷款活动主体方面的法律。如《商业银行法》《公司法》《中外合资经营企业法》《中外合作经营企业法》《法人企业登记管理办法》《银行管理暂行条例》等。

（3）规范借贷合同、担保和抵质押方面的法律。如《担保法》《物权法》《境

[①] 肖舟. 中国工商银行信贷制度变迁研究[M]. 科学出版社, 2008 (1), 145.
[②] 张静琦. 商业银行信贷管理[M]. 西南财经大学出版社, 2005 (1), 108~109.

内机构提供外汇担保的暂行管理办法》等。

(4) 规范贷款用途的法律。

除了遵守平等、自愿、合法等基本原则外，还要遵循以下原则：

(1) 特殊法律规定优于普通法律规定。如《借款合同条例》、《合同法》、《民法通则》三者中，前者均优于后者。

(2) 后法优于前法。

(3) 地方法规优先适用于本地区（范围以内）。

(4) 地方法规与普通法相冲突时，适用普通法，以维护法律的统一。

2. 法律审查的范围

法律审查的范围各银行有不同的规定，但大同小异。一般地，从信贷管理和法律风险控制的角度看，法律审查部门或审查岗位应对下列事项进行审查，并提出明确的审查意见，以作为信贷审批、放款的参考依据：

(1) 经营单位上报信贷审批部门（贷审会）审批的各类授信业务及相关文件、材料；

(2) 信贷业务规章制度、管理办法及所附的重要凭证；

(3) 信贷业务格式合同范本及实际业务中对格式合同条款的修改、补充约定；

(4) 对外产生银行义务的各种非格式合同、合作协议、承诺、信用证、保函、资信证明、函件及相应的授权文件；

(5) 涉及银行债权债务关系变更、保护事宜的有关事项、文件、程序（如企业改制、重组，诉讼、资产保全）；

(6) 融资业务模式、产品、制度创新及其法律风险防范问题；

(7) 企业向银行出具的重要法律文件文本（企业的内部授权、决议、承诺等）；

(8) 放款管理部门在审查与审批过程中认为需要法律部门审查、认定的事项；

(9) 其他有必要审查的事项、文件。

3. 法律审查的机构与程序

银行的法律审查机构一般是独立的法律管理部门（如：法律事务部、资产保全部等）或在业务部门设立的法律审查岗位。法律审查保持独立性，确保提出独立性审查意见，对于有效控制信贷和法律风险至关重要。

法律审查必须按照一定的程序进行：

(1) 事先审查规则。法律审查须在上报信贷项目及审议之前、贷款实际发放前、送交终审人审批签字前进行，不能事后审查。未经审查不得进入下一个程序，不得拟程序操作。未经法律审查程序，不得进行信贷业务审批，不得进行信贷业务的发放。进一步，凡需要法律审查的文件、制度、办法、格式，未经过审查的，不得下发、采用或擅自修改。

（2）申请、审查、审批程序。业务部门提出法律审查的申请，经由其主管领导签字后报法律审查部门，由法律审查人员审查后，提出审查意见，报有权签字人签批。法律审查意见以及审批意见作为档案保存。

（3）权限管理制度：总分行的法律部门应设定不同的审查、终审权限。对于全行性质的法律文件、格式合同文本、制度，一般应在征求各级分支行意见的基础上，统一由总行法律部门终审、印制；对于总、分行审批权限的信贷项目所涉及的非格式合同、协议文本审查，一般可由经办行法律部门审查、认定后，上报总行法律部门备案。但对于涉及全局性的、重要的业务合同、合作协议、制度，建议由总行终审。其他法律文件由分行法律部门终审。

4. "四环节"法律审查制度

除了日常对于业务制度等的法律审查和监督工作之外，对于信贷业务来讲，法律审查可以划分为四个环节：

第一环节：授信审批前的法律审查

任何授信业务在上报信贷审批部门审批之前，首先履行法律审查程序，由法律审查部门在信贷审批报告上签署法律审查意见，供信贷审批部门、贷审会以及终审人进行决策参考。此阶段，法律审查部门（一般由资产保全部门、法律事务部门负责）主要就客户的准入资格、授信方式、业务法律关系等提出法律审查意见，并承担审查责任。

（1）授信申请人、担保人等的主体资格以及授信业务法律关系的合法性、有效性。

（2）在审查公司章程的基础上，提出客户融资、担保所需要提供的法律文件。主要是公司内部的决策及授权文件，比如：股东同意融资或担保（含出质、抵押）的书面文件、股东会决议、董事会决议、总经理办公会决议或其他集体决策文件等。

（3）对客户提交的基础资料进行审核，审核从事某项业务的资格。

法律审查意见应包含以下要点：授信业务是否符合国家的法律法规以及商业银行法律审查制度或办法的要求；对存在的瑕疵、问题提出修正意见；无法修正的，应充分揭示问题的法律风险。

第二环节：放款准备阶段的法律审查

该阶段是授信审批后、准备放款前之间，准备放款所需要的法律咨询和审查，重点是根据业务特征、合作模式和终审意见的要求等，属于放款法律审查内容的一部分，但在分工上应由法律事务部门审核。

（1）对需要签署的非格式法律文本进行合法性、有效性审查，审查是否符合国家的有关法律规定，是否落实了信贷审批意见的各项要求（主要是各方的责任、义务、流程等条款），进而提出符合要求的文本。

（2）对格式合同的修改、补充内容进行审核。

（3）对其他法律文件提供必要的咨询服务。

经营单位将按照审查后的文本格式要求，与客户签订有关法律文件，或提供符合法审意见的法律文件。

此阶段的审查仍然由第一阶段的法律审核部门审查，不宜由放款管理部门审核。

第三环节：放款时的法律审查

此阶段，放款管理部门的法律审查人员将根据法律审查制度的要求、具体的融资品种、方案、信贷审批意见的要求，对放款提交的资料、手续、合同及程序等进行法律审查，提出明确的法律审查结论性意见，供领导决策，承担法律审查的责任。

重点审查：

（1）审查是否完全落实了第一环节提出的法律审查意见，或者落实了但仍然存在的法律瑕疵及其风险。针对问题提出可行的解决方案、补救措施，或要求补充必要的资料。

（2）审查第二环节提出的法律审查意见是否完全落实。重点是审核非格式合同文本是否经过了法律审查，是否按照要求签订的审查过的正确文本，仔细核对法律文本的正确性、一致性。同时，对前面两个环节的法律审查进行必要监督。

（3）审查格式文本合同、协议等法律文件选择是否正确，合同签署是否齐全、规范、完备、一致、正确、有效。根据信贷审批意见的要求和业务特点，决定是否进行其他必要的约定，或审查所作出的其他约定条款是否符合要求。

（4）境外律师机构出具的法律意见书是否符合要求。

（5）审查各类合同的"面签"程序是否履行，审查各项手续表面的真实性，核对签字、印章；对于复印件，核对客户经理是否签署"原件已核无误"。

（6）审查各项必须的法律程序是否完全、正确履行或办妥。这些程序包括但不限于：抵押（质押）登记、公证、（境外律师机构出具的法律意见书的）见证程序、备案、交付、记载、审批手续等。

法律审查员必须就上述问题逐项提出明确的审查意见。

第四环节：事后动态法律审查

信贷业务发放后，由于有关变化所需要的法律审查、资产保全、诉讼过程的法律审查与管理均属于事后法律审查的内容。

（1）属于放款环节的动态法律审查内容：因押品置换，补充签订新的抵质押担保合同、业务合同的补充、修改及变更、事后补充的法律文件审查等。

（2）属于贷后、资产保全环节的动态法律审查与监督：借款合同、银企合作协议的履行监督[①]、企业出现法律纠纷诉讼对抵（质）押物的影响、企业改制、重组引起的法律关系变化、资产保全、法律诉讼等。

上述四个法律审查环节是一个过程的多个方面，各有侧重，共同构成授信业务的完整法律审查过程。

第一环节重于从法律上对授信主体的准入资格进行审核，对法律上不符合授信准入要求的，进行过滤，对其他法律关系、行为提出法律上的要求。第二环节对银企合作所需要的各类非格式法律文件进行事先的审核、咨询，在法律文件上对信贷审批意见进行条款上的落实，以便于经营单位（客户经理）具体执行，为放款（出账）做好前期准备。第三环节重于从法律角度审查经营单位的具体"执行、落实"情况。审查经营单位是否充分落实了第一、二环节提出的各项法律意见和要求，对法律手续、程序的完整性、合法性、有效性、表面真实性进行审查。第四环节则是事后以及日常的动态法律审查与监控工作。各环节在风险控制方面互补，形成完整的控制体系。这种互补性还表现在，后者对前者起到监督、修正的作用。共同的作用是防范信贷业务的法律风险，维护银行权益。

5. 法律审查人员资格的认定制度

法律审查人员需要具备两个基本技能，两个意识，坚持正确的处理原则。

第一，两个技能，是指法律知识和信贷业务知识，缺一不可。仅仅熟悉法律条文而不熟悉信贷业务，不能做好法律审查工作。因此，要求法律审查人员在研究法律问题的同时，切实了解信贷业务、信贷产品、信贷流程和信贷风险。

第二，两个意识，是指风险意识、法律意识。前者是目的，后者是手段。法律审查的根本目的是为了控制信贷风险。

第三，基本原则，是处理问题时能够做到公平、公正、客观。

银行需要根据上述要求，对法律审查人员的准入进行把关，并颁发内部的资格认证，必要时进行年审。

6. 授信审批前法律审查的基本内容及要求

审批前法律审查不属于放款管理部门放款法律人员的审查职能，但却是放款法律审查需要重点关注的内容。

信贷审批前，法律审查人员将重点对授信申请人、担保人的主体资格进行审查，对担保物的合法性、授信业务的法律关系以及合法性、有效性进行审查等。

[①] 有的银行从业人员和管理者，对企业的约束条款与执行较为重视，而忽视对自己的约束条款及要求，结果实际业务合同履行过程中，不按照合同规定的操作流程执行，导致银行违约，产生了法律风险。

(1) 授信申请人的主体资格。

"银行及其代理机构向'非居民'[①]提供的各种金融服务"为离岸金融[②]。离岸授信申请人为非居民，包括境外（含港、澳、台地区）的法人（含境外注册的中国境外投资企业）、政府机构、国际组织以及其他经济组织（含中资机构海外分支机构）和自然人（见表2-2）。

表2-2　　　　　　　　　　　　授信主体资格审查表

序号	资格类型	基本要求
1	企业法人	工商行政管理机关核准登记（有营业执照）
		营业执照经过年检、有效（是否发生股东、经营范围、名称等注册登记事项变更；是否已经吊销、注销、声明作废等）
		授信时，在营业执照有效期、营业期限内（授信期限内到期的，提示提前办妥续延手续，否则银行可约定有权主张授信提前到期）
		提交法定代表人证明书（与营业执照相符、有效期限覆盖从事信贷有关的法律行为）、身份证（查看原件，留存复印件）
		提交授权委托文件（如果委托他人代理），注明代理人姓名、代理事项、权限、期限等
		提交最新、有效的公司章程（没有公司章程的除外）及授信授权文件（股东会、董事会、总经理办公会决议等）
2	事业法人	特殊行业资质证明
		注册资金到位情况（外商投资企业尤其关注）
		资信状况查询（贷款卡，无不良信用记录）
		主管机关核准登记（有事业单位法人证书）
		其他基本同上述要求
3	其他经济组织和个体户	营业执照、负责人、代理人同上要求
4	自然人	具有完全民事行为能力；岁数符合法律规定（一般年满18周岁）
		提交身份证明（身份证、护照或其他合法身份证明资料）
		授权委托文件（如果他人代理），同上述要求

[①] 居民与非居民是法律概念。新企业所得税法第二条，企业分为居民企业和非居民企业。居民企业是指依法在中国境内成立，或者依照外国（地区）法律成立但实际管理机构在中国境内的企业。非居民企业是指依照外国（地区）法律成立且实际管理机构不在中国境内，但在中国境内设立机构、场所的，或者在中国境内未设立机构、场所，但有来源于中国境内所得的企业。所得税法第三条，居民企业应当就其来源于中国境内、境外的所得缴纳企业所得税。对于个人没有直接的定义，但个人所得税法第一条实际就是有关个人的居民与非居民的定义：第一条在中国境内有住所，或者无住所而在境内居住满一年的个人，从中国境内和境外取得的所得，依照本法规定缴纳个人所得税。在中国境内无住所又不居住或者无住所而在境内居住不满一年的个人，从中国境内取得的所得，依照本法规定缴纳个人所得税。

[②] 国际货币基金组织（IMF）的定义，属于广义上的概念。见"Offshore Financial Centers IMF Background Paper"，June 23th，2000。与传统金融比较，离岸金融由于将服务的范围从"居民"扩展到"非居民"，并采取更加宽松的管理模式，因而具有更加国际化、自由化特征，成为推动金融国际化和金融市场一体化的重要力量。

非居民的主体资格以及审查要求、审查方式与上述要求有较大的差异。体现在以下几个方面：

第一，离岸授信申请资料的法律审核，由境外执业律师负责，提出书面的"法律意见书"，[①] 作为放款前的重要资料。

境外"个人"申请授信的，如果相关合同在我国境内签订、履行，即在我国领域内进行民事活动，且依照我国法律具备完全民事行为能力，则一般可以省略法律意见书的出具程序。

第二，"离岸法律意见书"一般包括：授信申请资料是否完整、合法、有效（如果业务合同适用境外法律）；申请人是否具备合法的主体资格、业务申请是否违反当地法律；授信业务相关资料的签字、盖章是否真实、有效；其他律师认为应当提供的意见。

第三，（经营单位）客户经理、信贷经理的"面签"核实方式可以替代上述律师意见书中有关真实性审核方面的意见。

（2）担保人的主体资格和要求。

担保人为企（事）业法人、社会团体、其他经济组织、个体工商户以及自然人时，审查要求同"授信申请人的主体资格"，但要同时注意以下几点：

a. 担保人不得为企业法人的分支机构、职能部门（除非有授权，且在授权范围内）；

b. 是否违反《担保法司法解释》第3、4条的规定。国家机关和以公益事业为目的的事业单位、社会团体违反法律规定提供担保的，担保无效。对于符合《公司法》规定的有限责任或股份有限公司的，以公司的资产为其股东和实际控制人债务提供担保时，应提供有效的股东会决议或股东大会决议（过半数通过，且被担保的股东或实际控制人支配的股东不参加担保事项的表决）；

c. 担保人是否具备担保能力（审查注册资金是否到位、净资产状况如何）；

b. 对外担保行为是否得到有权决定部门、配偶的同意；

e. 担保人有无逃废债等不良记录、重大经济法律纠纷；

f. 担保人为上市公司的，根据《关于规范上市公司对外担保行为的通知》的有关规定，其对外担保应进行公告。有的银行规定，一年内担保金额超过资产总额30%的，提供出席会议股东所持表决权2/3以上通过的股东大会决议。

（3）担保方式的合法性。

《担保法》规定，商业银行可以运用三种担保方式：保证、抵押和质押。审查要求见表2-3，表2-4。

[①] 关于法律意见书的要点及要求，见第7章7.8.2"境外（离岸）法律意见书要点"有关内容。

第2章　放款管理制度设计

表2-3　　　　　　　　　　担保方式合法性审查参考表

合法担保方式	审查要求（合法的标准）	备注
1. 保证担保	保证人具备保证资格视为合法	法人、自然人的担保
2. 抵押担保	抵押物合法 （《担保法》第34条，规定了可以抵押的财产范围；第37条，规定了不可抵押的财产）	物的担保
3. 质押担保	质物合法① 审查是否是"动产"和可质押的范围	物的担保

注：法律依据《担保法》及其司法解释、《个人定期储蓄存单小额抵押贷款办法》、《中国人民银行外汇抵押人民币贷款暂行办法》等。

表2-4　　　　　　　　　　抵/质押审查表

	审查要点	备注
抵押财产	抵押财产的所有权的真实、有效性 （1）权属证书原件审查； （2）记载的权属人名称与抵押人是否一致	土地使用权证等
	抵押人对外担保是否经过授权、批准	抵押人为法人或其他经济组织时：提供董事会、股东会决议
	乡（镇）、村集体厂房及占用范围的集体土地使用权时，审查乡（镇）村出具的"同意以该土地使用权抵押，且同意在实现抵押权时，按照法律规定的土地征用标准转为国有土地使用权等内容"的书面文件	文件需经村民大会或村民代表大会审议通过
质押财产	质物产权证书、权利证书及其他产权证书是否真实、有效；权利凭证在权利凭证本身及签发部门的证明；权利凭证上记载的权属人的名称与质押人一致	
	质押行为是否经过授权、批准	抵押人为法人或其他经济组织时：提供董事会、股东会决议

（4）抵（质）押人对抵（质）押物是否享有处分权。

（5）授信业务法律关系及要求。

第一，授信用途是否合法。

授信用途必须符合法律法规，不得超过营业执照规定的经营范围和经营方式，不得违反专营、专卖以及其他法律禁止性规定。

根据《最高人民法院关于在审理经济合同纠纷案件中具体经济合同法的若干问题的解答》中的规定，超越经营范围或违反经营方式而签订的合同应认定为无效。为履行该无效合同而签订的借款合同可能面临双重风险：一是借款合同被判定无效

37

的风险；二是借款人面临经营危机不能按时还贷的风险（张炜，林伟，2004）。

注意审查：

①业务申请书申请的用途与有关授信申请的决议（股东会、董事会、总经理办公会或其他集体决议）描述一致，且符合营业执照的范围、方式；与信贷调查报告有关用途是否符合；

②业务合同中约定、注明授信审批的资金用途与授信申请以及相关决议中的用途一致；

③"借新还旧"是一种特殊的信贷用途，必须在有关决议和合同中明确；

④房地产、固定资产投资项目是否合法，是否取得政府有关部门的批准，"四证"是否齐全；

第二，特定业务法律关系及风险防范

①特定法律关系及一般要求。

不同的业务品种、业务模式和担保方式等，业务法律关系不同，法律审查要求也有区别。

下面就常见业务的法律审查注意问题进行提示：

银行承兑业务、保函业务、进出口信用证业务等表外业务的授信，审查是否提交与业务申请所对应的业务、交易合同。

保函业务审查反担保的合法、有效性。

票据贴现的前提是，汇票可转让（不接受出票人、背书人已经记载"不得转让"字样的汇票）；借款人（持票人）必须是汇票上的最后被背书人或收款人（对于尚未背书转让的汇票）；背书连续。对企业客户的公司章程、董事会决议不做要求。

保理业务审查应收账款的可转让性。

委托贷款业务（含委托贴现业务），银行作为委托代理人发放委托贷款，只收手续费，不收利息，不承担贷款风险。注意，委托人为企业法人的，一般对公司章程、股东大会决议或董事会决议不做要求。委托人为限制或无民事行为能力人的，应由其监护人作为法定代理人代为签订合同，且委托贷款是为了被监护人（委托人）的利益。

国际业务审查：具备从事国际业务的资格（外资企业进口"自用"的物资、设备、原材料等，以及出口的其生产的产品无须对外贸易的许可）；根据国际业务部门审定的事实审核用途合法性。

房地产买卖抵押贷款业务：开发商"五证齐"（土地使用权证书、建设用地规划许可证、建设工程规划许可证、施工许可证、商品房预售许可证）。

同业授信：对公司章程、法定代表人证明书、董事会决议可不做要求。

②特定业务法律风险防范及要求。

在建工程抵押业务，重点审查工程款是否结清。若存在未结清的工程款，则考虑措施：是否在贷款额中扣除未付工程部分；或要求承包商出具愿意在未付清工程款的情况下，承担连带责任。

已经出租的抵押物抵押业务，重点考虑在抵押前抵押物已经出租给第三方的，应当要求承租人出具已知租赁物已经抵押的事实，并愿在抵押权人实现抵押权时予以配合，提前终止租赁合同的声明或承诺。

③事后法律动态管理和审查。

银行信贷资产的法律风险分布在各个环节，仅仅对事前、事中的信贷环节进行法律审查仍然不足以有效控制信贷和法律风险，银行法律部门（不是放款管理部门）应对事后环节的法律事务进行动态有效管理。

主要内容是：

第一，放款后企业的改制、重组所引起的法律关系变化。审查要点：企业的改制、重组是否经过有权部门的批准。不同性质的企业进行改制、重组需要不同的机关、部门审批（见表2-5）。

表2-5　　　　　　　　　　公司改组改制审批机关

序号	公司类型	审批机关或部门
1	国有企业、集体企业	国有资产管理部门或企业主管部门审批
2	上市公司	证监会审批
3	一般企业（合伙企业、联营企业、有限责任公司等）	出资人、股东的相应决议
4	改制、重组为股份有限公司类型的	（1）发起人资格审查批准（国务院授权部门、省级人民政府）； （2）操作程序合法

第二，企业改制、重组的相关文件、协议是否合法、有效，改制重组后银行的债权实现是否可靠。

审查要点是：文件内容的明确、全面、合法。是否有不利于债权人利益的条款。改制后的债权债务关系有谁承接，新的债务人偿债能力如何，担保人是否继续提供担保等。

第三，应对诉讼与资产保全的法律工作。

2.2.3　放款管理组织制度设计

组织制度是指放款秩序和流程安排、组织架构、职能定位、放款考核、人力资源服务设施配置和空间规划等方面的管理制度。

2.2.3.1 放款管理的组织体系

放款管理是一个系统工程，并不是一个部门能够完成的事情。实际上，放款管理涉及银行的多个相关部门。

一般地，独立、集中化的放款管理涉及到经营单位（支行、分理处）以及分行层面的不同管理部门，如放款管理部（放款管理中心）、货押监管部、国际业务部、信贷审批部、公司银行部、运营管理部、票据中心（金融同业）等部门。

公司银行部、国际业务部、货押监管中心（如有）、票据中心（金融同业部）一般仅负责某些业务的专业审查或某方面管理职能的履行，放款管理中心为终审部门。按照授权管理原则，履行各级审批后，最终签发放款指令。

2.2.3.2 放款管理部门的基本职能

放款管理部门的核心职能是放款审查，对于审查合格、符合发放条件的业务，签发放款指示；不符合要求的，行使发放否决权。根据情况，可以责成纠正问题、补充资料或拒绝放款等。职能分解见2.2.3.3节有关内容。

2.2.3.3 放款管理岗位职责分工

放款管理能否达到管理目标并提高效率，取决于多部门之间的协调与配合，相关岗位的人员需要明确分工，各负其责。大体上，可以进行如下的划分，但各家银行或机构可以根据自身管理体系和内控制度的设计要求，进行个性化设计。

1. 经营单位的职责

经营单位作为市场营销和业务经营的主体，直接与客户建立业务关系，负责放款的申请和发起，履行内部和初始的审核程序。主要职责：

客户经理/信贷经理：负责与客户沟通，了解客户资金需求，洽商具体出账事宜，准备放款资料、文件、手续，履行放款前的调查、核实职责，对放款资料和手续、贸易或交易背景、资金用途、支付方向的真实性、有效性负责。重点工作：

（1）查询借款人、担保人贷款卡信息、征信报告，调查客户出账时的信用状况是否有重大变化、异常或不良信用记录信息、同业是否到期或其他风险因素，审查经营情况、人事等有无重大不利变化，根据信贷审批意见及其要求，与授信申请人（客户）协商出账事宜，落实资金用途、额度、品种、时间点等。

（2）双人实地面签有关授信业务合同、协议以及其他必要的法律文件。需要签订非格式文本的，办理行内的法律审查申请手续。

（3）落实担保手续，履行核保程序，面签有关担保合同、协议，到有关机关、部门办理抵/质押登记、公证，或落实保证金、存单质押手续等。

（4）调查、核实贸易（业务）背景的合理性、真实性，必要时提供调查说明。

第 2 章 放款管理制度设计

（5）整理出账档案资料、手续，履行内部审查程序，提起放款申请。

（6）登记信贷管理系统和业务台账。

（7）放款后，整理交接由经营单位留存的放款档案，移交支行档案人员，归档保存。

支行风险经理或综合员：

（1）负责对放款资料、手续进行初审，提出审查意见，反馈客户经理。存在问题的，要求补充或修改；无问题的，报支行行长（事业部总经理）或其受权人审批。

（2）初审阶段重点检查客户经理准备放款资料的完整性、合规性和有效性，检查信贷审批意见的落实情况，通知开立结算账户、贷款专户、监管账户、回款专户或保证金账户等，检查"放款申请/审批表"填写/打印的完整与准确性（注意额度编号、账号等其他信息）以及"放款资料交接表"是否准备，填写是否正确等。

经营单位会计部门、运营部门：

（1）放款前的审查职责。

放款前审核的重点事项（有些是审批要求的事项，如审批意见未作要求则不必审查），包括但不限于：

①办理有关账户的开立手续（如保证金账户、封闭监管账户、委托存款账户、贷款专户、外汇账户等）；

②保证金转入、转出的审核，审核保证金的账号、户名、币种、金额、比例是否符合要求；

③存单、银行承兑汇票、国债质押背书审核；

④部分押品（用于质押的存单、银承、债券等）的出/入库手续；

⑤贴现票据的查询、查复手续并履行内部审查，确保票据的真实性、有效性；

⑥负责票据托收、托管手续的办理；

⑦审查借款的借据、贴现凭证是否正确，负责有关合同的验印程序；

⑧其他运营管理要求的相关内容；

（2）凭放款指令进行实际出账操作。

负责凭《放款通知书》《放款申请/审批表》等办理实际放款操作，复核审批程序、授权和要求，办理记账。具体见出账操作部门岗位职责。

经营单位负责人（支行行长、事业部负责人）：负责对本单位的放款进行初步审查，提出审查意见，决定是否同意放款，根据授权，签署相关业务合同及其他授信法律文件，承担经营管理职责。

2. 专业审查部门的岗位职责

不同的业务往往需要一些专业管理部门的协助审查，比如国际业务、贸易融资业务、同业业务等。

　　国际业务部门：国际业务（离岸业务）均需要国际业务部门的专业审查，提出审查意见，建立台账。常见的国际业务有：进口开证业务、对外开立涉外保函、进出口押汇、进出口保理、福费廷、进口代付、出口退税托管账户融资、外汇担保项下人民币贷款、打包贷款、离岸担保人民币贷款、在岸担保离岸融资、其他离岸业务。

　　国际业务专业审查的主要内容及工作：

　　（1）进出口资格（市场准入内容，一般在授信审批时已经审核）；

　　（2）单证材料；

　　（3）信用证、备用信用证、保函文本的条款；

　　（4）外汇、外债有关政策；

　　（5）贸易（业务）背景真实性；

　　（6）外币押品或保证金（也可由放款管理部门统一管理）；

　　（7）间接额度（海外代理行、保理商、交易对手）；

　　（8）国际惯例；

　　（9）境外客户查册（针对离岸业务）；

　　（10）其他相关内容。

　　信贷管理部监管管理岗或货押监管部门，主要审查内容：

　　（1）核库。对用于质押、抵押的动产监管仓库（一般是委托第三方监管机构对动产实施监管）进行巡察，确保抵、质物的真实性、有效性。

　　（2）核价。对动产的价格进行审查核实，确保价格的公允性，核定质押率、抵押率满足审批意见的要求。

　　（3）审查抵、质物的保险并保管保险手续。

　　（4）对抵、质物权属进行审核，审查权属凭证、资料。

　　（5）保理业务应收账款的合格性审查（包括对贸易真实性、合同义务关系的履行、运输单据、增值税发票或其他债权证明资料的审核）。

　　（6）对保理、应收账款融资业务的债权转让进行审查（包括对转让手续、确认与后续管理，建立跟踪动态台账），人行征信系统的登记与查询，相关问题反馈。

　　（7）对监管方、方案、场地、人员等进行认定。

　　（8）审核进口业务的代理报关、报检手续。

　　（9）负责贸易融资系统（平台）的数据录入与管理（如有）。

　　（10）出账后续操作管理（部分贷后管理职能）等。

　　票据中心或金融同业部：票据贴现业务（银行承兑汇票）、资产转让以及银团贷款等同业业务的放款，往往由专门成立的票据中心或金融同业部负责审查，不过此业务也可纳入到放款管理部门统一管理。常见审查内容：

（1）同业授信额度控制；

（2）对承兑银行资格的审查；

（3）其他法律审查意见的落实，负责贴现合同、资产转让以及银团贷款协议的放款前法律审查；

（4）资金头寸、价格管理；

（5）信贷审批意见的落实；

（6）交易背景真实性与交易对手资格的审查；

（7）其他事项。

公司银行部（或市场管理部）主要负责以下内容：

（1）间接额度管理（主要针对贸易融资交易对手的间接额度管理）；

（2）资产业务的价格管理（利率审批、发放调控）；

（3）保证金存款利率管理（利率审批）；

（4）其他管理职能，如收费管理等。

3. 放款管理部岗位职责

通常，放款管理部应设立以下审查和管理岗位：额度/押品管理岗、法律审查岗、合规审查岗（信贷政策审查、会计制度审查岗）、档案管理岗、信贷系统管理岗（初审、复审）。根据人力资源的配置情况，部分岗位可以兼职（见表2-6）。

表2-6　　　　放款管理部（或放款管理中心）管理架构及岗位职责表

岗位	职责
额度押品岗	（1）授信额度控制（数量、期限）；额度、押品台账的登记、管理； （2）建立或删除押品，一级档案（押品）的出/入库管理； （3）保证金的来源审查、冻结或转出管理； （4）出账档案的交接； （5）放款管理部印章管理（如有）
合规审查岗（信贷政策、会计制度）	（1）对信贷审批进行审查。授信业务是否已经批准，是否为有权人审批/签字，授信审批流程是合规； （2）审核信贷审批意见，尤其各项限制性条件，是否完全落实。如担保条件（押品或押品入库通知、保证金转入、押品评估期限等）是否已经落实并符合要求；负责动态追踪落实限制性条款的执行情况，建立跟踪台账，动态监测（不涉及属于贷后监测的内容），确保每次放款符合限制性条款要求； （3）审核经营单位提交的放款信贷资料及手续的齐全性、表面真实性以及填项的正确性（副本及复制资料上是否签署"已核对原件"等）； （4）审验借款人和担保人的贷款卡状态及征信信息是否符合相关规定，有无异常； （5）审核专业部门放款审查意见是否明确、是否同意放款，有无保留意见； （6）审查《放款申请/审批表》的填写、职能部门签字手续和内容填写的完整、准确性

续表

岗位	职责
法律审查岗	（1）审核授信主体、担保主体及其行为、程序的合法性、有效性，审核、落实授信审批中的法律意见，审查法律文件的合法性、齐全性以及手续的完备性、正确性 （2）法律文件、合同等的面签声明书是否提供，或是否签字（即信贷人员是否双人面签） （3）审查复制（复印）资料上是否签署"已核对原件无误"，并双人签字
档案管理岗	（1）出账后档案的整理、装订、交接、归档、保管、入库、台账账登记、调阅，确保档案卷宗的完整性、规范性、齐全性 （2）与押品岗共同对押品（一级档案）进行管理，双人出、入库（分别担任初审、复审），账实、账账核对 （3）档案的定期销毁及登记 （4）负责接收审批部门交接的审批档案（原始档案）；签收经营单位交来的出账资料（也可由放款审查岗位直接接收）
放款管理部负责人	（1）监控放款审批是否越权，审核所有放款审查程序是否履行完毕 （2）复核；并对各审查岗位提出的问题进行决策或向上级领导请示 （3）签发《放款通知书》 （4）日常业务控制审查（保证金转出、押品删除、档案借阅等） （5）负责各项放款管理制度、办法的制定与实施 （6）负责放款管理部门的组织与管理 （7）负责与经营单位、支行、分行各部门、总行的工作协调 （8）负责业务培训 （9）其他相关工作

4. 出账操作部门岗位职责

有的银行由经营单位会计或运营部门负责，有的则把放款操作集中在分行层面的集中作业部门或总行的信贷工厂。主要职责如下：

（1）核对《放款通知书》是否为有权审批人签字，是否加盖放款管理中心印章或有权签字人的签字，核对放款管理部印章和负责人签字与预留印鉴卡是否相符，出账金额与起始日期、客户名称与综合授信额度编号（如有）是否对应；

（2）查询信贷管理系统（如有）各级审查意见，放款管理部是否已经在信贷系统中建额、建押，未进行建额、建押操作的，不能办理出账；

（3）审核保证金的账号、户名、金额、比例是否与保证金转入审核表一致，保证金科目的使用是否正确，是否符合"每笔转入保证金账户的资金均只对应一笔交易业务"的规定，如不符合规定的，不能出账；

（4）审核放款会计凭证（借款借据、贴现凭据、押汇凭证）以及对外签发信贷文件（比如：保函（本币）等）的要素（金额、币种、期限、客户名称、账号、利率、汇率或条款等）正确性、规范性、齐全性、一致性。检查印鉴、盖章是否齐全、一致；借据、贴现凭证以及放款通知书等不得涂改，否则不得办理出账；

（5）审核信贷用途要求、是否要求监管以及是否定向支付等问题。如核对不符，不能办理出账，有疑问的应及时与放款管理部联系；

（6）业务的注销、撤销手续办理；

（7）重要会计档案的管理。主要会计档案包括：开销户手续、重要凭证、信贷文件（如保函）、合同副本、放款指令、支付指令、保证金转入手续、押品出入库和删除手续、票据托管及托收手续、还款和兑付手续等。

国际业务的出账最终由国际部负责（或单证中心），主要职责：

（1）审核国际信用证、外币保函的报文、条款是否正确；

（2）核对《放款通知书》、《信贷业务放款申请/审批表》上显示的综合授信额度编号、账号是否正确；

（3）查询保证金账号与业务编号（如信用证编号、保函编号等）是否进行了关联。

（4）对外拍发报文（一般通过 Swift 系统）；

（5）业务的修改、注销、撤销等手续的办理。

2.2.3.4 集中放款业务操作流程

1. 放款业务操作步骤

（1）经营单位准备出账资料，履行内部审查、审批和签字程序；

（2）提交相关放款管理部门专业审查、审批（如需）；

（3）提交放款管理部审查；

（4）放款管理部机控管理，建立额度、押品，押品入库保管；

（5）放款管理部签发放款指令；

（6）提交出账操作部门办理出账手续，账务处理；

（7）信贷资料归档。

2. 放款管理部内部审查流程

根据前述的两种审查方法，银行可以采用其中之一（见图2-1），或在此基础上进一步优化、再造。

3. 流程管理应注意的问题

（1）防止逆程序操作；

（2）上一级的问题，在上一级解决和落实；

（3）注意了解各级审批权限，落实最终审批人的签字。依照各行内部的授权管理制度执行。一般，行长、信贷执行官、分管行长或其授权人是最终审批人；

（4）流程过长，签字人过多，影响效率；

（5）在放款管理制度中，明确各环节的操作、管理和审查责任，并根据制度和实际情况的变化，及时进行补充或调整，防止灰色地带的存在。

2.2.3.5 放款管理环境及设计

放款管理环境是银行风险控制环境的一部分。管理环境既包含抽象的软的环境，

商业银行放款管理实务

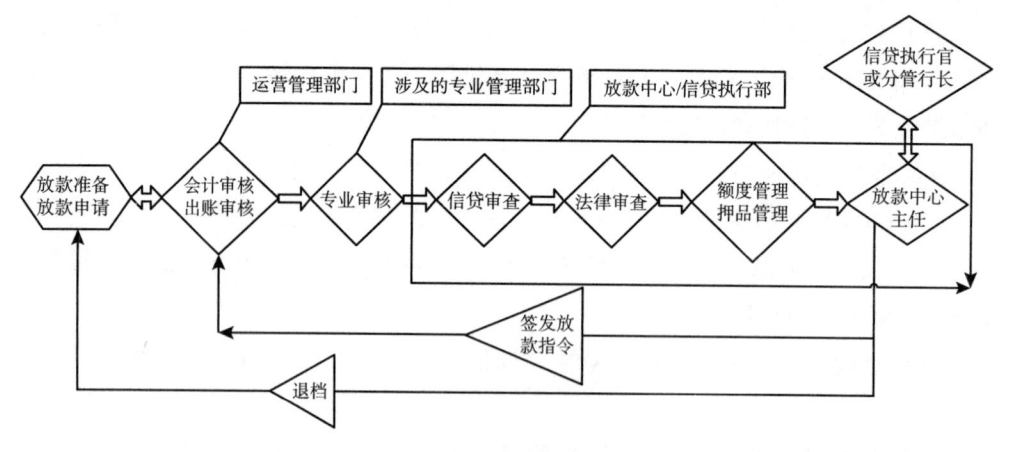

图 2-1　商业银行内部放款审查流程图

如管理文化、理念以及相关的外部因素；也包括物理的管理环境，如管理机构的地理位置、场所和空间、放款管理系统及其他基础服务设施等。

1. 放款管理软环境的培育

商业银行在日常放款管理和操作活动中，表现出来的对于信贷风险管理方面的态度、价值观、目标和行为等，均构成放款管理文化的一部分，是放款管理软环境的核心。软环境的培育可以从以下 6 方面努力：

（1）加强对放款管理的理论研究，运用正确的理论，指导放款管理实践；

（2）从风险管理的角度，摆正放款管理的位置，树立正确的风险观；

（3）培育主动管理、主动约束的意识，切实扭转"重审轻放"；

（4）运用科学发展观指导具体管理，完善各项管理制度，重视各级放款管理和操作的考核、责任认定，重视放款管理队伍建设；

（5）从管理体制、人力资源配置等方面，切实提高放款管理岗位与部门的地位，维护放款审查意见出具的独立性、权威性、客观性。

（6）加强道德与行为规范、责任意识的教育和业务培训，增强依法合规经营的意识。

2. 放款管理硬环境的建设

放款管理部以及其他业务管理部门安排和布局，需要考虑以下因素：

一是体现服务理念。放款管理中心以及相关管理部门的布局力争体现操作流程、管理秩序。

放款审查主要为经营单位提供服务，放款管理部在地理位置上应考虑交通便利性，内部布局考虑设计的合理性、空间适度性；在设施配置上，充分考虑为经营单位的放款人员提供各类服务设施，比如内线电话、传真、影印设备、操作台、切纸机，甚至胶水等必要设施或用品。

二是体现风险管理的需要。内部布局上，强调相对封闭性、安全性。从此角度看，比较而言，封闭式的放款管理中心相对于开放式有着更多的优点。体现在：

①有效分离出账申请人员和放款管理中心审查人员，有利于规范放款秩序，防止干扰，提高审查质量和效率。

②防止档案丢失。封闭布局措施有利于隔离放款后档案与外部人员，避免档案丢失。

③避免出账申请人员对审查人员管理的信贷管理系统恶意操作。

三是体现科技进步。放款管理系统的开发与配置，旨在运用先进的管理手段更好地服务于放款管理。一方面提高服务效率，另一方面，运用系统减少人为操作失误，辅助风险控制。

放款管理基础设施的完善程度直接影响放款操作的效率和服务质量。良好的工作环境、先进的信贷管理与操作系统、齐全的服务配套设施。

下面是简化的放款管理部设计图（见图2-2）。

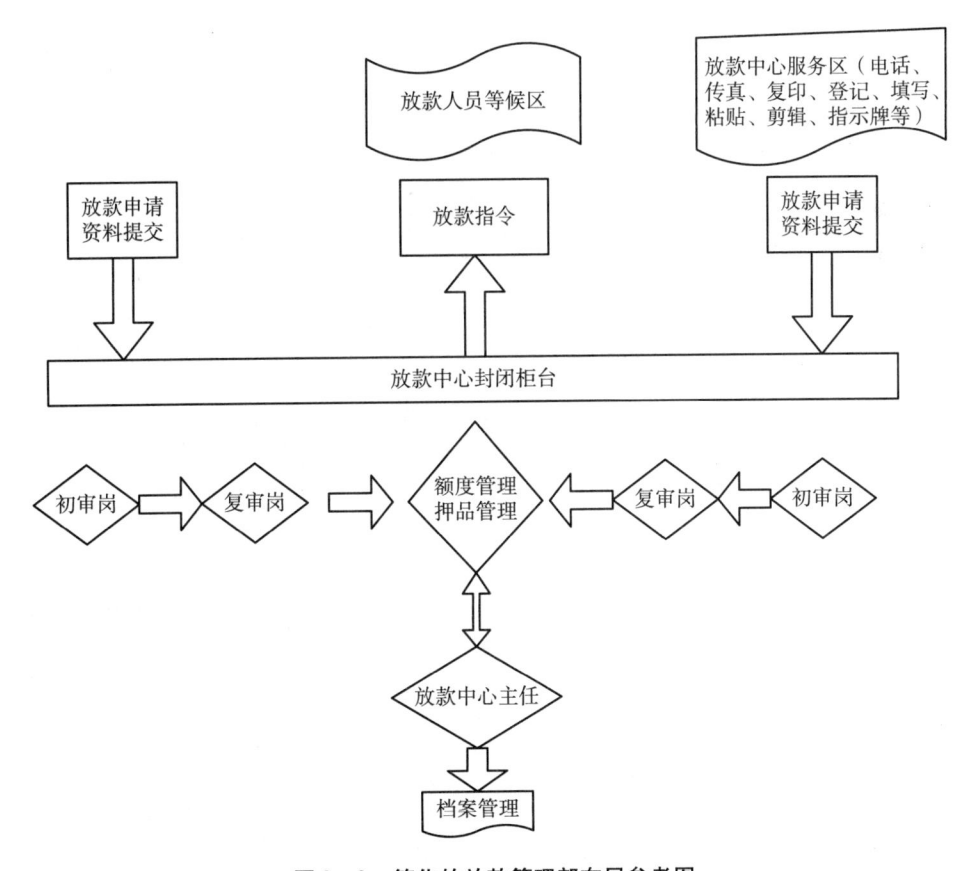

图2-2 简化的放款管理部布局参考图

案例 2-1：管理不善，档案丢失

案情简介	×年×月×日，某银行给与某客户发放贷款 1000 万元，放款（出账后）档案全部由客户经理带走，且并未移交支行管理，分行也未发觉。到期后，客户不能偿还，成为逾期贷款。据司法部门调查，该客户经理与借款单位联合骗贷，并有意把信贷档案取走，导致影响到银行的正常诉讼
风险点及要求	（1）分行放款管理环节存在操作风险，档案交接环节操作不当。放款后的信贷档案必须由分行及时归档，不得由客户经理带走 （2）多余返回支行的信贷档案，必须由客户经理移交信贷综合员或其他档案管理岗位 （3）需要返回客户的信贷档案应及时交给客户
启示	（1）重视、规范信贷档案的整理、归档、交接和入库是防范操作风险、维护信贷资产安全的重要内容 （2）支行对信贷档案实行集中、专人管理，做好档案交接、归集的过程和时间控制。尽量做到，当日档案，当日登记，当日归档

2.2.3.6 放款考核

1. 放款考核的对象和范围

放款管理考核的范围应包括所有参与对公授信业务放款操作与管理的人员、部门。即客户经理、经营单位、放款管理部门和出账操作部门。

2. 考核的目标与方法

不同的考核对象考核目标与方法不同，见表 2-7。

表 2-7　　　　　　　　　　放款考核目标系

	子目标1	子目标2	子目标3	总目标
考核对象	客户经理	经营单位	管理部门	涉及放款的全体人员与部门
考核目标描述	规范放款行为，增强风险意识，提高业务能力	规范放款管理；提高基础管理水平；提高风险防范能力	提高放款审查与管理水平；实现审查管理的专业化；提高服务水平；切实防范信贷风险	强化"贷时审查"和放款约束，依法合规经营，防范信贷风险，提高经济效益
考核内容与方法	鼓励合规行为；对违规行为进行纠正、处罚；经营业绩与日常放款操作行为挂钩	对各单位人员的放款操作行为表现、基础管理表现计分，进行合规评价，与经营单位负责人的业绩挂钩	审查水平与服务能力、效率评价；政策与制度执行情况评价；基础管理评价；业务量及差错率考核；责任错误与业绩考核挂钩	放款管理综合成效评价
配套措施	日常行为登记	日常表现记录	设定管理目标，年度评价；日常问题登记；调查统计；事后监督；外部检查	设定管理目标，年度评价；上级行检查评价

3. 考核的原则

坚持统筹兼顾的原则。重视业务发展，兼顾风险防范；坚持合规经营，兼顾适度弹性；鼓励诚实守信，辅以考核手段。

2.2.4 放款额度管理制度设计

2.2.4.1 额度管理需要明确的几个概念

通常意义上，授信额度是指信贷审批部门审批的融资限额。但是，审批额度并不一定就是实际可以发放的融资数量。实际能够发放多少，品种如何分配、使用，期限如何控制，还取决于其他影响因素。换言之，仅仅掌握审批额度是不够的，还不能够做到对额度进行科学管理和有效控制，这也正是放款管理部门能够发挥管理作用的地方。

要做好放款管理工作，或者客户经理能够做到顺利放款，则必须认识和理解其他有关的额度概念。

（1）审批额度：是指信贷审批部门履行审批程序并通过后，所确定的给予某客户特定授信品种、币别、期限的最大融资限额。

对于放款管理部门来说，这是理论上对于某个客户或项目的实施控制的最大融资额，因此，为便于理解和掌握，本书把审批额度称为"理论放款额度"。

（2）授权额度：客户申请授信时，根据公司章程的规定，客户需要有相关的决策机构提供的授权，授权申请办理一定数额的融资数额。通常以股东会决议、董事会决议、总经理办公会决议（或其他集体决议）审批决定的数量为准。

（3）间接额度：为了控制信贷风险，在国际业务、同业授信、贸易融资等业务中，银行不仅对直接授信客户给与一定的额度控制，同时还要对上下游交易对手（合作方）、境外代理银行、合作银行或保理商等进行一定合作额度数量限制。即厂商额度、境内同业授信额度、境外合作银行额度等。

（4）担保额度：有担保方的授信业务中，担保方授权或同意担保的数额。或提供物的担保情况下，抵质物数量不足，达不到抵押（质押）率的要求，则按照评估价值/抵（质）押率来决定实际担保的额度。

（5）营销额度：商业银行为了市场营销的需要，可能给与客户一定数量的营销意向性额度，该额度是一种融资意向，并不能实际使用。如果需要启用，则需要另行审批。因此，在额度合同中要进行相应的约定。

（6）实际可用额度：实际情况下，上述额度的数量往往并不一致。在考虑授权额度、担保额度等因素后，客户可以实际使用的最高额度。额度管理岗以及客户经理在放款管理额度台账登记，并进行实际控制。

(7) 低风险与风险敞口额度：对于低风险业务的界定，各银行的界定并不完全一致。对于提供保证金、存单、银行承兑汇票、国债、备用信用证、银行保函等担保的业务，称之为低风险业务，此部分额度则称为低风险额度。对于信用方式或使用其他担保方式担保的额度，习惯上称之为（风险）敞口额度。

(8) 转授信额度：对集团客户授信时，在对集团授信的总额度范围内，允许给与集团下属一些子公司使用的授信额度。转授信时，通常要求由集团公司提供连带责任保证。

2.2.4.2 综合授信额度管理原则和要求

1. 额度的数量管理原则

对于额度的管理，放款管理部门要遵守"谨慎、从低"原则。审批额度并不是客户的当然可用额度。实际可用额度受多种因素的制约，主要影响因素：间接额度、客户的内部授权、担保方的因素、交易对手合作协议约定制约等。

2. 额度的期限管理原则

额度期限以及宽限期必须有合理的限制。如何根据信贷审批意见签订《综合授信额度合同》，确定额度合同的起始日期，各家银行有不同的管理规定。

有的银行管理比较宽松，只要在审批后的1年内，任何时间均可以签订额度合同（有的不要求签订额度合同），或随时办理具体业务。而且，对单笔业务的期限、宽限期也没有严格的限制。有的银行规定了"审批有效期"，即从下发审批意见之日起的1年内，为审批有效期，超过此期限，额度终止使用。《综合授信额度合同》的期限必须在审批有效期之内，同时规定，如果超过一定期限没有启用额度，或没有实际业务发生，则需要重新审查，或审批额度提前作废。

宽限期，是单笔业务的到期期限可以超过额度合同到期日的最长时间限制。一般规定为6个月。保函业务比较特殊，业务期限一般比较长，一般不受此宽限期的规定限制。有的单笔保函期限长达2~3年甚至更长，具体可以按照审批意见的要求执行。

3. 授信品种管理原则

授信额度与具体的业务品种是密切关联的，各授信品种的风险度、操作模式和担保方式要求等大相径庭，因此，业务品种的管理非常重要。放款管理部门必须严格按照终审意见的要求执行，除非审批部门变更审批意见，否则，不得随意调剂。对于低风险额度与敞口额度并存，且签订一个综合授信额度合同的情况下，原则上，低风险额度可以占用敞口额度，但不能反之。

2.2.4.3 授信额度管理方法

1. 设立专职管理岗位

放款管理中心设立额度管理或审查岗，负责授信额度的具体管理。岗位职责见

"放款管理中心岗位职责"。

2. 建立额度管理台账

额度管理岗负责根据授信审批意见,建立额度管理台账(见表2-8),登记额度总额、敞口控制要求、品种分配、期限以及其他个性化要求。建议使用 Excel 表格设计,并设定计算公式。

表 2-8　　　　　　　　　　　　授信额度控制台账

支行									
企业名称									
额度合同	合同编号					合同变更			
	额度要素	币种	总额度	敞口额度	额度期限	宽限期	其他期限控制	转授信	集团额度
	审批额度								
	其中:营销额度								
	企业授权额度								
	合作协议额度								
	担保额度								
取最低值	最高可使用额度								
	审批额度变动								
	临时控制纪录								
实际控制分配(如要求)	总量分配	银承	贷款	押汇	保函	商票贴现	其他期限控制	转授信	集团额度
	使用纪录								
日期									
动态可用余额									

台账登记:　　　　　　　　复核:

客户经理(信贷员)根据审批意见,也应建立自己的额度台账,对每次出账情况进行记录,核减额度余额,并在新的业务出账时,提交额度台账,与分行额度台账进行核对。不一致时,应查明原因,确保"账账相符"。

对于有转授信或纳入集团额度的,还要做出相应的登记。

3. 间接额度管理

间接额度是商业银行对与直接授信业务相关的合作银行、企业上下游合作交易商等给与的控制额度。它通常产生于一些特定业务，如国际业务、银行承兑汇票贴现、贸易融资等。常见的国际保理商额度、开证行额度、海外代付银行额度、贸易融资合作交易商额度、国内同业授信额度等均为间接额度。

对于间接额度，各银行可以根据各部门的专业职能分工等情况，由专业管理部门分工负责管理（见表2-9）。对于涉及间接授信的，相关管理部门在进行放款审查时，除进行专业审查外，应同时对间接额度进行核查，并签署明确意见。

表 2-9　　　　　　　　　间接额度管理的职能分工表

序号	间接额度名称	管理部门
1	厂商额度	贸易融资部（如有）/放款管理中心
2	开证行额度、国际保理商额度、海外代付银行额度	国际业务部
3	国内同业银行额度	金融同业部

4. 授信额度的占用与释放

授信额度启用后，每次使用额度就是额度占用的过程，实质是客户可用额度（包括总额度和风险敞口额度）减少的过程。

与额度占用相反，额度的释放是指根据银行在一定条件下，对授信额度进行动态恢复的管理行为。

在下列情况下，可以对额度进行释放：

（1）对已经偿还、结清的部分，释放总额度及相应的敞口；

（2）提供保证金或存单质押，弥补风险敞口，可以对相应的敞口额度部分进行释放（独立的低风险额度不适用）；

（3）打款赎货。对于货押业务，客户销售回款至约定的回款专户时，可以根据回款数量，释放相应的敞口额度。按照质押或抵押率，计算可以赎货的金额。赎货金额=回款金额/质押或抵押率。

5. 集团额度管理

为了有效防范信贷风险，对于关联企业、集团客户一般实行统一授信的方式，防止多头守信、过度授信。由于一个集团往往涉及许多地区，系统内的各家银行可以共享，因此，集团额度的管理存在较多的实际困难。

集团额度管理的一般原则和要求：

（1）集团客户额度统一管理原则。

(2) 总行相关管理部门或主办行（下称"管理行"）统一负责统计、管理原则。

(3) 非主办行使用、占用集团额度，需要征得管理行的同意。

(4) 非主办行释放额度应及时向管理行及时反馈信息。

下面以案例形式作进一步说明：

案例2-2：信贷额度的有效管理

关于A公司5000万元综合授信的批复
（批复文号：　　　　）

支行名称：×××支行　　　　　　申请文号：
授信申请人：A公司

"经审，同意给与A客户综合授信额度5000万元人民币，其中，营销额度1000万元，敞口不超过3000万元，授信品种包括银行承兑汇票和流动资金贷款，期限一年，由B公司提供连带保证责任担保。单笔银行承兑汇票期限不超过6个月，提供30%保证金，单笔贷款期限不超过1年。授信限定用于向C公司采购纸张。

出账要求：

1. 出账时，审核贸易背景和贷款用途的真实性，A公司需要提供采购合同以及下游销售合同，销售合同约定银行为唯一销售回款账户，……。"

2. ……

贷后管理要求：（略）

终审人：　　　　　　　　　签发人：

×××银行信贷审批部
（章）
年　月　日

简析：

案例中，审批意见同意给与A客户的综合授信额度5000万元，其中，有1000万元的营销额度不可实际使用，启用前，需要另行报批；另外，"敞口"额度3000万元不得突破。另外，额度期限、种类、单笔业务期限均做出了明确说明。

如果全部使用贷款，则贷款总额不超过3000万元；如果全部开立银行承兑汇票，银行承兑汇票总额×70%（剔除30%保证金）也不得超过3000万元人民币。

如果B公司只同意担保2000万元，并签订了2000万元的最高额保证担保合同，则只能与A公司签订2000万元的综合授信额度合同或者3000万元的额度合同，约定其中1000万元的营销额度限定条件。

由于是限定与C公司的合作模式下的授信，如果A公司与上游合作厂商C公司签订合作协议中约定的协议额度为1800万元，则实际可以使用的额度亦不得超过1800万元（尽管担保金额达到3000万元或2000万元）。

2.2.5 信贷押品管理制度设计

2.2.5.1 押品的分类

商业银行信贷管理上所使用的"押品"概念实质上来自于法律界。法律上的担保品抵押物、质物在银行信贷管理上统称为"押品"，具体分类见表2-10。虽然理论上，所列押品均可以提供质押或抵押，但由于各类押品的价值衡量、价值变化、变现能力、风险控制手段等存在较大差异，实务上，各家银行对于可接受押品的标准并非相同。

一般来说，商业银行倾向于接受那些价值易于衡量、价格波动幅度小，通用货物，易于变现，实物便于监管，提供抵押、质押所需要的法律手续可操作性强，法律环境成熟的押品。

常见的押品有：现金类、房地产类、大宗商品（原材料和成品）及其货权、应收账款等。

表 2-10　　　　　　　　　　信贷押品分类表

序号	押品类别	押品明细
1	现金或现金等价物	现金、保证金、存单、国债、银行承兑汇票等
2	市场化的证券	国内金融债券、企业债券、股票、基金等
3	房屋及建筑物	普通住宅、其他住宅、办公楼、商场商铺、经营性酒店、其他商业楼宇、工业厂房、在建工程等。银行掌握的是他项权利证
4	动产及货权	有较强变现能力的通用商品以及以仓单、提单等权益凭证形式表现的前述商品的所有权。银行掌握的是动产、权利凭证或者动产或权利抵押的凭证—《动产抵押登记书》
5	无形资产	有较强变现能力的通用商品以及以仓单、提单等权益凭证形式表现的前述商品的所有权。银行通常掌握仓单（又分标准仓单、非标准仓单）、提货单、提单等物权凭证
6	其他非市场化的证券/股权/权利	不存在公开交易市场、或交易市场成交量很少、难以体现公允价值的有价证券、股权（股份）、权利等。其中权利是指应收账款、应收票据等

注：有些并非押品，但在管理上视同押品管理。比如重要文件、凭证，财产保险单（含正本批单）等

2.2.5.2　押品的管理

押品的管理必须要建立相应的押品管理制度进行规范，押品管理制度的基本要点包括：

1. 押品的管理部门及职责

押品管理部门的基本职责是，对押品进行审核，保管押品实物、在操作系统实施冻结，确保押品实物的有效和安全以及质押行为在法律上的有效性，动态了解押品使用状况；对押品的价值进行科学认定，动态监控，实施跌价补偿制度；登记押品台账，填制押品表外记账凭证并登记表外账（或由会计或运营部门记账）、负责押品的调阅审查和出入库，确保账实、账账相符，维护银行权益。

对于贸易融资业务，抵押物或者质物往往分布在远离银行经营场所的港口、城

郊或其他地方，银行往往实行业务外包，采取委托第三方监管的模式进行管理和操作。第三方往往是国内大型仓储物流公司，比如中远集团、中铁物流、中外运、中储等。委托第三方保管的，应签署监管协议，明确各方的责任义务。

关于货押业务押品的"准入"问题，可以由审批部门、押品管理部门、产品设计部门等联合研究，确定准入"押品"的范围和名称，定期公布，便于审批部门执行。

对于一些物权凭证类的押品，不能仅仅关注凭证本身，更重要的是关注凭证背后的"实物"能够接受，是否在银行可接受的"押品"商品范围。比如，有一民营贸易公司，1998年提出用价值142万元的"提货单"质押融资，也被某银行所接受，融资100万元。企业遇到销售市场疲软，到期不能全部偿还贷款本金。该提货单是某小酒厂的"酒水"提货权，酒水属于低成本，高售价的消费品，价值波动大，品牌认可度低，生命周期短，不便于变现。

2. 押品的实物管理

属于"质物"范围的押品，必须由银行进行有效的占有，否则在法律上形不成真正的质押。上面的"酒水提货单"所标明的"质押实物"，放在生产厂家某酒厂，而没有由银行实施有效的实物监管，结果在诉讼阶段还产生了"提货不着"的风险。

各类押品的性质差异大，根据方便管理和风险控制的双重需要，银行往往对不同的押品采取不同的管理方式，并且由不同管理部门分别管理。押品管理部门不仅仅是放款管理部，其他管理或操作部门也承担着部分押品的管理责任。银行委托的第三方监管部门是银行对"押品"进行管理外包的一种形式。

对于货押业务中，以采购货物作为押品的，银行已经难以实现有效的管理，引入第三方监管成为银行的重要选择。此类监管是银行、监管方甚至上游供货方合作进行的，因此，需要一套完整的监管操作方案和合作模式，对有关方面的权利义务，尤其是监管责任进行规范和约定。

押品的入库：一般情况下，用于质押的银行承兑汇票、存单、有价证券等由经营单位会计或运营部门入库保管；属于贸易融资业务的仓单、提单、汽车合格证、保险单原件（正本）等由放款管理部或独立的货押监管部门入库保管；其他押品（如房地产他项权证、备用信用证、抵押物的保险单等）由放款管理部保管。押品在分行或区域管理机构集中保管的，其中一联"押品入库通知单"交会计或运营部门作为记账凭证。银行委托第三方监管的，由监管单位出具监管物清单、入库凭证。

押品的出借：在业务未结清，未偿还之前，原则上不得外借押品。因抵押人、质押人办理租赁、换证、办理工商注册、缴纳规费等原因而出借押品权利凭证的，应按一级信贷档案管理有关规定进行逐级审批，信贷人员应跟踪抵押人或质押人借用押品权利凭证的实际用途和使用进度，敦促抵押人、质押人办妥相关手续后尽快归还，及时重新入库，相应地做好出、入库记账核算工作。

押品的释放和删押：债务人足额偿还授信业务项下债务，银行释放担保合同项下的押品，按规定办理押品出库手续并进行表外核算，办理注销抵/质押登记、注销记载等手续。押品的置换或更改押品的，应按原审批流程和权限逐级报批。

押品的置换：为防范操作风险，押品的置换一般应按放款审批流程和权限逐级报批，对押品的价值进行评估、认定，确保押品的数量符合抵押率或质押率要求，确保押品的置换符合政策规定。

押品的处置：债务人违约，不能偿还授信合同项下债务的，或出现其他违反合同情形的，银行应及时按法律规定和合同约定对押品进行合法处置。处置具体方式包括查封、冻结、以物抵债、协议变卖、强制拍卖等。

3. 押品的价值管理

押品的价值管理包括价值认定，价值调整（修正）与补偿，价值记账三个方面。对信贷押品的价值计量，可独立采取或委托第三方评估机构采取一定的方法。如常见的现行市价法、市场比较法、重置成本法、假设开发法、基准地价修正法、未来现金流净现值法、清算价格法等。

押品的价值认定的三步骤：贷前价值评估、贷时价值认定及贷后价值动态调整认定与补偿。

初始认定：应坚持实地查勘原则。由主/协办客户经理、信贷员负责调查，信贷审批部门负责审定。

动态认定/调整：对质物的评估报告有效期一般为6个月。在该期限内，其价值评估有效，超过期限应重新评估。其他动态认定的时间间隔可以为旬、月、季度、半年等，价格波动较大的，有时要求逐日盯市。认定结果应及时登记押品价值跟踪管理台账，进行表外核算调整，据表外核算最新重估调整后的押品价值余额，填报相关监管报表，签发价值补偿指令，确保抵/质押率在规定的范围内。

风险监测：押品出现重大变化，及时报告，并及时采取有效补救或控制措施。建立押品跌价补偿机制，坚持规定的监测频率，按约定的跌价警戒幅度执行跌价补足机制，应确保押品动态足值。

4. 押品的审核要点

（1）抵/质押品的分类标准，包括押品的分类是否准确、分类统计是否规范等；

（2）抵/质押品的价值评估方法，包括评估方法是否适用、价值评估是否公允等；

(3) 抵/质押品的市场价格和变现能力，包括抵/质押品的质量、折扣、估值的准确性、可变现能力；

(4) 抵/质押品的状况，包括抵/质押品是否被重复抵/质押，是否被损毁，是否存在法律纠纷；抵/质押人有无使抵质物价值减少的行为，有无擅自转让、出租或其他处分抵质物的行为等。

(5) 对抵/质押品的管理情况，包括抵/质押手续是否齐全、抵押物、质物是否在银行的有效的监管或控制状态之下，押品的监管是否符合控制风险的要求（场所、条件、标识、监控、权属资料收集、巡查、动态管理等）。

案例 2－3：押品误区　审查失职

授信审批情况	1999年3月12日，经某银行贷审委审批通过，同意给某香料厂150万元打包贷款额度，以汇丰银行开立的信用证作质押，打包贷款金额为信用证金额的71%，期限2个月，资金用于购买出口用的原料，还款来源为出口销售收入。无其他担保措施
放款管理	国际部审查信用证条款无问题，没有软条款；开证行信誉度符合要求；签订了《借款合同》、《质押合同》，但质押标的不符合法律要求，放款法律审查存在过错
企业做法	未执行出口合同，资金挪用
后果	信用证过期，作废 无出口收入，打包贷款无法偿还，形成不良
启示	(1) 信用证只是有条件的付款承诺，本身不是"押品"，质押合同虽然签订，但没有真正符合要求的"质押标的物" (2) 正是由于对押品的认识误区，导致审批部门审批失误，未要求提供其他担保条件。经验显示，对于信用证性质的认识模糊的问题较为普遍，普及国际结算知识十分必要 (3) 打包贷款属于贸易融资业务，资金必须封闭运行，专款专用 (4) 企业是否履行出口合同、是否使用信用证是打包贷款的风险控制点。资金用途的监控是信贷风险防范的重要措施 (5) 即使审批部门同意以信用证质押，但如果有专业的放款管理部门（如放款管理中心），亦能对质押的合法性提出异议 (6) 贷后管理失职，未能对出口企业的出口情况进行认真调查和跟踪

2.2.5.3　保证金管理

商业银行信贷业务的保证金多属于担保性质，属于现金类押品（质押）的一种，因此，押品管理制度对于保证金管理在许多方面是适用的，但保证金管理又有其特殊性。

1. 保证金的分类

对公授信业务项下的保证金可以从不同角度进行分类：

按照业务类型区分，可分为：担保类、交易履约类。担保类保证金在法律上是起到质押担保的作用。

按照流转类型区分，可以分为：初始保证金、追加保证金。初始保证金是指在发生业务（办理放款时），客户提供的一定比例或数量的保证金。保证金的数量和比例往往是信贷审批条件规定的最低要求。追加的保证金则是放款后，因各种原因追加提供的保证金。

2. 保证金账户开立与销户

保证金账户是根据信贷业务或交易的需要，而开立的专用业务账户，该账户随着业务的产生而产生，随着业务的结束而消除（销户）。保证金账户不能作为结算户使用，不能直接办理对外支付或支取现金。根据合同的约定，保证金账户的资金可以用于偿还到期债务，并授权银行扣划，用于还款、承付到期票据或支付到期信用证等。

保证金账户的开立和管理要求。①根据信贷业务的需要开立；②经营单位的市场（营销）部门向运营管理或会计部门下发《开户通知书》；③一般情况下，保证金账户要求按照客户设立主账户，按照业务设立分账户。分账户实行"笔笔对应"，即一笔业务，一个分账户。但一些特殊业务，亦允许一个账户，对应多笔业务。比如第三人为多个借款人的授信余额进行担保、票据池、设备按揭（卖方全程担保）、担保公司担保类等资金池业务等。④设立账户台账（主、分账户），每月核对、账簿账实相符。

需要指出的是，一些封闭运行业务模式下的回款专户、保理业务的回款专户均属于保证金账户的一种，应在相应的合同中进行约定，实现有效质押的目的。

3. 保证金的转入与转出

保证金的转入：保证金的转入可以由经营单位操作和管理。根据业务和审批意见的要求，由客户结算户转入或从其他账户汇入保证金账户。放款时，由支行市场部门（信贷部门）、会计部门（运营部门）、支行负责人联合签发"保证金转入审核表"，签字并加盖印章，辅以"入账凭证"作为放款审查的凭据。"保证金转入审核表"必须显示下列必要信息：客户名称、业务品种、保证金账号、转入保证金的币种、金额、日期、计息方式、利率等。

保证金转入的要求：

（1）自有、他人可支配资金（非有价证券）；

（2）资金来源合法（反洗钱要求）；

（3）信贷资金（监管要求）；

（4）外汇保证金（符合外汇政策）；

（5）法律/章程规定，有关权力机构同意出质的授权、审批；

（6）数量符合审批意见要求（比例规定）；

（7）转入的时间、账户要求；

(8) 签订有关保证金质押的合同；

(9) 其他要求。

保证金的转出：保证金的转出应当符合一定的条件，必要时需要放款管理部门的审批。

对于正常到期的业务，保证金可以转出偿还客户到期的债务；

对于非正常到期的业务，比如提前还款等，谨慎起见，由放款管理部门审查、核准方可转出，转出后经营单位必须提交还款凭证。

4. 保证金比例管理及动态调整

保证金的比例要求由信贷审批意见做出的，经营单位和放款管理部门必须执行相关的要求。即实际转入的初始保证金比例≥规定比例。

为了有效控制信贷风险敞口，银行通常会在业务合同中规定，如果抵押物或质物的价值因市场价格或汇率发生变化导致价值减少且达到一定幅度时，比如5%，会要求客户追加相应的保证金，使抵押率或质押率重新恢复到规定的标准值。该动态调整附属押品价值管理的基本内容。

5. 保证金存款的计息与结息方式

客户对保证金存款是有利息要求的。各银行对于保证金存款的计息有着不同的规定，根据存款数量和时间的长短给与活期或定期计息，相关价格管理政策随着银行的资金成本、存贷比的情况而有所变化。保证金存款的结息，一般采取利随本清的方式。

6. 保证金担保效力的实现方式

保证类的保证金属于质物，仅仅转入保证金账户在法律上并未生效，也就是说，未真正形成法律上的质押关系。如何在法律上实现保证金的保证效力呢？通常可以采用两种方式：

第一，在相关业务合同、协议中加列保证金担保条款，明确某保证金账户下的保证金为主合同提供质押担保。同时，注意约定：追加、补充、减少保证金的行为视为对保证金条款中保证金数额的自动变更，不需另行说明，不影响保证金质押担保的效力。如有担保人，则减少时应征得担保人的同意。

第二，签订单独的保证金质押合同（单笔质押合同、最高额质押合同）。质押标的为保证金账户下的保证金存款。

7. 保证金的冻结、查询

如果客户面临法律诉讼，则司法部门有权对该客户的保证金进行查询或采取冻结措施。但是，保证金是为了履行业务项下对外的偿付责任，根据最高人民法院的有关规定，法院只能冻结，不得扣划。

相关法律规定：

《最高人民法院关于人民法院能否对信用证开证保证金采取冻结和扣划措施问题的规定》

《最高人民法院 中国人民银行关于依法规范人民法院执行和金融机构协助执行的通知》

《最高人民法院法关于适用〈担保法〉若干问题的解释》

2.2.6 放款管理授权制度设计

放款管理授权是银行授权管理制度的组成部分。各行可以根据自己的实际情况和制度基础，对放款管理授权制度进行规划。

1. 授权的基本原则

分级原则：授权是按照层级进行的。可以对下级进行授权或转授权的上一级有权人，可以对其下级进行一定的授权。

差别原则：授权实行差别化管理，区分不同的业务、金额、性质、岗位、人员审慎进行授权。

动态原则：授权可以根据具体情况及时授予、调整或取消，实施动态管理。

期限原则：授权须有一定的期限，即授权要有效期限。

2. 授权的种类、形式

（1）授权的种类。

基本授权：指常规业务授权。如解除押品、法律审查、合规审查、会计审查、档案借阅等授权。

特别授权：指超出基本授权范围之外的授权，多为临时授权。

直接授权：指有权的授权人对下级的直接授权。

转授权：下级受权人对上级给予自身的授权再对其他人进行转授权。但是，转授权不得超过直接授权的权限。

（2）授权的形式。

授权一般分为书面或口头授权。银行一般用书面形式，即授权书。口头授权难以进行事实确认，只在特殊情况下采用，往往需要后补书面授权书。

①授权书的一般要件：

②授权书名称；

③授权人的名字（名称）；

④被授权人的名字（受权人的名称）；

⑤授权的范围、具体内容；

⑥授权的要求、限制；

⑦授权的有效期（起止日期）；

⑧是否可以转授权（以及限制）；

⑨授权人、被授权人（受权人）双方的签字、签章；

⑩授权日期、地点。

(3) 授权管理的其他要求。

授权应严格、审慎。授权书须具体明确，不能过于笼统、含糊，便于其他人甄别、判断授权的有效性。授权人在行使被授权之权时，应提供书面授权书作为证明，或对有关授权进行通报、公示。

受权人需要严格按照授权审慎履行其职责，不得越权、违规转授权。超过权限的上报审批。

检查监督部门应对授权进行监督和管理。

3. 放款管理部总经理的授权内容

分管信贷业务的副行长或信贷执行官对放款管理部总经理进行授权，一般内容：

负责对全行或管辖区域内的一定金额范围内的所有放款业务进行放款终审、签批，签发放款通知书；超越权限的需要上报审批；

负责对正常到期业务项下的保证金释放或押品解押进行审批、终审；

负责对正常信贷业务的档案的借阅审查、审批。但对于涉及法律诉讼、不良资产、稽核检查等情况下的信贷档案的借阅通常不在权限之内；

负责对放款管理部进行日常组织、管理和协调；

其他授权。

2.2.7 信贷档案管理制度设计

公司信贷业务档案，简称"信贷档案"，系指在办理公司信贷授信业务过程中形成或收集的，记录和反映信贷业务的文件、资料，包括但不限于授信客户（含授信申请人、担保人）、贸易融资业务涉及的交易对手和仓储监管机构的基础资料以及在信贷调查、审批、风险评估、放款、支付、贷后管理、业务结清、清收保全、呆账认定、核销等各信贷管理环节或流程中形成、收集的各类记录、文件、报告、认定、凭证、协议、权证、证明及其他管理资料，覆盖信贷业务的全流程。

2.2.7.1 管理原则

(1) 保密原则：信贷档案涉及国家、银行和客户的商业秘密，所有接触档案的人员均须严格执行相关保密制度，妥善保管、处理档案资料。因个人原因泄密，导致有关方面产生经济、声誉损失或产生风险的，要承担相应经济或法律责任。

（2）安全原则：信贷档案必须在专门的库房场所，妥善保管。档案库房的环境、消防达标，"八防"措施（防火、防盗、防光、防鼠、防虫、防潮、防尘、防高温）到位，专人专业管理并定期清点。从信贷业务档案的移交、立卷、归档、入库、保管、调阅、销毁等环节做好全面、系统管理，同时力求管理上的规范、统一，严防毁损散失，确保信贷业务档案的完整与安全，档案的使用者与管理者适度分开，按照一定的权限、程序履行审查、审批方可借阅或使用。做好备份，分开存放，账实、账账一致。

（3）规范原则：档案管理必须按照规范的方式方法进行归类、编号、登记、归档，以便于查阅、使用，建立规范的档案登记制度。

（4）分类原则：档案管理必须按照档案的特征，进行区分、分类归档，确定不同的存放期限。对公司业务的信贷档案而言，可以从不同角度进行区分。比如按照重要程度，可以分级，区分为一级、二级、三级档案（一、二级档案的复印件、部分原件），并根据重要程度，设定不同的管理要求。又如，按照不同环节区分，可细分为信贷调查档案（企业基础资料、各类凭证、调查报告等）、信贷审批档案（信贷审批报告、相关记录、决议、信贷审批意见等）、贷后管理档案（放款审查资料、支付资料、信贷业务合同、贷后管理环节的信贷检查、监督、走访记录及相关报告、结清及诉讼资料等）。

（5）真实原则：信贷档案无论是直接收集，或调查、评估所得，都必须确保其真实和有效性。原始凭证（原件）或经过证实的复印件（核实原件的基础上，加盖提供者的公章）。

（6）效率原则：从管理角度，档案的管理必须适应实际工作的需要，便于及时借阅。库房的位置、档案的交接和移动、借阅审批的环节和程序都要充分考虑实际情况，做出尽可能合理的安排。如，分级、分类存放和管理也是适应效率原则的一种制度安排，常见的是小集中与大集中相结合的档案集中管理模式等。档案的上收、移交、整理、登记、归档、入库、借阅、归还、销毁等都要区分类别设定合理的时限。

（7）责任原则：档案管理的形成、流转和管理存在多个环节，各环节必须按照档案管理制度尽责保管。损毁、遗失、擅自销毁，或涂改、伪造信贷档案，或擅自对外提供、透露信贷档案相关信息，或出卖商业机密的均应追究责任。

2.2.7.2 档案管理操作要点及问题

1. 分类、分级管理

信贷档案按重要程度，需要分类、区别对待。下面的三级档案分类法仅供参考：

一级档案，通常是指信贷业务的抵（质）押品的所有权凭证（原件）、他项权利凭证（原件）及其他重要原始凭证、文件。如银行承兑汇票、货币存单、有价证券、房屋、土地他项权证、股权证、营运车牌、保险单、备用信用证、担保函、贸易融资业务的动产抵押登记书、仓单、提单等物权凭证等。

管理程序：交接、登记（登记簿、电子台账）、复印留存、原件入袋、双人封装、签字（盖章）、入库保管、记账（表外账）。

二级档案指一级档案的复制件及其他在各个信贷管理环节和流程中形成的所有记录、凭证、背景资料及涉及业务合同协议（原件）和相关权证，包括贷前调查资料、审批资料、贷时审查资料以及贷后管理资料等。

三级档案指经营单位留存的业务合同、协议（正本或者复印件），一、二级档案的复印件（含贷后资料，一般不含内部审批报告、资料）及监测预警环节要求经营单位留存的贷款卡查询、客户结算流水、客户财务报表等。

按照档案的集中管理原则，一级档案和二级档案均集中在信贷管理部门、运营管理部门（部分）或国际业务部门（国际业务档案）。一级档案要求双人入库（银行金库）保管，建立严格的出入库管理制度，登记表外账。二级档案集中在档案库保管，建立严格的归档、借阅制度，规范管理。三级档案由经营单位自行、统一保管，这是档案管理的一道防御性屏障。

对于处于法律诉讼、资产保全阶段的案卷，移交至资产保全部管理部门。各管理单位或部门分别对其管理信贷档案的完整性、规范性和安全性负责。

由于各银行的机构设置、内部职能并不统一，因此，档案管理的实际分工存在较大的差异性。

分级管理常见问题：①基层经营单位对档案管理重视程度不高，表现在：有的单位非专人、非集中管理，客户经理（或信贷员）自行管理档案，管理不统一、不规范，档案不齐全、不完整，易丢失，保密性无法保障。②部门间档案的交接手续不全，缺乏登记，有些交叉环节的档案保管职责不清，出现扯皮现象。③档案管理部门管理人员缺乏系统的专业培训，素质偏低，对档案管理的重要性认识不足，管理水平有待提升。有的缺乏足够的人力资源配置，归档质量不高、不及时。

2. 档案的交接

任何环节的交接均要求提供档案或资料的交接清单或登记交接登记簿，明确记载交接的资料名称、份数、正副本或档案卷基本要素。交接双方在清单或登记簿上签字确认，清单由交出方、接受方各留一份。对于人员调整或调动的，档案交接必须在第三方见证情况下进行移交，见证人做见证签字，又称为监交程序。

档案交接的时限必须有明确的规定，但对各类档案区别对待。一般要求，一级档案要当日入库，不得库外存放。特殊情况，当日不能入金库保管的，应放入保险柜暂存。当日放款出账的二级档案，如无待落实问题，应及时（一般要求第二个工作日）移交档案管理岗/室（见表 2-11）。

表 2-11　　　　　　　　　档案交接的若干环节

序号	部门	交接方向	部门
1	经营单位（市场部门）	⇨	信贷审批部门
2	信贷审批部门		放款管理部门
3	放款管理部门		档案管理部门
4	档案管理部门		其他使用/借阅部门

3. 信贷档案的建档与立卷方法

信贷业务档案按客户及其授信额度分别建档，一般原则是：一笔授信业务（即一个授信额度）、一个信贷客户的材料组成一卷，以信贷业务的发生时间为序组卷。凡与该授信业务有关的材料均放入此卷，直至业务结清。

档案采用国家档案局统一监制的无酸纸盒保管，档案案卷封面要裱糊在档案盒上，并按照要求填全各项内容，编制案卷编号。档案的每一有效页都应加盖页码章（凡有内容的页面都属有效页，若正反两面都有内容则有效页为两页），以便于保管和借阅。装订须统一以 A4 纸大小进行装订，纸张不够 A4 大小的，将其粘贴于空白 A4 纸上再进行装订，纸张大小超过 A4 大小的，应折叠至 A4 大小，装订线外有领导重要批示的，应加宽边，破损的文件要裱糊。

4. 档案的调阅

档案的调阅需要经过审批程序。调阅人（单位）负责填写《信贷档案调用申请/审批表》，调阅单位负责人或其他调阅负责人签字同意后，报档案保管部门档案管理员初审，审查《信贷档案调用申请/审批表》填写是否清楚、具体，即明确借阅或复制的具体档案（或材料）的客户名称、材料名称、用途、使用时间等，否则，不得调阅。档案管理人员初审合格后，签署意见，报档案保管部门负责人审查、批准。档案管理岗/室负责办理具体的交接、签收工作，建立《信贷档案调用登记簿》并按时登记。

归还环节同样进行审查、登记工作，并及时重新入库。避免借阅过程中出现新的问题（涂改、丢失、损毁、泄密或其他操作风险）。

5. 一级档案的出/入库（金库）

通常，放款管理部门的押品管理岗位和档案管理岗位的人员负责一级档案的入库操作和管理。

押品岗位进行初点，即在收到一级档案后，清点无误，填写一式三联"抵

（质）押品保管清单"、一式两联"抵（质）押物入库通知书"，登记《信贷一级档案登记簿》后，档案管理岗复点，确认无误后，双人在保管清单上签字，共同办理入箱上锁、入库手续。入库的同时将一级档案复印件、"抵质物入库通知书"第一联、"抵（质）押物保管清单"第二联作为二级档案保管。入库后，押品管理岗填写"表外科目收入凭证"，连同"抵质物入库通知书"第二联交给会计或运营部门记账。

出库程序：

（1）有关单位、部门填写档案调阅审批表、一级档案出库审批单；

（2）根据审查审批权限，经有关岗位和负责人审定，签署同意借阅或出库的意见；

（3）押品管理岗、档案管理室双人入库，取出档案（保管箱）；

（4）押品管理岗、档案室和会计管理部门分别登记台账、记账。

6. 权限管理

档案的调阅、出库和有关信息披露的管理必须区别重要程度、风险度、内外部等情况，设立不同级别的审查和管理权限，规定不同的报批程序。比如：可以区分：

（1）普通二级档案的调阅审批权限；

（2）一级档案的调阅、出库；

（3）涉诉档案的调阅、出库；

（4）档案的对外披露；

7. 档案的保管期限与销毁

信贷一级档案保管期限为长期（银行自己规定具体年限）；

信贷二、三级档案保管期限为短期（银行自己规定具体年限）；

客户尚有授信余额的信贷档案要永久保存。

档案的销毁必须按照一定的审批程序进行销毁，编制销毁清册，有关部门人员监督销毁处理。

第 3 章

放款管理的探索与创新

本章基于放款管理实践,深入探索放款管理常见的问题,从联系的观点,剖析放款管理环节与审批环节、贷后管理环节之间的互动关系,寻求解决问题的办法和策略;针对金融创新、利率市场化等,指出放款管理的创新方向。

3.1 放款效率管理

3.1.1 影响效率的原因

独立、集中化的放款管理模式制度加强了对信贷过程的控制，对控制信贷风险有重要意义，但客观上将对放款效率产生一定影响。

1. 客观原因

（1）在集中放款管理模式下，各分支机构须统一提交放款资料到放款管理部门进行审查，而不再是自行审查，因此增加了资料传递时间、排队时间、审查签批时间，延长了问题纠正的时间，但电子化传输在一定程度上可以缓解上述问题。

（2）流程化的集中放款管理模式有其优点，但如果审查岗位过多、环节多，涉及的签字人数多，效率就会下降。

（3）信贷管理的精细化对放款管理提出了更高要求，放款环节需要审查的事项、资料以及审查的详细程度和难度不断增加。

比如，对于贷款卡的查询，不仅审查"状态"页，还要求审查其不良信用记录、不良资产情况、他行到期授信情况以及环保、行政处罚信息等。对于商业汇票贴现，要求通过网上核查增值税发票的真实性，而对房地产抵押的他项权利证也要求进行网上核实。利率管理、成本管理也反映在放款管理方面；根据"三个办法一个指引"的要求，放款管理部门又承担起"支付管理"的职责。每一项新要求的提出，都或多或少增加审查环节，或延长审查时间。

（4）一些业务创新增大了放款管理的难度。如，贸易融资业务在一定程度上降低了信贷准入的门槛，但操作风险相对增加。与传统授信业务比较，操作、审查程序和内容、审查资料的数量与种类明显增多。

（5）审查手段仍较落后，服务设施不够完善，缺乏高效、实用的放款管理系统；或在业务处理集中和业务量持续增长的情形下，配套措施跟不上。如人力调整不到位，人员配置不足或结构配置不合理，或缺乏人员储备，一个环节出现问题，则影响全盘，形成了暂时的瓶颈。

（6）放款管理部门的地理位置、布局欠合理，各相关审查部门之间的布局不协调，给经营单位的业务操作带来诸多不便。

（7）客户的放款需求带有一定的偶然性、随机性，如融资需求的提出过于仓促，对银行而言就没有充分的放款准备时间；或者银企地位失衡，相互配合不力，则容易导致问题较多；或发现的问题不能及时得到补充、纠正，影响整体效率。

(8) 目前，有的信贷管理系统不能实现个性化管理，放款额度的管控仍依赖于手工台账，线上、线下存在重复劳动的现象。事实上，放款管理部门需要根据上下游合作协议、董事会决议、担保情况以及日常的动态要求进行管制，人工管理仍占用较多的时间。

(9) 为适应市场竞争力，满足服务的需要，在资料不齐全或存在一些非实质性问题的情况下（如非关键性资料或手续、非重要问题），允许经营单位承诺在规定的期限内，按照要求进行补充，此类模式增加了事后审查、事后监督的难度和时间。

(10) 一些审批条件存在固有缺陷或错误，放款或贷后环节事实上难以落实，压力、职责转嫁到放款或贷后环节；或审批意见存在歧义、错误，需要反复多次沟通、纠正，直接影响正常放款。

2. 主观原因

(1) 集中模式下，审查职责主要落在放款管理部门身上，导致经营单位对放款管理中心的依赖性增强，或传统观念盛行，"认为业务只要审批了就能够出账"；风险观念淡薄，放松约束，准备不充分，工作马虎，匆忙放款，返工率居高不下，重复劳动，欲速而不达。比如合同、协议文本填写不完整、选择不正确，或各类错误较多，随意涂改；或法律手续准备不全、限制性条件未完全落实等。或明知不可，试探底线，试探的结果影响了自己准备要件的有利时机。

(2) 非业务人员出账，问题难以及时处理。认为放款仅仅就是向放款管理部门提交一些手续和资料以供审查，具体从事放款的业务人员多是年轻人员，对制度、客户不熟，业务似懂非懂、工作经验不足，风险合规意识淡薄，对提出的问题难以回答，更谈不上能够及时采取有效的补救措施；或知其然不知其所以然，过于教条，缺乏规范操作的灵活性，稍有变化，则不知所措。

(3) 经营单位以"业务发展压力大"、"客户强势不配合"等为由，不把工作重点放在认真寻求客户配合、把准备工作做细上，主动发现问题、解决问题，而是把精力花在频繁说服、公关上，在不合规的情况下，希望获得审查通过。

(4) 放款管理与操作不科学，效率偏低。如，经营单位忽视法审、审批意见的落实，忽视初审环节，忽视业务操作程序性、时间性，逆程序操作；或操作上不能与时俱进，对新制度、新办法学习不及时全面掌握。

(5) 盲目应允客户，倒逼出账。不了解出账条件，不清楚如何进行出账准备，盲目答应客户出账的时点。一旦出不了账，往往造成被动的局面，放款中心与客户经理都面临很大的压力，不仅有可能影响银行的信誉，严重的直接影响银企合作关系。

(6) 审查人员能够审查合规性、风险性等相关问题，但在指导经营单位如何规范、如何能够符合要求方面不够，或缺乏灵活性或依赖于提交上层决策，制约了问题处理的及时性。

(7) 放款指导与培训力度不够，跟不上业务发展的新形势（支行数量增加、业务规模扩大、人员更新、业务制度变化）。

(8) 配合不力，难以达到互信、互动，涉及放款的前后环节协调机制不够畅通，问题处理的时间成本较大。

(9) 存在认识偏差。信贷终审意见一般对某笔业务提出两类要求。一是，按照相关业务管理制度办法执行，即一般性要求；二是根据某笔业务和某具体客户设定一些特殊要求。限于审批意见的篇幅，不可能对于一些常规性的法律要求和做法进行再次罗列。有时会被误解为终审意见没有明确要求，可以不作为，耽误了正常出账。

(10) 经营单位的基础管理岗的作用没有得到很好的发挥。基础管理岗位一般肩负着报表、业务考核数据的提供、档案管理、信贷业务分析、头寸管理、法律审查和业务审查的重任。从放款环节看，此岗位是放款管理体系的不可分割的一部分，也是第一道基础审查关，因此十分重要。此岗位的人员应具备几个方面的基本素质要求：一是高度的责任心，二是很强的风险观念和识别力，三是全面的信贷和法律知识，四是熟悉本行各类金融产品及其特性。有些银行根本就不存在类似岗位，那么就缺少了相对规范的自查环节，势必影响放款效率。

3.1.2 提高效率的措施

(1) 集中放款模式与"大放款"体系的建立。集中模式下仍要加强经营单位基础管理岗位的审查功能，切实把好第一道关，减少在放款管理部出现错误的可能性，及时采取补救措施，顺畅出账流程。经营单位的基础放款审查岗、分行的业务管理部门和放款管理部门共同构建一个高效的放款体系，真正形成风险防范的层级结构。为此，应加强对经营单位基础管理岗位人员的务实、高效培训，切实发挥其作用。支行或经营部门可以考虑设立风险经理、综合管理员，该岗位不能由市场人员兼任。

(2) 优化审查人力资源配置和放款管理模式，提高审查速度和质量。在控制风险的前提下，简化一些业务品种的审查流程。关于流程的简化可以在区分不同品种操作风险度的情况下，区别对待。

(3) 加强新业务的学习与培训，提高综合业务素质。业务创新不仅要求市场人员、客户经理，也需要审查人员及时了解、掌握新产品、新办法的具体要求，给予必要的时间和精力进行研究、提高。

（4）对现有放款管理制度的执行情况进行集中检查和监督，严格放款管理纪律，规范放款秩序。

（5）加强对"待出账业务"的预审与辅导，把放款审查前移，争取在放款前，研讨有关政策、制度，落实有关手续，实现顺利放款。尤其对新业务、新客户的首次放款进行预审和辅导。

（6）深入经营单位，了解客户情况，消除信息不对称所造成的不利影响，实现互动，优化管理。根据放款的要求和客户具体情况、主动性和创造性帮助提出解决问题的办法。

（7）组织人员对各项业务管理制度、办法从放款角度进行专业梳理，明确放款要求细节，作为培训的教材和审批的依据。同时，针对制度方法与业务实践存在的矛盾与问题，提出修订制度、办法的依据和建议，完善管理制度。

（8）重视非格式化法律文本的提前审查，提供审核和定稿的法律文本。

（9）法律审查意见、信贷审批部门的终审意见无法执行的限制性条件应该在放款之前与法律部门和审批部门充分沟通，对有关意见或条件进行调整或变通，避免依赖执行部门（放款管理部门）来解决。

（10）信贷审批意见中的"非文件化"要求事先最好创造性找出相关的证明、证据；需要上级行，尤其总行认可的一些资格、要求，更需要事先完成并得到书面的批复。

（11）对一些枝叶性的问题且有把握事后一定能够补充或完善的材料，不构成实质性风险的情况，适度赋予弹性管理。

（12）分支行之间，客户经理与审查人员之间建立互信、互动机制，大有裨益，有助于提升出账效率。利益激励的主导考核模式中，有必要加入日常基础管理、风险管理、合规等方面的内容，有效约束市场人员的放款行为。

（13）提高技术管理手段，运用电子传输等办法，实现远程网上放款审查，减少路途的时间消耗；或在集中的区域，设立放款管理分中心。

（14）逐步实现线上化放款审批，实现放款的电子化、无纸化。

3.2 放款的"冲突"与化解

3.2.1 "冲突"的缘由

放款管理过程中涉及的部门、岗位之间因多种原因常存在一些"冲突"。这里的"冲突"特指对放款业务操作和管理中出现的某些问题的处理存在不同的认知或意见,并可能影响部门之间合作,进而影响放款的效率。

导致"冲突"的原因是多方面的,总结起来,大概有以下几点:

(1) 部门功能定位模糊,职责不清,或交叉界面过多。这是管理设计存在的问题,责任主要在上层,即制度制定者。冲突的表现是,互相推诿、扯皮。在业务创新和管理创新初期,更容易产生上述问题。

(2) 考核导向与目标不一致,各部门考虑自身利益最大化,而风险、责任最小化,同一问题,从不同角度和视角出发进行解释,分歧不可避免。比如,典型的市场部门与放款管理部门的冲突,表现为放款部门常常会遇到来自市场部门的各种压力。

(3) 信息不对称,对问题的理解和认识以及风险度的评估尺度不同,客观上,判断结论不同、存在偏差或争议。

(4) 程序冲突。操作流程本身规定了流程、前后顺序,前后程序之间的部门往往会在工作配合、资料传递与交接、时间安排等方面产生某种冲突。因各种调整、变动、突发或偶然事件的影响,也是导致程序冲突的重要方面。

(5) 人事冲突。部门间人员之间存在不同程度的沟通障碍,直接影响日常的工作、协作、联动难以实现。

3.2.2 "冲突"的化解

(1) 提高对放款管理功能定位的认识,在此基础上,科学梳理相关制度,进一步明晰、调整部门间和具体的岗位职责范围,尽可能相对科学合理,反映客观实际,减少灰色地带。同时科学考核,实现责任、风险、权益相统一。

(2) 建立常规的"冲突"的解决机制。比如,定期(月度)或不定期召开部门间联席会,及时沟通,达成共识,减少误会,形成会议纪要,作为今后工作的指导原则或作为有关制度修订的依据。一般要求,主管领导参加(如信贷副行长、信贷执行官,或主管公司的副行长),以便及时决策。

(3) 基于现代信息手段,建立及时沟通的信息互动平台,反馈信息,提示风险,及时讨论,实现互动。

(4) 严格遵守程序规定,杜绝逆程序操作,对各环节处理时间、处理方式及存在问题的反馈机制进行约定。

(5) 组织相关部门间的联谊、研讨活动,增进感情交流,达成更多的共识,培养融洽的协作氛围,形成一致的风险管理文化。

3.3 放款管理理念与创新

3.3.1 放款部门与经营单位的有机配合

配合意味着理解、默契、效率,注意以下几种配合:

(1)人员配合。经营单位经办放款手续的人员一般应是经办客户经理,如果是首次放款的业务、新业务,最好是经验丰富的主办客户经理亲自准备放款手续,并与放款审查人员面对面的沟通,及时、高效地解决各种可能存在的问题。非客户经理或其他业务不熟练的人员办理,难以及时作出必要解释,不能及时与客户取得联系,难以采取各类补救措施(如补充相关资料)。

(2)程序配合。即客户经理、信贷经理要充分了解各种手续准备的先后顺序,优先办理需要企业或需要到社会机构办理的放款文件、程序或手续,其次办理自行可以办理或需要内部准备的文件或程序。

放款资料准备齐全后,初审必须在经营单位,最大限度将问题解决在企业或企业人员在场的情况下,发现错误、遗漏,及时补盖有关印章或完善相关手续。未经过初审或未经过需要其他业务部门协助审核程序的,不得直接提交至放款管理部。涉及押品入库、抵押等的业务,必须事先先办理入库、抵押等手续。

(3)时间配合。对于放款的时间、资料的提交、档案的传递等,应按照约定的时间范围进行操作,避免耽搁、堵塞。有特殊时间点要求的业务,比如,对外开证、外汇交易、对外签发文件等的业务,必须在规定的时间内提交。

(4)信息配合。支行及时反映放款需求信息及需要协助解决的问题;及时提供本单位有关签字人的签字样本和有关授权,反馈有关人事变化;放款管理部或放款中心及时反馈最新政策、制度及具体要求,尤其是变化的内容,及时传达到经营单位和市场部门,必要时进行集中的培训和指导。

3.3.2 审批部门与放款部门的有机统一

信贷审批环节与放款环节是风险管理的不同阶段,二者密切相关,各司其职,目标统一,都是为了防范信贷风险。

一方面,审批环节主要把握市场、客户或业务的准入,同时针对具体客户、业务进行方案的设计,提出放款的具体要求,给放款管理部门以明确的指引。另一方面,各种审批要求,依赖于放款管理部门的具体执行,即进行放款的审查,监督各项审批意见和限制措施的具体落实,不折不扣地实现审批意图。两环节保持前后一致，共同努力实现风险的科学管理和有效控制，确保信贷业务经营依法合规的内在要求。

从放款环节看，信贷审批意见作为放款管理的主要依据，不仅要求正确无误、简明扼要，而且提出的各项要求应当具有可操作性，或称为可执行性。否则，即使审批了，业务也无法真正实现放款，而且，还会给执行层面造成不应有的压力，影响放款管理部门和经营单位间的合作关系，进而影响与企业的合作关系的建立。

下面是有关审批方面可能存在的问题，值得关注：

1. 信贷审批意见前后矛盾

审批要求之间应当是内在统一和一致的，如果出现相互矛盾的现象，则难以执行。如某信用证额度审批要求："①信用证对外付款必须使用自有资金，打款赎单。②该额度用于可以办理进口押汇。"进口押汇本质上是允许对外付款的。

2. 信贷审批意见出现错误

审批意见出现错误的表现形式多样化。有时属于笔误，但可能导致意义上的完全改变，令放款执行部门无所适从，比如公司名称、数字、要求错误等。审批意见出现错误的纠正往往需要较长的时间，对放款效率的影响较大，必须引起高度重视。在最终的意见出具前，建议提示相关的市场部门，必要时提示给放款管理部门。

3. 信贷审批意见"虚化"

比如，非票据化或者非文件化要求，缺乏标准，难以准确实施。对此，如果经营部门缺乏提供有关文件、证明或凭证的主动性，就可能影响到放款效率。

4. 信贷审批条件难以落实，有时有转移责任之嫌

条件容易设定，但执行就不那么简单了。如果设定显然就无法执行的前提条件，就等于事实上的"不批"。

有些条件本应当属于审批环节需要解决的问题，放到放款环节来解决。比如房地产贷款一般规定，自有资金不得低于30%或其他比例（视性质而定）。如果作为放款条件列出，则意味着由放款部门去落实。自用资金是否到位一般应在项目贷款审批前到位，而且，是否到位本身需要调查。放款管理部门本身不具备市场调查的功能。此类情况建议，市场部门调查，审批部门核实。

5. 信贷审批意见"表述"不明确或不准确，有时容易产生歧义或多种解释

比如：审批意见表述为："提供30%保证金或足额定期存单质押担保"。这里的"足额"的含义就不明确。因为，按照人民银行关于存单质押管理办法的要求，存单质押率，不高于90%。此情况下，放款管理部门只能按照政策的要求掌握，除非审批部门另有明确要求。而且，该意见并没有明确是个人存单，还是公司存单，抑或是第三方的存单。质押的法律风险不同。

6. 类似"套证"的意见修改

一个客户的一个授信额度的审批意见有时会因各种原因导致审批意见调整或变动，审批部门仅仅描写"变动"的部分，在出现多次变动的情况下，客户经理不能将全部变更提供，会给放款造成困难，放款管理部看到的最好是最终完整的信贷审批意见版本，而不是附带很多修改的审批意见。

此方面，可以借鉴国际贸易结算中，有关信用证结算的国际惯例中的有关对单据和信用证开证要求的有关原则来处理。

7. 审批过于机械

对于某些原则的要求在实际管理上缺少灵活性，影响了市场的竞争力。对于如何实现集团公司的授信额度的控制和集中度管理还需要区别对待。正常情况下，必须先有集团授信，然后再有下属子公司的授信。这是最理想的情况。但从市场的情况看，执行起来还是有相当的难度。对于集团公司和下属子公司或控股公司的授信，由于市场营销过程的差异性，对于集团母公司和子公司的授信介入先后不同，有的是先介入子公司，可能首先对子公司授信，有的则反之。同一个集团的不同公司，申请授信的也可能是不同的经营单位。因此，对于"集团统一授信"原则的执行如果没有一定的灵活性，则给市场营销带来较大问题。有的集团根本不配合集团授信，如何办理？值得思考。

8. 其他审批部门不配合的情况

因各种原因，明知存在一些错误，而不予修改，或口头允诺修改，但不予认真落实。这就直接影响到审批部门、放款管理部门以及经营单位、市场部门的合作关系。

处理措施及建议：

（1）客户经理及时检查信贷审批决议、审批意见，检查是否存在上述问题。早发现，早处理，避免在实际放款时才发现问题，难以及时解决。

（2）审批部门严把审批质量关，尤其是审批意见的正式出具（或负责人签字或加盖印章、提交系统）前，必须经过认真的复核检查，确保审批意见的科学性，谨慎操作，避免出现不必要的失误或错误。词汇或表述上可能产生歧义的情况，应与避免，否则，容易导致执行偏差和操作风险。

（3）信贷审批意见的修改程序必须快速化，构建相应的机制和程序，而不是任何问题都需要重新上会讨论。比如，探讨建立事实确认与审批意见更改的快速机制和操作办法。

（4）明确规定，信贷审批意见的修改均明确统一提供最新的、变更后的完整审批意见，便于放款审查人员执行，避免"套批"。

(5) 尽量规避审批意见过于冗长、繁杂的情况。

(6) 放款管理部门和审批部门建立常规的沟通机制和渠道，反馈信息，互相监督，促进信贷管理水平的共同提升。

3.3.3 放款管理：企业的视角

3.3.3.1 理念共享

1. 银企共赢是基本目标

企业融资、银行放款是一个问题的两个方面。企业融资的目的是解决流动资金缺口或扩大再生产，利用资金杠杆，扩大市场份额，提高盈利能力，与银行放款的目的有异曲同工之妙。对银行来讲，发放一笔贷款或其他业务，就成功实现了与客户的业务合作，奠定了合作关系，银行增加了盈利渠道，合作实现了银企共赢。

2. 放款效率是实现企业目标的基本要求

市场瞬息万变，时不待人。企业对于资金的需求有时来的突然和紧迫，有些业务本身对时效要求甚高。比如国际业务、外汇交易、工程投标、资金支付。高效的融资安排意味着效益和声誉，反之，效率的损失可能引发的是丧失客户、丧失机会、经济或法律纠纷。从企业角度看，效率再高也不过分。银行提高放款管理效率是提高市场竞争力，争取客户的重要手段。

3. 合规经营、防范风险具有一致性

风险无时不在，无处不在。防范经营风险是企业和银行的共同目标，为防范风险而采取的措施对银企双方都有利。规范的放款管理和要求，是规范企业管理的促进剂。银行提出的一些规范性要求，有利于企业规范决策，谨慎操作，确保合规合法，符合国际惯例。

许多企业在授权管理、契约管理、合规管理方面存在薄弱环节，或者不够重视，或仅仅从企业的情况出发，这是影响企业出账效率的重要原因。

4. 银企相互理解，互动配合是关键

融资高效是银企互动的结果。互动要求双方互相理解，互相配合，主动适应，任何单方面的行为均难以奏效。

3.3.3.2 文化"冲突"与化解

文化冲突，这里指企业对银行融资，尤其放款管理制度方面认识上的偏差、不一致。外在地表现为，企业和银行在业务合作中可能产生的不理解、不顺畅，甚至误解、抱怨。如，认为银行效率低、要求过严等。冲突的原因有：

(1) 企业对国家的政策法规、银行产品或制度缺乏深刻了解，或只是站在企业的角度来看问题，不能换位思考。

（2）企业的法律、风险意识淡薄，对合规性合法性重视不够，盲目追求效率，迁就业务或客户，对银行的合规要求和谨慎操作的做法不理解。企业在签订有关合同和协议方面，不够严谨，有关的合同要素填写也不完整；企业的内部授权不清晰或者不严谨，出具的授权文件不合格；有关的授权文件不能及时提供等，均直接影响到放款。

（3）银行方面，管理制度落后，程序繁琐，体制官僚，运营效率低，产品结构单一，服务僵化，不适应市场和客户的需要，但并不能充分认识自身问题。

文化冲突的后果是银企合作出现障碍，银行可能丢失客户或市场，双赢的目标难以真正实现。充分沟通、换位思考、相互理解、实现互动，减少冲突的可能性，降低冲突的不利影响。

银行方面，必须与时俱进，做好政策制度的宣导或培训，同时深入调查了解客户需求，举行各类研讨活动，掌握最新资讯，做好适应性调整，最大限度贴近市场，贴近实际，及时修订过时的制度规范，优化服务体系。尤其是做好放款前的沟通、辅导和各项预警准备，降低出现问题的概率，提高服务质量。北京银监局组织的监管政策下基层活动就是有益的尝试，推动了监管机构、银行与企业的政策交流和相互理解。

企业方面，认真研究国家政策法规和银行制度要求，主动适应银行的有关制度要求，提高合规经营的自觉性，重点规范有关章程、授权、合同管理。建议企业内部设立法规部（或法律岗位），投融资部门、财务管理部门和风险管理部门明确职责和风险管理责任。

银企双方，都要提高员工队伍的整体素质，提高业务技能和服务水平，达成共识，减少冲突。发生"冲突"时，以积极的姿态，正确对待，有效化解。

3.3.3.3 把握关键，适应放款

1. 公司核心文件的有效管理

公司章程是企业法人或其他经济组织的核心制度，更是关键文件之一。企业财务人员必须充分了解自己公司章程的有关规定，按照公司章程的要求，整理并妥善保管好有关放款所需要的决议、授权或其他资料，保持文件的连续性。

常见问题：

（1）不少公司章程套用公司章程的格式，但往往对于融资、担保事项并未作出明确的规定，导致银行法律审查时难以提出明确的审查意见，影响正常的放款。建议公司在制定或修订公司章程时，明确有关融资、担保事宜的决定程序和权限，明确设立有效的前提和条件，在提出融资申请或提供担保前，准备好有效的授权、审批文件。

（2）公司章程以及修正案提供不连续、有欠缺，银行方面难以确认提供的章程是

否是现行有效的,判断依据缺失。企业应注意保留自己的相关档案,必要时,提供说明。如果有缺失,则客户经理(信贷员)应当就上述问题进行补充调查、核实。

(3) 提供的公司章程未加盖公章(含骑缝章)或未经董事签字确认。

(4) 没有公司章程的,应提供相应的说明。客户经理同时实际调查该情况的真实性。

(5) 有的公司章程规定,对外融资达到一定比例或额度时,需要不同的权力机构审批或需要股东的同意,此时,企业应提供相应的财务审计报告,作为审查、分析的依据。

2. 合同(协议)的正确、全面签署

银企之间合同(协议)的签署直接影响到能否放款的效率。常见的问题:

(1) 合同签署不规范、不正确,涂改或存在错误,但未盖章确认,未经过有权签字人签字并加盖公章或合同专用章;或某一方(尤其是异地方)尚未签署;

(2) 合同签订日期不正确、逻辑关系存在问题;

(3) 漏签合同,版本使用不正确,非格式合同文本未经银行的法律审查程序;

(4) 未提供有权签字人的签字样本,难以审核签字的表面真实性;

(5) 合同生效条件未达到等。

3. 抓好时间管理

如前所述,企业对放款要求的高效率无可厚非,但是,企业也必须给与银行合理的审查、资金汇划、对外签发信贷文件和拍发电文等方面的操作时间。

(1) 根据业务性质,尽早准备放款资料并认真做好内部的初审工作,把握好细节。对于手续复杂的业务,尤其要提前办理相关的手续。对于涉及异地企业的三方、多方合作协议,尽早洽商异地合作方签署、盖章;需要办理抵押登记的,事先做好登记工作;需要核库的,及时通知货押监管部门办理核库手续等;

(2) 认真对待合同的签署,避免出现不必要的错误,不要遗漏盖章、签字,不要随意涂改("修正"要盖章、签字确认),必要时提交专职法律岗位或部门审核;

(3) 与客户经理保持联系,尽早提交资料至银行;

(4) 企业对资金汇划、进口开证、对外付款、资金到账等业务,应留有一定的余地,避免自己被动。

3.3.4 适应监管要求,丰富管理内涵

1. 明确放款管理岗位的支付管理职能

银监会"三个办法一个指引"(新规)强调了信贷资金用途的有效监管,对信贷资金的支付管理提出了新要求,放款管理部门是落实监管要求,细化信贷管理的

关键环节。新规颁布后，银行应以新规为指导，调整放款管理岗位的有关职能，明确赋予放款审查岗位在执行新规方面的岗位职责，梳理或微调操作流程，确保新规的严格实施。

（1）审查是否需要受托支付；

（2）受托条件下，审查支付凭证、贸易（交易）合同，审核其交易背景的表面真实性、支付方向的正确性。

（3）审查授信合同中有关支付条款的相关约定；

（4）对于项目贷款的资金专款专用、封闭监管履行相应的管理责任。利用封闭监管协议，实施封闭管理的约定，加强法律约束力；对资金的支付即用途管理进行严格审查。

"新规"实施之后，实践上还存在一些模糊或难以准确执行的问题，这里作简要的补充说明。

（1）关于受托与自主支付。

根据"新规"要求，信贷资金达到一定条件时，必须实行受托支付管理，即银行根据客户的委托，代理企业向上游供货方或其他用途方支付资金。即便是自主支付，银行仍然负有贷后监督使用信贷资金的责任，根据合同约定，定期要求企业提供资金用途的证明（支付凭证、合同等）。

（2）关于信贷资金归集。

不允许银行的贷款资金归集至集团类客户下设的财务公司。对于借款人内部明确限定一家或几家结算主办行的，如果银行贷款资金需要统一划至主办行对外支付的，须与主办行签订《代理受托支付协议》，明确主办行的监管职责后，方可同名受托划转主办行。同时要求提供主办行对外支付的凭证作为贷后管理的重要资料。

（3）关于归还他行贷款。

对于银行贷款资金用途为归还他行流动资金贷款的，为确保替换他行贷款用途的合理性和合规性，在放款前必须提供他行的借款借据、贷款合同和与当时发放该笔贷款相匹配的贸易合同，尽可能要求提供当时该笔贷款的对外支付凭证。

（4）实贷实付原则。

信贷资金发放后，应按照实际约定的用途，及时支付到上游客户或其他收款方。银行不得发放有附加条件的放款，比如要求客户把信贷资金的一部分留存作为存款，避免"不规范经营"。

2. 强化放款监督，整治"不规范经营"

2012年2月9日，银监会公布了《关于整治银行业金融机构不规范经营的通知》，重拳整治存贷款和服务收费两大领域存在的问题，并对贷款定价提出了七项禁止性规定（又称"七不准"），要求银行"合规收费、以质定价、公开透明、减费让利"，并组织银行开展以"规范贷款行为、科学合理收费"为主题的不规范经营问题专项治理活动。

"程序治理"是"不规范经营"治理的重要手段之一，放款管理作为信贷管理的程序之一，可以在以下 4 方面发挥积极作用：

（1）严格执行"三个办法一个指引"的要求，坚持"实贷实付"和"受托支付"原则，审查贷款需求的真实性、合理性，并将贷款资金足额直接支付给借款人的交易对手；重视贴现资金贸易或交易背景的真实性审核，严格审核发票（如增值税发票）等手续，避免在有关协议、合同中设定条款或协商约定将部分贷款转为存款；监控信贷资金作为信贷业务项下的保证金。

（2）监督信贷审批部门出具的《信贷审批意见》，杜绝出现以存款、搭售作为审批和发放贷款的前提条件的各类审批文件。如果出具类似要求，可以要求审批部门修改审批意见。

（3）关注有关收费是否合规，不得以贷收费，不得要求以贷款为由，要求客户接受不合理中间业务或其他金融服务而收取费用。对于有关协议、合同中涉及的收费的规定、约定，审查其合理性、合规性。注意收费是否有实质金融服务、收费的依据是什么、价格标准是否统一和明确、是否存在应该由银行自己承担的有关费用等，否则拒绝发放审批，或要求整改后审批。

（4）注意浮利分费，不得将利息分解为费用收取，严禁变相提高利率。近年来，商业银行为了增加中间业务收入，常常变相将利息的一部分转换成财务顾问费等项目进行收取，而并没有实质性的顾问项目，涉嫌违规。虽然有些并未实质性增加客户的资金成本，但也扭曲了中间业务收入的构成。新形势下，此项收费增加了违规风险。对于利率浮动问题，从两方面进行审核，一是是否符合人民银行有关利率浮动幅度的有关规定；二是防止"一浮到顶"。

3.3.5 科技进步与放款管理

科技进步在金融领域的重要影响是网络金融、供应链金融的快速发展。商业银行利用与网络金融平台、供应链金融平台的对接，除了提供结算、理财、第三方见证等服务外，还对平台上的会员基于交易数据等基础信息，对会员客户、上下游客户提供网络融资服务。

网络融资的信贷发放，由于涉及面比较广，笔数众多，难以运用传统的信贷发放模式进行发放，而是多采用信贷工厂的发放模式进行高效、快速处理发放动作。即使在零售信贷业务的消费信贷、小企业贷款等领域，也普遍采用信贷工厂模式。

此模式并非否定上述的放款管理理论和操作程序。对于网络金融和供应链金融业务，进行了事前的尽职调查、产品设计和授信审批，然后发放时，由信贷工厂进行发放管理；对于零售业务，往往直接由后台信贷工厂进行单笔审核和发放。所有信贷业务均有贷后管理。

3.3.6 利率市场化与放款管理

在利率市场化的背景下，银行传统的存款日趋理财化，商业银行的资金成本呈现上升趋势；企业融资渠道和方式多元化，比如发债、IPO、定增、股票质押式回购、离岸融资、融资租赁、保理等，对融资成本提出了更高要求，传统的融资，表内融资优势逐步丧失，也因此影响了银行的放款方式和放款品种，对于中小银行影响更甚。

在市场充分竞争的背景下，从某种意义上说，放款方式的调整，有可能直接影响到某笔业务的出账能否成功，因为出账方式的调整，直接决定了银行的金融供给是否更好地满足了企业的需求。反过来，放款管理也对信贷审批提出了新的要求，在控制风险的前提下，必须给予放款管理部门或岗位适当的灵活性。

主要影响表现在：

（1）为了有效降低融资的成本，商业银行必须大力发展表外业务，比如票据业务（包括商票贴现）、国内信用证业务、福费廷转卖，而不能仅仅依赖贷款。创造条件，开展黄金租赁等业务，不占用传统的信贷资金，降低财务成本。

（2）大力发展产业基金、结构化融资等业务，拓宽资金运用新领域。

（3）拓展不同的资金来源渠道，如保险资金、同业资金、理财资金、资管计划等，比较不同时期的资金成本，优先使用成本低的资金，扩大放款的实际收益。

（4）构建符合市场情况价格管理机制，促进放款综合效益的提升。综合效益意味着不能单纯认定某笔业务的创利，还要综合考虑该笔业务能带动的客户维护以及其他业务合作潜力。

第 4 章

融资产品专题

本章首先对银行的融资产品进行概括分析,界定了融资产品的内涵,对融资产品进行了分类,剖析了融资产品的结构,分析了融资产品的运营环境与创新;对部分融资业务产品进行了专题分析。

4.1 融资产品概述

4.1.1 融资产品内涵

融资产品,是商业银行或其他金融机构开发的,能够直接运用于为客户提供融资服务的产品,包括表内、表外业务。

一个完整的融资产品通常由以下几部分构成:

1. 基本的融资工具或方式,或称"基础产品"

即融资的基本手段或方式,如贷款(包括委托贷款)、进出口押汇、海外代付、银行承兑汇票、票据贴现、国内和国际信用证、各类保函(包括备用信用证)、透支账户等,融资最终体现为上述形式之一。随着业务的不断发展和技术的进步,银行不仅有基本融资工具的创新,更有日益复杂的产品不断开发、衍生。产品组合是单个产品以一定的方式组合在一起。这种组合,可以视为产品的创新方式。

2. 风险控制模式

融资产品是风险产品,提供融资的前提必须有效地控制风险。根据客户或客户业务的具体情况不同,可以采取多样化的风险控制方式。一般情况下,需要借款方提供资产担保(抵押、质押)、收益权转让或第三方(企业、个人)提供保证担保等;对于资金实力雄厚、主业突出、发展前景良好、信用卓著的客户,融资提供方可能给予纯粹的信用支持,不需要提供任何资产的担保或追加第三方的保证担保。对于特定业务,可以采取特定的风险控制方法。例如,在供应链融资模式中,可以根据上下游客户情况,采取定向发货、销售合同唯一账户汇款的方式,实现货物流、资金流的封闭;必要时,还可以引入保险措施。融资发放时,需要提供相应的法律文件或办理有关的法律手续。

3. 配套的产品制度与操作管理办法

各种融资产品必须有清晰的定义,包括适应范围、原则、操作流程、方法、要求以及需要的文件、资料或手续、组织管理,所有这些会以业务管理办法、制度的形式出现。

4. 相适应的运行环境

某融资产品能否投入市场且正常运行,还要取决于是否具备良好的内外部运营的环境。一般来讲,融资产品的运行环境因素是多方面的,既有宏观的因素,也有微观的因素,主要涉及政策、法规环境、制度环境、内部管理与运作环境、市场环境等。

运作环境对于某项融资产品而言至关重要。如果环境不适应，则导致产品无法或难以有效运行。有些产品，理论上可行，既吸引眼球，也有很大的市场需求，但操作程序过于繁琐，效率低，管理成本高，业务发展并不顺利，有的甚至逐步为市场所抛弃。

下面是一些产品或产品组合（见表4-1）。

表4-1　　　　　　　　　部分融资产品/产品结构组合表

序号	融资产品/组合名称	融资工具/方式	担保/保障方式
1	基本产品	贷/押汇/透支/银行承兑汇票/信用证/保函/票据贴现	信用方式
2	低风险业务	贷款/银行承兑汇票/信用证/保函	100%保证金；或单位/个人定期存单、银承或国债质押（一般要求一定的质押率）；或备用信用证担保
		承兑电贴现/银承贴现/福费廷	银行信用
3	动产抵押/质押融资（先货后票（款）业务）	银行承兑汇票/贷款	动产（现有货物或其他动产）抵押或质押＋监管
4	动产抵押/质押融资（先票/款后货业务）	银行承兑汇票/贷款	动产（拟购货物）抵押或质押＋监管
5	保兑仓担保提货业务	银行承兑汇票	保证金（存单）＋担保提货协议
6	权力质押融资（未来货权质押开证）	信用证	未来货权质押（或再转为现货质押）（以海运提单为代表的未来货权）
7	不动产抵押融资	贷款等	房地产（或在建工程）抵押
8	国内保理业务	贷款等	应收账款质押、转让
		银行承兑汇票等	应收账款质押、转让
9	应收账款池融资	贷款/银行承兑汇票/保函/开证	应收账款质押、转让
10	出口应收账款池融资	贷款	出口应收账款质押、转让
11	外汇担保项下人民币贷款	贷款	离岸存款质押
			外汇保证金/外汇存单质押
			备用信用证担保
12	商业汇票贴现	贴现	票据关系（商票保帖提交保帖函）
13	银行承兑汇票贴现	贴现	票据关系
14	融资理财结合产品	外汇贷款＋远期购汇；开立信用证、承兑	100%人民币保证金；理财产品质押
15	保证担保融资	基本融资方式	第三方保证担保（含个人担保）
16	项目融资	贷款等	项目未来收益＋追加担保（包括股权质押）

案例 4-1：融资产品结构

融资产品	未来货权质押进口开证融资
基础产品	跟单信用证（Documentary letter of Credit）
风险控制模式	在海运提单（Bill of Lading）模式下，提单通常要求作成指示性抬头（以融资银行为抬头，to order of ×××bank），银行掌握进口货物的货权，提单到达开证银行后，客户打款赎单更进一步，如果客户不能赎单，银行还可以办理进口押汇，帮助客户付汇或对外承兑，客户则把进口货物（为银行能够接受质押的进口货物）质押给银行，根据销售进度，逐步打款赎货。此时，银行由控制物权凭证转为控制进口货物的质权（一般为动产质押、抵押）
相关制度办法	《×××银行进口信用证业务管理办法》 《×××银行进口信用证业务授信管理办法》 《×××银行未来货权质押开证业务操作流程》 《×××银行动产抵/质押业务管理办法》 《×××银行第三方监管业务管理办法》 《×××银行进口押汇业务管理办法》 《×××银行进口信用证及/或进口押汇业务会计核算办法》 《担保法》及司法解释 《国家工商总局动产抵押登记管理办法》 《国家外汇管理局外汇管理办法》、《进口付汇核销制度》等 国际惯例，如 UCP600 等等
运行环境	市场和客户需求状况 国家外汇管理有关政策 国家进出口有关政策 进出口业务监管要求 担保、动产质押登记有关法律法规 银行内部有关制度办法 银行内部组织管理体系 国内外进出口业务市场环境 其他影响因素

4.1.2 融资产品分类

4.1.2.1 各类贷款业务

各类贷款，均属于表内业务，可以从不同角度进行分类。见表 4-2。

表 4-2 商业银行贷款分类表

序号	分类依据	分类名称	简要解释	要求
1	信贷资金的来源	自营贷款	贷款人以合法筹集的资金自主发放贷款，风险由贷款人承担	贷款期限≤10年，否则报人行备案
		委托贷款	委托人提供信贷资金，贷款人根据委托人的委托要求代为发放，监督使用，协助收回贷款，只收手续费，不承担贷款风险	
		特定贷款	国务院批准并对信贷可能产生的损失采取相应补救措施后，责成国有独资企业发放的贷款	

续表

序号	分类依据	分类名称	简要解释	要求
2	担保方式	信用贷款	以借款人的信誉发放，无担保措施	
		担保贷款	保证贷款、抵押贷款、质押贷款（动产/权力质押）	
		票据贴现	贷款人以购买借款人未到期的商业票据的方式发放的贷款	贴现期限≤6个月
3	贷款期限	短期贷款	1年以内（含）	透支一般≤90天
		中期贷款	1年（不含）至5年（含）	
		长期贷款	5年（不含）以上	
4	贷款用途	流动资金贷款	用于弥补客户日常生产/经营活动流动资金的不足而发放	
		固定资产贷款	用于购置、建造固定资产而发放的贷款	
		项目贷款	为特定的信贷项目而发放的贷款	
5	贷款的币种	人民币贷款	贷款以人民币为借贷的对象	
		外汇贷款	贷款以某种外币为借贷对象（进出口押汇为外汇贷款的一类）	押汇期限依据进出口情况确定
6	发放方式	双边贷款	单一银行向特定客户发放的贷款，占多数	
		银团贷款	多家银行组成的银团（一个贷款主体），基于相同的贷款条件，向同一借款人发放	
		联合贷款	多家银行分别、独立地向同一借款人发放贷款，条件不同	
7	信贷双方的关系	国内信贷	国内银行（包括其他金融机构、企业、政府等）向国内"居民"发放的贷款	
		离岸信贷	特指离岸业务，属于国际信贷的一类；包括直接经营离岸信贷、在岸担保离岸贷款、离岸担保在岸贷款等	
		国际信贷	国际银行向国内"居民"，或国内银行向国外"居民"发放的贷款	

4.1.2.2 各类表外业务（见表4-3）

表4-3　　　　　　　　银行表外业务表

序号	分类名称	简要解释	备注或要求
1	银行承兑汇票	银行对商业汇票进行承兑，使商业信用转化为银行信用。企业客户可以使用银行承兑的汇票对外支付，或者办理票据贴现转化为现金使用。实质是商业银行对出票人的一种融资行为	票据期限≤6个月 电子票据≤1年

续表

序号	分类名称	简要解释	备注或要求
2	保函业务（L/G）	银行基于交易或某种合约关系，应交易一方（申请人）的要求，以自身的信誉，向另一方（受益人）开出的一种书面保证（担保）	有国际、国内保函
3	信用证	银行（开证行）应进口商（开证申请人）的要求和指示，向出口商（受益人）开出的有条件的付款承诺。保证在出口商交来符合信用证条款的汇票、单据时，必定承兑或付款	目前已经有国内信用证
4	备用信用证	作用类似于保函，但又不同，一种特殊性质的光票信用证（Clean L/C）	见4.4.1

4.2 产品运行环境及对放款的影响

4.2.1 政策法规环境

政策法规环境是指国家的有关政策法规（如信贷政策、货币政策、产业政策、监管政策、法律）及其对融资产品的影响，包括可能产生的直接和间接的影响。政策法规环境的变化直接影响到融资产品的运行。

换言之，与融资产品相关的政策、法规是产品或业务开展的前提，是合规性检验的准绳，因此是放款管理，尤其是放款审查的主要依据。

政策法规环境对放款管理的影响体现在：一方面，政策法规为金融产品的设计提供指导和方向，为融资产品的安全、规范运行保驾护航，改善产品的运行环境，促进业务的创新。如2007年国家工商总局颁布并实施《动产抵押登记办法》，有力地促进了动产抵押、质押融资业务的蓬勃开展；另一方面，也可能对产品的设计和运用提出限制性要求，或直接宣判某种产品的不合法。

创新与监管常常表现为一对矛盾。监管的目的是多元化的，主要是为了规范业务运行，防范风险，引导方向，或实现其他监管目标。金融监管多数表现为立法机构、政府或监管机构出台法规、指令方面。如"商业银行法""贷款通则""三个办法一个指引"等。但有时也表现为监管部门的直接管控或窗口指导。如，2010年7月2日，银监会口头通知信托公司暂停了银信合作业务。

监管有时也存在一些问题，监管的不适度，或跟不上发展的形势。此种情况下，规避监管成为金融创新的内在动力之一。备用信用证的产生就是美国商业银行为规避美国法律不允许商业银行开立保函而进行的一项产品创新；离岸金融业务的开展迎合了离岸资金流动需求，适应了外汇管制条件下，拓展离岸金融业务的新途径。

上述影响表明，针对政策和法律环境的变化，放款管理部门必须及时做出动态反应，认真评估对融资产品本身和管理要求等方面的影响，及时修订相关操作制度，修订有关合同文本，调整审查要求，做好宣导和培训工作，确保业务依法合规。合规部门相应地做好常规的合规督导、检查。

4.2.2 外部市场环境

市场环境是指间接融资市场因素对融资产品及其运行的影响。市场环境主要取决于金融或货币政策、宏微观经济形势、融资成本、融资需求状况等，它决定了融资产品的市场需求量和产品的生命力。

融资产品是为市场服务的，适应市场环境，满足市场需求，适销对路是其内在的本质要求，不能只是外表好的"花瓶"，否则，难以发挥真正的融资功能。一项融资产品的创新和推出，必须奠定于充分的市场调研基础上。市场调研涉及融资环境、国内外客户特点、行业特点、财务结构、购销关系、结算方式、账期、业务规模、信用记录、市场行情、赢利模式和风险度等多方面内容。

外部市场环境的变化直接影响融资产品的运行，因此，放款管理也要做出适应性的调整或调控，调控的目的涉及多个方面。放款管理要求适应新的市场和客户的需求，或满足竞争的需要，或控制市场风险或银行自身经营管理的需要。比如，利率变动、监管要求的变化所可能导致的产品供给结构的调整，法律文件的变更，甚至内部管理环节或流程的调整。

4.2.3 内部运营环境

内部运营环境是指某项融资产品从调研、设计、投放、运营的整体环境，是融资产品从产生到进入到市场运营，为市场服务的全过程。它体现了某家金融机构的市场敏感度、风险文化、创新精神和运营管理文化。该过程应当是科学的、符合内在规律的，而不是扭曲、有瑕疵的。

产品的设计和创新不仅是市场部门的事，而是多部门联合实施的系统工程，涉及市场营销部门、产品设计研发部门、风险管理部门、法律事务部门、运营操作部门等。任何环节出现问题，都可能导致融资产品研发、创新或运营的失败；成功则意味着必须经历充分调研、达成共识、形成制度、技术支持、实践检验、反馈修正的过程。

内部运营环境的优劣直接影响放款管理的效率。操作制度不成熟，产品设计存在过于复杂、存在缺陷，或管理链条过长、操作性差，均可能成为制约效率的重要因素。商业银行不仅要关注产品本身，还要关注市场和管理效率，否则就缺乏市场竞争力。

4.3 产品创新及其影响

4.3.1 产品创新趋势

融资产品外在地表现为融资市场上使用的资金融通方案或模式。融资产品的创新是金融机构为拓展市场、适应竞争,适应或规避政策法规的约束,基于内在的组织管理及风险防控的能力,依托技术进步等所进行的产品(包括金融工具)的创造。因此,产品创新是一个持续发展的过程,产品创新能力很大程度上决定了一个融资机构的生存和发展能力。

当前,融资产品创新呈现出以下几种趋势:

1. 融资产品创新主体多元化

随着金融的不断深化,融资参与主体多元化,产品创新的主体也呈现多元化趋势,商业银行、信托机构、租赁公司、证券公司、担保公司、资产管理公司、保险公司、财务公司等都是融资产品创新的主体之一。各家机构不仅自身成为创新主体,而且机构之间发挥自身优势,进行多种形式的创新合作。比如,基于进出口保险下的进出口融资是银行和保险公司合作成果(银保合作);又如,银行与信托公司之间的资产转让(银信合作)等。

2. 融资产品结构复合化

金融深化、金融脱媒、机构多元化以及金融竞争的白热化等都是导致金融机构融资创新日趋复合化的诱因。

创新的目的之一就是增加有效产品供给,发挥自身或合作优势,提高市场的竞争力,细分市场,满足多样化的市场需求。结构复合化体现在风险控制措施、融资参与者多元化等多个方面。以贸易融资为例,如果是动产质押,一般增加了第三方物流公司、仓储方、保险公司、工商局等。在某些特定的融资方式(如担保提货模式)中,增加了核心生产供应商的一些责任(指定发货责任、不发货退款责任、产品回购责任、提货担保责任等),这些责任需要在有关的合作协议中进行体现,一些协议往往是多方参与签署,增加了操作难度。第三方物流公司的参与又增加了合作方,需要就物流监管责任、送货、提货、赎货,有时还包括代理报关、报检责任等进行约定,并有效地实施。

3. 部分融资产品的风险度上升

产品的结构复合化,多是因为控制信贷风险的需要,但复合化本身也导致管理和操作环节增多,操作风险增加,运行成本上升。市场竞争也在一定程度上推动金融机构接受或推出价格高而风险度更高的产品。

4.3.2 产品创新影响因素

从运行环境分析看出，融资产品创新需重点关注下面因素：

1. 风险因素

任何融资产品的设计，首先要考虑的是信贷风险的有效控制。如果产品设计存在缺陷，风险度较大，则会被淘汰。不同的融资产品、方式需要采取不同的风险控制措施，实务上，应得到风险管理部门的评估和认可。

2. 政策与制度因素

任何产品的设计，必须适应当前的法律、政策和制度环境，否则，不得准入。当然，一些产品在设计、创新时会最大限度希望突破各种制度的约束。

3. 需求因素

一项产品能否得到市场的认可，并有足够的需求，才能为银行创造利润，否则，只能是昙花一现。

4. 可操作性

从供求两方面来看，融资产品都必须具备规范性、可操作性的特征。即便与管理或者便于客户运用，操作手续适宜，符合市场实际，满足生产和经营的客观要求，符合效率原则，有广泛的可接受性和市场竞争力。如果能够形成品牌效应，则创新的效益更大。

4.3.3 产品创新对放款管理的影响

融资产品创新对放款管理提出了更高要求。融资产品的创新本身意味着模式、制度、流程、要求的改变，需要放款管理岗位和部门及时学习、适应、掌握制度要点和要求，拟定放款审核的新标准，有效指导放款管理工作。产品创新的复合化趋势在一定程度上增加了操作风险和审核难度，放款管理责任进一步加大，对于集中放款管理制度有更大的依赖性。风险控制措施的多元化，对于个性化法律文书提出了新要求。例如，对于结构性融资业务而言，有关多方的合作协议等法律文件多样化、个性化，法律审查工作量和难度明显加大；贸易融资业务中，尤其货押业务，提高了银行对于货物监管、监管方或监管地点的认定、巡核库、抵/质押操作、销售回款管理、物权确认、支付监控等，放款审核的内容和资料更加广泛，远远超出传统的放款审查。

总之，在融资产品创新条件下，需要更专业化的放款管理人员，需要创新的放款管理制度相适应。

4.4 融资产品专题分析

4.4.1 备用信用证担保项下人民币贷款[①]

备用信用证（简称备用证）作为信用证家族的重要成员被广泛用于债务担保、资金融资、支付等相关服务。备用证担保项下人民币贷款（简称备用证贷款）是我国外汇指定银行基于备用证开展的融资业务。它不仅丰富了银行的融资手段，改善了"三资"企业的融资环境，而且有助于信贷风险的降低。该产品的有效运用还将有利于商业银行为"走出去"企业提供海外融资支持。

该融资集本外币业务于一身，受信贷、外汇政策、信用证和国际惯例等约束条件的多重制约，政策性强、国际性特征突出。认识备用证及其担保作用，明确业务性质，是确立信贷条件和有效控制风险的必要前提，也是规范业务发展的基本要求。

4.4.1.1 备用信用证及其担保作用

备用证是美国商业银行为规避美国法律不允许开立银行保函而进行的产品创新。1983年开始被国际商会（ICC）纳入到《跟单信用证统一惯例》（UCP400），在1993年修订的现行惯例UCP500中仍包括了备用证，但只是部分适用；此后，ICC出台了《国际备用信用证惯例》（国际商会第590号出版物 International Standby Practice，简称ISP98，1999.1.1生效）。至此，备用证发展为一个有专门国际规范的、成熟的国际金融产品。

备用证有履约、金融、直接付款等类型，以贷款担保为目的的备用证则属于融资性备用证。除具备一般要素外，关键要有关于与"融资业务"相关联的特定描述。用于人民币贷款担保目的的备用证的基本功能是构成开证行对担保项下人民币贷款本息及费用的按期足额偿还的责任。

备用证没有完全统一的格式，其担保作用体现于它的定义和基本性质，更依赖于具体的内容规定、担保承诺和惯例适用。

美联储的定义明确指出了备用证的担保作用。"不论其名称和描述如何，备用信用证是一种信用证或类似安排，构成开证行对受益人的下列担保：偿还债务人的借款或预支给债务人的款项；支付债务人所承担的负债；对债务人不履约而付款。"

国际商会在UCP500中没有对备用证单独定义，但界定了跟单信用证和备用证

[①] 赵延河. 备用信用证担保人民贷款的性质、条件和风险控制 [J]. 税务与经济, 2006 (1).

的共同含义。简而言之，信用证是一项限定条件下的凭单"付款"（或承兑、议付）的承诺，隐含说明了备用证可用于"担保"，用于担保的备用证要求提交的单据一般是债务违约说明、法律证明等，而不是提单、发票、箱单等商业单据。

ISP98明确其宗旨适用于备用证，并把备用证的性质界定为"一项不可撤销的、独立的、单据性的及具有约束力的承诺，并且无需如此说明"。它表明了UCP隐含的意图，比UCP500更有针对性、精确性。在一些问题上对受益人的保障比UCP优越。如审单期限为3天而不是7个工作日；到期日为非营业日的，自动延至下一营业日视为提示及时；因提示地点停业造成效期内不能及时提示单据的，效期自动延长至提示地点重新开业后的第30个日历日等。它不仅为银行和商家接受，也为法律及其他各方人士如公司财务主管、信贷经理、信用评估机构、政府、管理机构、债券受托人及其顾问等所接受，使备用证在提款和履行有问题时更可靠，突出了担保作用，增强了担保执行的可靠性。

备用证与商业跟单信用证既有区别又有联系。

相同点：都属于跟单信用证，是开证人签发的有条件的、独立的付款承诺；受益人都可依据信用证规定的条件，凭单据提示要求开证行履行付款或偿债之责；银行承担第一性付款责任；如约定，都可受UCP500约束。

不同点：备用证的受益人一般是银行，而商业跟单信用证的受益人是出口企业。前者起担保作用，后者用于国际结算。备用证往往是"备而不用"，而商业跟单信用证的目的是为了"使用"，只要贸易合同得到执行，信用证就会使用。在惯例适用上，备用证还有单独规则ISP98。

4.4.1.2 备用证贷款的基本性质

备用证贷款与通常的人民币信贷有不同的特性，这是由外汇、外债管理政策、信贷政策、备用信用证和国际惯例等综合因素决定的。

1. 结构性期限

备用证贷款期限属性为我国的外汇政策所决定，并经历了一个变化的过程。1999年7月15日之前，人行"关于加强境内金融机构外汇担保项下人民币贷款业务管理的通知"限定借款的用途为流动资金贷款，不能用于弥补投资、项目缺口，融资期限只能是短期性质。之后，人行"关于改进外汇担保项下人民币贷款管理的通知"把贷款的用途扩大到固定资产贷款，并规定最长不得超过5年，从而使融资具有长、短期双重属性，使备用证融资在期限、用途方面有更大的灵活性，适应外资企业生产和贸易实际需要。

2. 外汇担保属性

备用证以外币标价，属外汇担保。根据国家外汇局"关于2005年境内外资银行

短期外债指标核定工作的通知"精神,境外保证要纳入外债管理。要求:

①或有负债登记:2005年4月1日起(此前不必登记),外资企业借款人申请此类贷款需事先到当地外汇局领取"境外保证项下人民币贷款或有债务登记表"(简称"或有债务登记表"),并办理登记手续。非人民币开放地区的境内外资银行提供的外汇保证不在"登记"之列。

②实施"投注差"管理:外资企业的短期外债余额、长期外债发生额、加上境外机构担保项下人民币贷款余额之和不超过其投资总额与注册资金的差额。否则不予登记。境外机构履约形成的外债将纳入外债总额。

③核准结汇还贷:支用信用证索偿的外汇债权,需由贷款行持借款企业的"或有负债登记表"复印件及有关文件向所在地外汇局申请,经核准后结汇还贷。

④银行贷款后需定期向外汇局报送业务报表。

3. 独立的第三方信用保证

信用证不是一般意义上的抵/质押物品,备用证贷款不属于外汇抵、质押贷款。备用证担保的实质是借款合同当事人(债权人、债务人)之外的第三方当事人开证行提供信用保证,但不同于一般意义上的第三方保证。无论是担保的有效性还是担保实力均优于其他信用保证。体现在:

(1) 银行信用:保证人是境内、外的外资银行,而不是一般的工商企业,银行信用与实力一般高于后者。

(2) 第一性付款责任:只要受益人履行了信用证规定的义务和条件,就可向开证行索偿,这是与一般第三方连带责任保证的重要区别。银行保函业务中,有的是银行负第一性付款责任,也有的是银行负第二性付款责任。后一种情况下,银行处于次债务人地位,只有当申请人不履行付款义务时,才承担付款责任。

(3) 担保的独立性:信用证基于借款协议开立,但独立于此基础交易。银行不受申请人与其他关系人产生纠纷的约束,银行仅凭信用证的描述和要求处理信用证项下的责任与义务,属于独立性保证。

一般的第三方保证合同属于从属性保函,它以基础交易合同的存在与执行状况为生效依据,是主合同的从合同,其依附性决定了担保人不能独立地承担保证责任,而只能依据主合同及其执行状况来确定担保责任的范围与程度。主合同的债务人以各种理由对抗债权人,担保人同样可依据该理由对抗债权人。所以,从属性保函担保人的付款责任具有不确定性。

4. 涉外担保属性

外资银行提供担保属于涉外担保,纠纷的解决往往涉及国内外银行和国际仲裁机构,仲裁或法院判决的依据主要是国际惯例。

综上所述,该贷款是由开证行承担独立、第一性付款责任的外汇、信用保证贷款。其担保的有效性、特殊性决定了业务的低风险特征。

4.4.1.3 备用证贷款条件和风险控制

1. 信贷条件

根据贷款性质、国内政策、国际惯例和银行风险管理的要求,贷款条件可以归纳为:

(1) 贷款对象:借款人只能是资本金已按期足额到位且未减资、撤资的外资企业。"或有负债登记表"是贷款要件。

(2) 贷款行:境内中资外汇指定银行总行及其授权的分支行。

(3) 贷款用途:流动资金或固定资产,贷款不得用于购汇。

(4) 借款期限:贷款期限在信用证效期之内,借款期上限为5年。

(5) 计价货币:保证债权的外汇应以国际可兑换货币为计价单位。备用证计价货币限于美元、欧元(或德国马克、法国法郎、意大利里拉)、日元、英镑、瑞士法郎和港币。

(6) 借款金额:信用证金额决定了担保的额度,也决定了贷款额的上限。借款额一般是信用证金额的一定比例(比如90%),多余部分用于覆盖借款的利息、汇率波动风险或其他费用。

(7) 信用证条件:要素、条款、格式和惯例适用等要符合融资条件,以贷款行(受益人)认可为准。

①开证人资格:政策要求备用证的开证人为境内、境外的外资银行而不是其他组织。随着人民币业务对国内外资银行的逐步放开,境内的外资开证行限于未开放人民币业务的省市。一般要求开证行的实力强、信誉度高,最好是受益人的代理行,并有同业授信额度。

②信用证性质:要求是无条件、不可撤销、不可转让。不可撤销可规避因开证行在借款期内随意撤证引起担保灭失的风险。UCP500规定,信用证应明确表明可否撤销,如未表明视为不可撤销;ISP98规定,备用证一旦开立就是不可撤销的。虽然惯例规定,信用证项下的提款权益可以转让或让渡,但国内政策不允许,业务管理应以政策为准绳。

③融资功能:备用证与贷款直接关联,对人民币借款本金、利息和费用承担连带责任,付款承诺明确。信用证要引用贷款协议号码、借款人、贷款金额、贷款币种及利息约定等融资内容,并与借款合同一致。

④有效期限:信用证效期不仅是借款的期限,还决定了"索偿要求"提交单据的签发日和单据提示日的最后期限。有效地是信用证到期地,如要求有效地在受益

人所在地，有利于控制制单、提示、索偿等环节的及时、有效性，规避可能因寄单、索汇延误错过效期的风险。

⑤使用方式：信用证的使用涉及提示与索偿。一是按规定地点、时间、接受提示的人或载体来提示单据，这是支用备用证的前提。载体形式包括纸面和电子单据。二是索偿与支用方式。比如是否允许分批支用？是否允许电索？一般要求"见索即付"。

⑥文本要求：一般要求为电开证（加押 TELEX、SWIFT），便于真实性鉴别。

⑦承诺与惯例：承诺语句是开证行对其责任义务的承诺，是备用证的关键部分。一般要求适用 UCP500 或 ISP98。

（8）审批条件：鉴于业务的低风险和国际业务特性，审批流程应适当简化，审批权限适当下放，相关部门（经营单位、信贷审批、国际业务部门）加强配合，以提高效率，真正发挥特色产品优势。

2. 信贷风险与控制

低风险不等于没风险，信贷风险管理是信贷工作的永恒主题。备用证贷款的主要风险可归纳为以下 7 个方面，应采取不同措施实施控制，这些措施将以信贷操作规程的形式予以体现。

（1）政策风险。严格审查借款企业的外资身份和资本金到位情况；从 2016 年 4 月 1 日之后，增加"或有负债登记"这一贷款要件；确保实际借款人与资金使用人的严格一致性。注意国内外资银行出具备用证的地区限制。对一些要求到期后直接索偿之类的客户，要全面了解资金背景，避免热钱流入、强迫结汇、套利或变相洗钱。

（2）资金风险。贷款用途应用于规定项目，防止挪用。客户经理、会计部门联合监控资金的汇划、使用。坚持第一还款来源原则。流动资金贷款依赖于企业的短期偿债能力、固定资产贷款的偿还依赖于投资项目本身产生的现金流量，需进行项目评估。客户贸易、生产背景、偿还能力的审查仍是必要环节。控制融资额度。一些借款人没有自有资金或很少，寄希望完全依赖信贷资金，或公司规模很小又试图申请一个很大的额度，还贷现金流不明确、不确定，这类业务欠息概率大，容易产生债务纠纷。

（3）操作风险。银行违规、违例或操作失误将造成操作风险。银行自身造成的单单、单证不一致，提示不及时、不适当，信用证效期与贷款期限、信用证金额与借款金额不匹配等都可能造成担保不足或索汇失败。要求操作人员业务素质高、责任心强，熟悉并能严格按规程和国际惯例操作，注意细节。比如，如受益人是分行，而贷款由支行办理（以分行名义开展国际业务），在签订借款合同、填写借据时，谨慎起见应以分行名义并加盖分行章，以保持借款合同的贷款人与信用证受益人相一致。

（4）汇率风险。如信用证标价货币汇率下跌，担保能力就会下降。因此应在信用证中加汇率保护条款，在借款合同中增加汇率控制约定。由于汇率波动频繁，贷后管理应密切关注担保效力的动态变化。出现异常，及时采取补救措施，如追加担保或要求提前还贷。

（5）开证行风险。如外资银行产生垫款、政局不稳、外汇管制、经济危机、操作违规、欺诈、国际制裁或其他法律原因时，银行有可能主动或被动延迟、拒绝付款。银行经营失败或面临金融危机，支付出现困难甚至倒闭，信用证也不灵。银行在体制、经营、管理上的变化（比如银行业的兼并重组）也会影响到信用证担保的有效性。对开证行的了解是贷后管理的重要内容。

（6）条款与欺诈风险。信用证是有条件的付款承诺。对于贷款银行来讲，自身权益的保护依赖于信用证担保作用的可靠性、确定性和受益人实施权益的可行性，关键之处在于备用证条款。这是与商业跟单信用证的相同之处。审查备用证要素是备用证贷款的中心环节之一。如果备用证设立"软条款"（如不容易或不能主动及时取得的单据要求等）或借款人与开证人相互勾结都可能给欺诈以机会。

（7）贷后管理风险。特别之处是重视备用证（正本、复印件）、企业"或有负债登记表"（复印件）等资料的保存，这些文件是支用信用证或结汇还贷的要件。到期前及时落实还款资金来源，如借款企业不能落实足额资金、不能还贷，及时考虑使用备用证。在此过程中，根据信用证要求，应注意及时掌握违约证明、法律证明文件。

3. 特别说明

由于备用信用证本身就是一个保证文件，因此，不需要签订保证合同，更不需要签订质押合同，备用信用证并不是一个质物。

备用信用证作为重要的保证文件，必须入库保管（放款管理中心、国际业务部应分别存档）。

本书未就 UCP600 出版物颁布可能的影响做延伸的分析。

4.4.2　信用证项下打包贷款[①]

4.4.2.1　打包放款的性质与特点

打包放款是银行应出口商即信用证受益人的要求，以国外开来的信用证作为"抵

[①] 赵延河. 打包贷款业务的性质、风险与控制［J］. 山东行政学院学报，2001（3）.

押"而发放的人民币贷款。此款作为出口商组织出口产品的生产、加工或收购的流动资金,以便使出口商按时交付货物、打包装运,履行出口合同。"打包"因此得名。

虽然从形式上看有信用证"押"在银行,因为信用证只是一个有条件的付款承诺而已,并非严格意义上的合格"押品",因此往往需要其他担保方式。

该项业务从属于出口业务,与通常的流动资金贷款相比,无论是在放款的对象、贷款的条件、期限、风险,还是发放程序及管理等方面都有较大的不同:

(1) 打包放款的目的性更明确,即针对某笔出口贸易而发放的贷款;
(2) 贷款的对象只能是具有进出口权的公司、企业;
(3) 贷款的回收主要依赖于出口换来的外汇,结汇后偿还贷款本息;
(4) 贷款的审查项目较为复杂,程序上涉及多个部门;
(5) 贷款的期限主要以信用证效期为依据来确定;
(6) 打包放款的时效性强,贷款决策效率要求高;
(7) 打包贷款的风险因素种类繁多。

4.4.2.2 打包放款的风险因素分析

全面分析业务的风险点是搞好风险管理,使一项资产业务能够安全、规范和健康开展的前提。打包放款的风险点可以归纳为以下几方面:

1. 出口商履约风险

该风险是指出口商未能按信用证规定按时、按质、按量发运货物,并在规定的交单期内在银行柜台交单,造成装运期、金额、规格、包装等方面与信用证规定的条件不符,从而可能遭到拒付或迟付,致使打包放款无法按期收回的风险。

影响出口企业履约能力的因素是多方面的,主要有生产规模、技术实力、管理水平、资金和信用状况等,其中组织出口货源的方式是打包贷款要考虑的特殊因素之一。

一般来说,自营加工出口企业的自控、履约能力较强,风险相对较低,主要是生产型出口企业和"三资"企业。代理加工比自营出口增加了新的环节,不确定因素更多。履约能力不仅取决于借款企业本身,还依赖于代理加工企业的加工能力、质量体系和信誉情况。第三种方式是向社会收购,出口产品主要是农副产品。货源的组织季节性强,加工、仓储、运输环节多,价格波动幅度较大,对履约期、船期、包装、卫生检疫等方面有较高的要求。

2. 单证操作风险

信用证是典型的"单证贸易",银行审核的只是单据,因此,单据的制作显得尤为重要。出口商出口以后向银行提交的出口单据必须符合信用证和国际惯例的规定,遵循"单单一致、单证一致"原则,这是出口商取得开证行偿付货款的先决条件。实践中，因操作原因人为造成单据存在不符点的现象屡见不鲜。原因可能是：单证部门制单水平低，或责任心不强，或疏忽出现失误。银行审单的风险。即银行在审单、索汇操作中出现问题。可能是审查把关不严、操作失误、也可能对于一些问题国内外银行看法不一致或对国际惯例理解不正确产生纠纷。其他不可抗力因素造成单据存在不符点。

3. 进口客户风险

好的客户，信誉高，贸易风险就小。即使单据存在不符点，如果货物没有大的质量问题，不影响正常的销售，信誉好的商人会接受单据表面上的不符点，及时付款赎单，出口商能安全收汇，正常还贷。反之，他们会吹毛求疵，千方百计找理由、挑毛病，甚至节外生枝，以达到不付、迟付的目的，或者要求折价销售。许多贷款逾期、呆账就是这些情况造成的。

4. 国家（地区）风险

国家（地区）风险主要是进口商所在国家的政治经济状况不稳、外汇管制严厉等因素给打包贷款带来损失的可能性。经济不景气、政局不稳、动乱都可能导致正常的交易合同被迫终止。东南亚金融危机就是很好的例证。危机发生后，有的国家政局动荡，政府更迭，外汇储备严重短缺，当地货币一夜之间变得几乎一文不值，企业纷纷破产，支付困难。相关的出口企业遭受巨大损失，无力偿还银行贷款。

5. 汇率风险

汇率风险是指以外币计价的出口款项因外汇汇率下跌给出口商带来损失的可能性。打包贷款额是以放款日外汇牌价将信用证金额折算成人民币，再按一定比例（通常80%）发放。若收汇时外汇汇率下跌幅度过大，出口收汇金额可能不足以偿还贷款本息。远期信用证、计价货币为弱币时，汇率风险大，因此远期证的打包风险也就相对大一些。

6. 信用证本身的风险

信用证风险是指信用证条款规定的条件苛刻，难以达到；或开证行规模小、信誉差，不按国际惯例操作等，致使出口商难以履约，或者履约后不能及时安全收汇。一般而言，发达国家的信用证条款比较规范简单，而一些欠发达国家的信用证条款尤其是传统的信开、电传格式的信用证则比较复杂，操作风险大，客户信誉也差一些。当然不是绝对的，要具体问题，具体分析。

7. 商业单据风险

该风险取决于信用证规定的运输单据的物权能否掌握在出口商和议付银行的手中。非物权运输单据、非全套海运提单（如提交2/3提单），风险较大，因为物权单据的全部或部分已经在交单前由出口商径直寄给了进口商，主动权掌握在进口商，进口商可以在未付款赎单的情况下凭提单提货。另外，一些单据规定由进口方出具，出口方则难以控制，交了货但交不了单，无法结算，自然就无法收回货款。

8. 贸易欺诈风险

国际贸易的欺诈方式花样翻新，令人防不胜防。信用证诈骗与一般的诈骗相比较：专业性强、隐蔽性好、金额巨大，因而欺骗性强，危害性大。由于地域遥远、语言不通、法律生疏等各种障碍，不容易追讨和防范。诈骗多发区在拉美、非洲和亚洲。

常见的贸易欺诈的类型有：伪造、涂改商业单据和信用证；设置"软条款"陷阱；假信用证；贸易条款的规定违背通常的国际贸易习惯，如有的信用证要求出口商给所谓的"履约费"，开证费由出口方承担等。有单方面欺诈，还有合伙欺诈，后者隐蔽性更强。

"软条款"的实质是开证一方给自己留有余地或恶意给出口方设置陷阱。表现方式很多，比如船只、船期或港口待定，将由开证行以信用证修改的方式另行通知；信用证暂时不生效；质量证书或其他单据由进口商出具等，不一枚举。对于负责贷款业务的客户经理、信贷人员而言，关键是要了解软条款的后果：它可以使不可撤销的信用证变成可撤销的信用证，有效的信用证变成无效！

"软条款"的产生可能有两类情况：一是纯粹的贸易保护；二是贸易欺诈。由于不好准确区分，一般不应对此类信用证打包融资。

4.4.2.3 打包放款风险防范措施

风险是客观、多样化的，然而，从控制角度看，不外乎结算风险和信用风险。只要掌握好这两个方面，打包贷款的风险也就基本控制住了。风险防范要点：

（1）国际结算部门严格审证，是防范打包贷款风险的第一要求。信用证能否打包，须由国际结算部做全面审查，并提出审查意见，把好结算风险关。重点审查事项包括：

①开证银行：是否代理行、银行的规模信誉情况、开证行所在国家（地区）。

②信用证条款：是否限制议付、船期、效期和交单期是否合理、有无"软条款"、可否撤销或转让、有效地点是否在国内、信开及电开信用证（SWIFT7XX 格式除外）有无适用 UCP600 文句、索汇路线是否曲折、信用证条款要求是否前后矛盾等。

③商业单据：是否是物权凭证、质量或其他单据的出具人是否是出口方，是否需要核对签字样本等。具体地说，海运提单（Bill of lading）、联合运输提单（Combined transport B/L）是物权凭证，其他运输单据，如多式联运提单（Multimodal transport document），航空、铁路运单以及邮递收据均为非物权凭证，银行无法掌握

物权。航空运单条件下,由于运输时间非常短,货物先于单据到达进口方,最好有电索条款,以便掌握主动。

④出口商品政策审查:是否需要出口许可证、配额,定牌贸易是否有商标使用许可的证明文件等。

⑤信用证与合同的一致性审查。应审查商品名称、规格、数量、质量要求、包装、受益人名址、电话传真、交货期、装运港口(机场)、价格条款等是否一致,否则,应在履行合同前,采取修改信用证或要求进口方提供接受不符点的承诺函等必要的措施。

(2) 重视审查进出口双方的资信、履约能力、偿债能力、出口商品的国际市场行情和进口客户情况,把好信用风险关。企业充分的履约能力、良好的资信是打包贷款安全收回的根本保证。银行对出口方进行的资信考察,与流动资金贷款的要求相同。除此之外,还要考察出口商品市场情况、出口货源组织方式、出口商生产规模、技术认证、出口成本和销售价格、历年的出口收汇、结汇、出口退税及出口核销等情况。还要对进口客户贸易的时间长短、有无不良记录、公司信誉和财务实力等进行了解,必要时通过当地代理行进行询证。对新客户,大额大宗货物订单的融资要非常谨慎。对于老客户也应定期审查。如果进口客户、市场条件发生变化,贷款决策应当随时做出调整。

(3) 对于大额履约期长的信用证,在允许分批装运时,可用分次打包的方法,控制风险。尤其对于有确定时间的分批装运,如果其中一次没能按时装运,按照国际惯例 UCP500 的规定,其余各次装运均告失效,果真如此的话,未装运部分打包放款的收回就困难了。

(4) 搞好担保。由于信用证并非真正的抵押物,贷款的担保或抵押仍然是必须的,信用证正本放在银行"抵押"的目的是限制企业必须在打包贷款的银行议付。对于只要求部分物权凭证或非物权凭证的信用证,一般要控制打包,除非提供有效的担保。

(5) 专款专用。确保打包贷款用于出口产品的生产、收购,是保证出口商按期交货的重要措施。客户经理(信贷人员)、营业部(会计)要在监督用款方面积极配合。

(6) 不符点单据的妥善处理。对于因各种原因造成的,有无法改正不符点的单据,贷款银行在议付时,应视具体情况决定表提或与开证行联系,争取授权议付,并要求企业出具"保函"。还要要求企业及时与进口商联系,达成谅解,让其接受不符点,尽快付款赎单。

(7) 对于他行通知的信用证打包,必须检查信用证是否有"正本章"、"信用证通知章"。一是确保信用证的真实性；二是防止客户利用一份信用证在多家银行套取资金。有的银行出于对客户的盲目信任，对信用证副本打包，造成了不应有的损失。

（8）正确认识信用证与商务合同的"分离"关系，有助于正确处理信用证方面的纠纷。虽然信用证也引述商务合同，但它却独立于合同，银行对实际的商品贸易情况并不过问。很明显，对于单据或信用证的问题，不应找错了对象，一般要及时与开证行直接交涉，按照国际惯例据理力争或提起诉讼，才能够有效维护我方的利益。

（9）贸易真实性的审查是外汇业务工作中非常重要的步骤和环节。一切套汇、逃汇、贸易欺骗无不打着"贸易"的幌子，从事骗人的勾当。前些年，逃套汇、走私曾猖獗一时，漏洞的产生除了我国外汇管理手段还不十分完善等缘故外，有的银行未能重视贸易的真实性审查也是毋庸置辩的事实。因此，严把贸易的"真实性"这一关，对于规避外汇业务政策风险与经济风险意义重大。对于信用证不要求提单而是要求货物收据（Cargo Receipt）一类的情况必须认真考察，了解贸易背景。

（10）加强与国际组织的合作、防范诈骗。对于有疑问的提单、船只情况可以查阅劳式船舶登记，查询船龄、吨位、航线、停靠码头、运行状况等资料，比如，通过查询，可能发现某船与航线不符、或正在维修不能航行、货物数量与船舶的吨位不符等问题，从而揭穿骗局。也可直接与伦敦国际海事局取得联系，这是国际商会成立的反诈骗专业机构。发生案件，可提交专业的海事法院处理。

（11）要学会风险的转嫁。比如，利用保理可以将出口结算风险转嫁到保理公司身上，同时可加速收汇。投保出口信用保险也可以达到转嫁风险的目的，这些措施的应用，依赖于我国对保理业务、出口信用保险等业务的开展程度。

4.4.3　国际结算业务中的信用转化与风险变化[①]

在国际结算业务操作和处理过程中，常常涉及到银行信用和商业信用的相互转化问题。本来属于银行信用的业务，由于种种原因导致信用证失效，业务就变成了商业信用，造成客户、银行风险的加大，反之，商业信用也可能变成银行信用，或更准确地说是源于银行的责任而造成银行被动承担全部或部分责任。

不同的信用风险度不同，信用的转化就意味着客户和商业银行经营风险的变化。认识这种相互转化是有效控制结算风险与经营风险的必要前提。

4.4.3.1　托收结算业务中的信用转化

国际结算业务中的托收是国内商业银行接受国内客户（出口托收）、国外银行

---

① 赵延河. 国际结算业务中的信用转化与风险变化分析［J］. 银行会计，2005（7）.

（进口代收）的委托代理收、付款的一种结算业务。在托收业务中，银行提供的是代理服务，银企、银银双方是委托关系，业务本身实质属于商业信用。如果银行按照国际商会《托收统一规则》URC522号出版物的规定处理业务，且本身没有过失，则银行不承担资金上的风险。若银行没有按照惯例要求处理业务，违规操作，而造成风险，银行不能免责，商业信用可能向银行信用转化。

比如，国外银行（托收行）委托国内银行向国内进口商代为收款（称进口代收业务），在付款交单（D/P）条件下，国外银行寄来全套商业单据（一般包含物权凭证如海运提单B/L）指示国内银行（代收行）凭国内进口商的付款到位之条件释放单据，那么，国内银行在没有收到全额款项以前，不能够把单据直接交给客户。如银行放单，国内进口商提货，而国内银行没有收到客户的款项，这就违反了交单条件。由于银行没有按照委托方的要求处理，导致委托方产生收汇风险，国内银行有直接的责任，国外银行（托收行）有权要求国内银行退回商业单据，否则要承担付款责任。这时商业信用就转化为银行信用，银行风险产生了。银行不再只是代理，而成为付款/赔偿的责任方，造成被动垫款。不仅如此，由于没能按照国际惯例操作，银行的国际信誉也大打折扣。

特别地，即使托收中包含有远期付款的汇票，如果托收指示没有明确说明是凭承兑还是凭付款交单，"规则"规定，只能按照付款交单（D/P）来处理，这体现了"银行将以善意和合理的谨慎办理业务"的原则。因此，在托收项下，银行要严格按照付款交单（D/P）、承兑交单（D/A）之条件、程序和国际惯例的要求谨慎操作。

4.4.3.2 信用证结算业务中的信用转化

信用证结算是典型的银行信用条件下的国际结算方式。在进出口双方互相不信任的情况下，借助于银行的信用实现结算资金的划转。信用证是由进口公司到当地银行申请由银行开立（称为开证行）的以出口商为受益人的一定金额的、有条件的付款承诺。只要出口商能够按照信用证要求履行自己的出口义务，并按时交单议付，且单（单据）证（信用证）一致，开证行就必须付款给出口商。银行信用的使用，降低了进出口双方的结算风险，促进了国际贸易发展。国际商会UCP500出版物为规范信用证操作的国际惯例。

如果出口商没有能够保证单证一致（称为存在"不符点"），那么开证行就能够免责，不用再履行付款的承诺，这样就解除了银行信用的约束。对进出口商来讲，就变成了商业信用关系，开证行银行的风险就降低了。相反，出口商因没有银行的付款保证，完全依赖进口商的态度，出口商的收汇风险大大增加。同时，对于办理出口融资（比如打包贷款、出口押汇）的出口方银行（通常是议付行）来说，融资风险也相应加大了。

有些信用证存在所谓的"软条款",实际是开证方设定了出口商不能够有效控制、不能够按时履约或不能够按要求、按时交单等方面的条件,很容易造成信用证"实质上的失效",也就是银行信用的解除。这也就是一般不接受此类信用证或要求进口方修改信用证条款的根本原因。当然,对于一些跨国公司等著名企业申请开立的有些特殊要求的信用证应当区别对待,具体问题具体分析,不能一概而论。

常见的现象还有,信用证过期后(信用证就失去效力),有些客户采用修改信用证方式,有的则直接改为托收。对于失效、有不符点信用证项下的托收业务,信用证不过是"一种联系"(托收的核心内容与原来信用证规定一致,如商品名称、数量、价格、包装、起运港等,有些条件要求可能经过协商发生变化),对银行没有任何约束力,已成为纯粹的商业信用。

另一种情况,由于银行本身的操作失误造成的风险,银行必须承担一定的责任。因此,从事国际业务的结算专业人员、客户经理等相关人员必须严格遵守 UCP500 之要求,严格审核,加强协调与配合,避免操作失误。

4.4.3.3 电汇业务中的风险转嫁

电汇汇款业务按理说只是个商业信用问题,对银行来讲,只要按照政策与汇款指示的要求,履行汇出、汇入解付的手续,结算风险比较低。但严格地说,汇款业务也有风险转嫁的问题。由于电汇汇款有时间、汇路选择、头寸划拨、操作系统等问题,银行在电汇业务中也有服务的责任风险问题。错误的操作、时间的延误、系统的失灵都可能造成银行承担责任。

在汇出汇款业务中,如果银行承诺按照客户要求汇款(比如在规定的时间、额度内汇到指定账户),但由于自身的原因没有按照要求汇款,那么银行就有责任。客户有可能要求银行承担由此造成的经济损失,这时银行就不再可能置身事外。比如:汇款时间耽误(承担延期的利息或者造成某资金项目失败的责任赔偿)、汇款路线错误(把汇款路线、收款对象搞错,导致汇款风险)。

即使在汇入汇款中,银行也有正确解付的责任。如果不能正确解付,银行也应承担相应的责任。另外,银行还有正确结汇、反洗钱监控等责任,以规避政策性风险。

4.4.4 "内保外贷"业务

"内保外贷"业务是境内银行所开展的一项基于境内母公司反担保措施的前提下,向该母公司的境外直属子公司、参股公司的离岸或海外融资提供担保(备用信用证、保函、本票、汇票、资产抵/质押)的一项境内外联动业务。"内保外贷"的贷款用途包括流动资金贷款、项目/股本贷款、贸易融资等。

"内保外贷"业务充分发挥了境内母公司的国内信用，一定程度上解决了部分"走出去"企业的海外融资难的问题。这种内外联动有助于企业适应国际化经营，能够采取更加灵活的手段，防范各类经营风险，同时也便于企业利用汇率、利率差异和金融工具进行理财，降低财务成本，提高资金收益。

根据人行的有关规定，开展上述业务需要关注以下操作和管理要点[①]：

第一，对外担保额度管理。

担保额度是业务开展的前提。金融机构的对外担保余额、境内外汇担保余额及外汇债务余额之和不得超过其自有外汇资金的 20 倍。境内银行对外担保的所担保的额度控制在其担保额度之内。非金融企业法人对外提供的对外担保余额不得超过其净资产的 50%，并不得超过其上年外汇收入。

担保额度预先从外汇管理局获批，额度内无须逐步审批。

第二，境内、境外公司的要求。

（1）境外公司的要求（境外被担保人）：内资企业只能为其直属子公司或者其参股企业中中方投资比例部分对外债务提供对外担保，也就是说境外借款人已在境外依法注册，且具有中资法人背景。

外管局的实施细则规定，"被担保人为境外贸易型企业的，其净资产与总资产的比例原则上不得低于 10%；被担保人为境外非贸易型企业的，其净资产与总资产的比例原则上不得低于 15%"。[②]

（2）境内母公司的要求：贸易型内资企业在提供对外担保时，其净资产与总资产的比例原则上不得低于 15%；非贸易型内资企业在提供对外担保时，其净资产与总资产的比例原则上不得低于 30%。

第三，担保登记制度。

担保人提供对外担保后，应当到所在地的外汇局办理担保登记手续。

（1）金融机构实行按月定期登记制，在每月后的 15 天内填写《对外担保反馈表》，上报上月担保债务情况。

（2）非金融机构提供对外担保后，应当自担保合同订立之日起 15 天内到所在地的外汇局填写《对外担保登记表》，领取《对外担保登记书》。

第四，业务开展模式。

（1）境内母公司为银行提供反担保。即境外子公司（借款公司）的境内母公司给银行提供反担保，向银行申请保函等额度，担保子公司在境外（离岸部、海外分

[①] 制度依据：人民银行《关于印发境内机构对外担保管理办法的通知》。
[②] 国家外汇管理局《境内机构对外担保管理办法实施细则》。

支机构、海外合作银行）取得授信。反担保措施是多样化的，比如质押、抵押，也可能是信用（对于优质公司而言），根据银行的信贷审批部门作出的审批意见执行。

（2）银行为境外公司向境外的借款提供担保。银行提供对外担保可以为保函、备用信用证等形式，注意银行与银行总行的离岸部、银行的境外分支、境外合作银行事先就保函及备用信用证的具体条款、要求和操作细节达成一致。

（3）基于担保措施、境内银行的资信状况和境内母公司对境外公司的参股比例等因素，离岸部、境外分支或合作银行对境外公司提供综合授信。

4.4.5 贸易融资业务风险管理

4.4.5.1 贸易融资业务的基本特征

贸易融资业务，是银行围绕供应商、核心生产或者销售企业、经销商、贸易企业进行的融资业务，又被称为供应链金融。根据不同的贸易特点和结算方式，银行创新开发了不同的融资模式。比如：先票/款后货（标准模式、提货担保模式）、先货后票模式、未来货权质押开立信用证、商商银、货押业务（下节做专题分析）、保理业务、（出口）应收账款池融资业务等。

贸易融资业务具有以下特征：

（1）融资的自偿性。该融资模式下，第一还款来源主要依赖于银行融资所购买商品销售后形成的特定销售收入，或者已有应收账款的转让上。

（2）资金链的封闭性和循环性。从银行角度看，银行资金必须完成从发放到回收的循环，但这种循环是与企业的具体的商品流转和贸易关系紧密相连的。

（3）银行货押监管岗位或部门对购销商品实施监控，这也包括银行借助职能外包的形式协助完成此项职能。如与一些大型的第三方物流公司合作，对物流进行监控、对仓储环节进行监管、代理进口货物的报关报检等。

（4）融资业务的操作手续相对复杂，管理链条延长，操作风险有所增大。

（5）市场准入门槛相对较低，有利于市场营销，扩大客户基础，优化客户和业务结构，提高综合收益。贸易融资中，表外业务比重大，吸存作用明显，利于中间业务收入的增长。

近年来，许多商业银行，如平安银行（原深圳发展银行）、民生银行、中信银行、光大银行等，相继开展了贸易融资业务。此项业务的开展，进一步拓展了融资渠道和方式，促进信贷资金直接与生产和贸易、结算环节相结合，实现了银企双赢。

作为商业银行的产品创新，贸易融资业务成为一些商业银行的重要业务品种，有效开拓了新的融资方式，降低了企业的融资门槛，是金融与实体经济结合的重要方式，受到中小型企业的欢迎。但是，此项业务的管理链条，操作环节较多，风险度相对较大。操作风险的管理是贸易融资业务健康开展的关键。

4.4.5.2 贸易融资业务的若干风险点及分析

1. 法律风险

贸易融资业务的法律风险主要体现在法律文件、协议、合同等法律手续的签署与履行上。

为了有效控制物流、现金流的正常流转，明晰有关各方的责任与义务，最终实现有效控制信贷风险的目的，贸易融资业务的开展需要各种各样的法律文件，这些文件的规范性、能否得到有权签字人的签署并加盖有效的印章、协议中的条款是否符合信贷审批意见的要求、是否符合贸易背景、责任义务是否明确等等就决定了信贷风险度。换言之，贸易融资业务的风险控制很大程度上依赖于与上下游客户的合作协议或者其他有关的手续、文件。这些文件手续旨在从法律上确保仓储监管的有效性、货物的质权、销售回款的唯一性、汽车合格证的真实性和唯一性、银行付款后下游企业的发货责任（或者不发货的退款责任）或者下游企业的担保责任等不同目的。

从放款环节可以发现，潜在的法律风险表现在以下 10 个方面：

（1）与一些大型或特大型企业的异地分支机构（尤其是分公司）签订的合作协议或者其他需要授权签字的法律文件，有时不能得到有效的内部书面授权。有些大型公司的营业执照甚至难以取得，因此，一些协议的签字人身份难以做到有效核实，法律风险较大。

（2）法律文件上使用"手签章"或"印章"的现象十分普遍，而相关的公司又不提供手签章、印章的声明书（用以说明该手签章或印章与本人的签字具有同等的法律效力）；

（3）部分企业客户不使用银行格式化的法定代表人证明书、授权委托书等，而这些非格式化的文件，在文字表述方面不规范，容易产生歧义或者涉及的授权不能覆盖银行的授信范围；

（4）终审意见中，要求在上下游贸易合同中加列银行唯一回款行、回款账户等条款的情况下，有时得不到企业下游客户的配合，在条款表述上，有时不严谨或存在瑕疵，不利于保障信贷资金的回笼。

（5）保理业务中，应收账款债权的确认手续往往只是一些买方财务部门的印章或签字，而不是公章，法律效力如何有待检验。

（6）法律文件的"面签"难以完全实现，是导致法律文件有效性风险的又一原因。如果是异地企业，则面签程序更难保证。

（7）贸易融资业务的方案设计与企业的生产经营活动密切结合，为了保障信贷资产的安全，需要各种各样的协议或其他法律文件，这些法律文件，个性化程度高，标准化低，其条款的拟定要反映个性化的要求，要满足信贷审批意见中的各项限制性条件。若条款不完善或存在法律漏洞则导致法律风险。

（8）先票后货业务模式下，尽管银行与借款企业在出账前双方事先签订了《质押合同》（或《最高额质押合同》），但在发货前，质押合同的标的是不明确的，只有《质物清单》补充后，质押法律关系才真正建立起来。业务的特殊性导致了两者的客观"脱节"，即质押合同与质物明细的确定之间存在一个时间间隔，增加了法律合同后续规范的一个重要程序。实际操作中，由于市场人员重视《质押合同》的签订，而忽视"质押标的物"的提供，容易导致"质押"的虚化。表现在，《质押标的物声明书》和《质物清单》不能及时后补，或者后补来的质物清单不合格（有的居然拿货物台账应付，还有的后补清单不能与出账档案很好地做到一一对应，给档案管理造成较大困难），操作性风险已有所暴露。汽车类融资业务量大而频繁，问题较为突出。

（9）货押业务中，对物权的控制是关键一环，操作的难点之一就是对于物权的确认困难，货押监管部门难以取得质物所有权凭证，对于动态质押情况难度更大。

（10）协议履行风险，尽管协议签订了，但是，协议各方不能执行协议则导致信贷风险。有的客户经理、经营单位强调客户必须履行协议，但对自己业务严格履行协议的意识不够，导致银行单方违约，出现风险。

总之，导致法律风险的原因既有客观的，也有主观的。客观原因有非直接授信企业的配合程度受限，或业务频繁，有关凭证手续难以取得，或人力配备不足，难以适应业务发展速度等（其中一些原因甚至一时难以消除）。主观上，市场人员对于贸易融资业务有关的法律文件在防范信贷风险的重要作用缺乏认识，存在侥幸心理，因而不能严格要求或认真对待，常以"市场"压力和各种理由倒逼出账。如果放松要求，马虎过关，则纵容这种行为，形成恶性循环，风险累积。

2. 市场风险

贸易融资的偿还首先要依赖于商品的销售收入，那么，商品价格变动必然引起还款来源以及质押货物的价值。如价格下跌，收入下降，质押率上升，增大信贷风险；如因市场变动出现滞销，则即便掌握了货物，但也可能变现困难。这些因素可能导致供应链的中断，继而影响资金链。国家宏观经济政策对贸易融资业务的影响是显然的。政策的变化，尤其是宏观调控政策的出台，必然通过市场途径影响到企业的资金链、商品链，从而为贸易融资业务带来一些市场风险。

在通货膨胀时期，一些商品的价格偏高，反之，在通货紧缩时期，价格偏低，价值管理需要作出适应性调整，确定合理的质押率或抵押率，并根据波动幅度，确定合理的价值补偿制度。

市场风险还体现在其他押品的价值变化方面，比如，汇率变动导致外汇质押或外汇保证金的价值变化等。

正是由于货物、商品、押品或保证金等保障银行债权的价值受市场因素而发生变化，因此，需要重视押品、货物等的价值管理，以便于及时实现价值补偿，或采取其他措施。在货押业务中，企业换货、赎货，都涉及到价值的管理问题。

应收账款实际上也存在价值变动问题。银企合作关系的变动、贸易商品价格的波动、合同的履行状况等因素会影响到转入应收账款池中的应收账款量。

3. 操作风险

贸易融资业务相对于传统的信贷业务，操作风险有所增大，表现为：①操作与管理的环节增多。比如增加了货押管理环节，具体包括核价、核库、仓促监管、动态的赎货或换货、价值补偿、货物保险等。②贸易融资业务的操作与管理制度、办法创新性、探索性强，个性化程度高、形式变化快，放款管理所需要的法律文件是非标准化和多样化的，因此，准备不充分则容易产生操作上的失误，对操作的规范性要求更高，管理的任务更重。市场门槛的一定程度的降低，实际上是需要增加的管理环节或成本来弥补，以防止风险的扩大。③信贷审批意见对于贸易融资业务往往设定了许限制性条件，比如，限定特定的收款人，限定融资方式或融资品种等等，这些限定性条件的落实也增加了实际的操作的难度和成本，客户经理可能懈于严格执行。④业务外包环节出现问题亦可能产生风险。比如，第三方物流公司监管不力、不作为或者串谋。⑤贸易融资操作管理系统不完善，或者满足不了管理或操作上的需要，以及熟练操作人员的缺乏。⑥其他外部事件可能导致的风险。上述法律风险属于操作风险的范畴。

4. 政策性风险

政策性风险是指贸易融资业务由于政策变化业务操作或与政策规定相违背而导致融资业务产生风险的可能性。

政策变化通过市场变化而产生的风险已经在市场风险中进行了说明，这里强调的是业务与有关政策相违背而可能产生的风险，包括被监管部门处罚、引起经济损失等。例如，贸易融资业务中，表外业务比重大，主要是银行承兑汇票、对外开证、开立保函等，这些业务开展的基本依据是贸易背景的真实性，确保贸易背景的真实性是防范政策性风险的重要内容之一。贸易背景不真实，开出票据而不发货，则可能出现资金挪用或贸易欺诈。从放款环节看，商务合同、进口报关单、提单、增值税发票等是银行判断贸易背景的重要依据，除此之外，客户经理还需要做实际的调查。

实务上，尽管一般都能够提供贸易背景的合同或协议，但是，所提供的合同、协议往往存在较多的问题，不能不引起注意，有些经不起认真的推敲，更经不起监管部门的检查。比如：没有"买方、卖方"，无法说明买卖关系，无法正确开立银行票据和开立信用证；或者提供的商务合同没有签字，而合同中又明确规定"经双方签字盖章后生效"，这种合同的有效性难以保证；有的合同过期，实为无效合同；还有的合同结算方式空白，或者与银行融资方式不符；有的仅有框架协议，没有具体订单。框架协议只能说明总的贸易合作意向，并没有产生实质性购买关系，无法证明真实性贸易背景；以"订货计划"代替合同，实质上不具备合同的功能，因没有双方的盖章和相关约定的内容等，不一枚举。又如，按照证监会、银监会联合下发的有关文件规定，涉及到上市公司担保行为，一般需要上市公司就其担保行为进行对外公告，但是对于一些隐性的含有担保内容的协议，往往不愿意提供担保公告（即公司实际上不对外公告），这种打擦边球的做法就存在政策风险。

4.4.5.3 贸易融资业务风险的控制措施及建议

1. 重视对贸易融资业务操作风险的控制

当今的国际银行业，在关注信用风险、市场风险的同时，逐渐开始重视操作风险的防范，而贸易融资业务的特征决定了必须加强对操作风险的控制，这是实现贸易融资业务健康发展的必然要求。

控制操作风险的主要措施包括：①重视对货物的监管和货物流的控制；②配备足够的价格管理、价值管理、核库管理、应收账款管理、商品管理等方面的专业力量，适应日益扩大的贸易融资业务的发展；③有效开发或进一步完善符合贸易融资业务特点的业务操作系统，最大限度提高效率，从流程和系统两大方面，控制业务操作的合规性、程序性，保证在授权范围内行使各自的操作程序；④加强对贸易融资业务专业审查审批的同时，也要相应增加对该业务的放款环节审查力量，以在效率保证的前提下，提高审查质量。

2. 重视对贸易融资业务法律风险的控制

法律风险控制的重点在于贸易融资业务本身所需要的各种协议、业务合同、承诺函、授权书、申请书等。控制法律风险的主要措施应包括：①高度认识各种法律文件在贸易融资业务中对于保障银行债权、确保贸易流、资金流的正常循环方面作用。②法律文本的审查要制度化、专业化，审查环节最好在放款之前；重视实质性审查，尽管形式审查时必要的；③法律文本的设计要尽量简化，手续尽量少，过于复杂、繁琐，操作风险反而加大。④对于印刷的格式化的合同文本出现的印刷错误或者不利于选择、填写或者容易导致失误的地方进行纠正、完善；⑤增加对法律审查岗位人员的配置，同时还要加强培训和提高。目前，放款环节法律审查人员的配备不足，不利于业务效率的提高，更不利于风险的控制，放款管理的力量不足，长期满负荷运转，素质难以提高。⑥加强对先票后货业务模式下，后续程序的管理，重点是质押标的物的落实（质物清单），完善质押的法律手续，防止质押的虚化。⑦始终坚持法律文件的面签、双签制度，并落实到实处。⑧对于一些难以保证法律有效性而又对银行信贷风险将产生实质性影响的业务从放款环节进行严格控制。

3. 重视先票后货业务后续手续、档案的管理

如前所述，先票后货业务、未来货权质押业务，均是先签订质押合同，而后补质物清单。为加强后续法律手续的跟踪管理，需要采取以下措施：①信贷档案管理岗建立先票后货业务台账，对出账时间、后补质物清单的情况进行登记；②对后补质物清单进行时间上的限制，确保按时归档；③重视对后补材料的法律审查程序。对质物清单的填写、盖章等进行检查，不正确的要进行更正。信贷档案管理岗人员要能够做到后补审查、后补登记、确保一一对应关系的建立，审查合格方可归档；对于不能及时后补质物清单的，必须采取相应的预警和控制措施。④加强对质物情况的现场核查，重视监管方的确认程序。

4. 重视价值管理在贸易融资业务中的地位

货押业务重视对于货物、商品的控制，不仅要控制实物，还要监控价值的变化，以确保质押率维持在一定的水平之内。措施：①设立专门的价值管理岗位或人员，对价值、价格等进行动态管理；②根据通货膨胀情况，商品价格的变化情况，及时采取跌价补偿措施。一般地，在通货膨胀时期要适当降低质押率要求，或者适当下调评估价值。③在人民币汇率不断变化的形势下，关注对外币质物价值的下降，及时增加保证金或其他保障措施。④根据保理业务、应收账款池融资业务不断上升的现状，设立应收账款管理岗位，做好相关台账的管理、应收账款权属的确认、应收账款合格与否的审查等；⑤做好其他押品的管理；⑥对货物保险问题（包括保险的期限、保险金额、保险受益人、保险单的入库保管、保险品种或公司的选择等）进行认真研究，并做好质押、抵押货物的保险管理工作。

5. 严格遵守有关融资政策，适应国家政策变化，促进业务健康发展

据上面的分析，贸易融资业务首先必须重视贸易背景真实性的把握，不能开立没有真实贸易背景的银行承兑汇票，也不能开立没有真实贸易或业务背景的信用证或者保函。对于贸易合同、商务合同要进行谨慎性的审查，必要时，还要要求提供相关的凭证或手续，比如增值税发票或其他商业发票、海运提单、报关单、运输单据、质量证明等，现场或通过其他方式的调查是必不可少的；其次，加强对上市公司对外担保义务的监督，并要求提供相应的董事会或股东大会决议以及公告；再次，根据国家政策变化和经济发展的形势以及对企业客户商品链与资金链的影响，对一

些贸易融资客户、商品、融资方式进行动态调整，经过筛选，有的客户或者商品要退出，有的合作方案要修改或需要重新设计，法律手续的相应变更也在其中。最后，根据政策变化对市场的影响，调整银行的融资政策、策略，调整对相关业务的风险评估。

4.4.6 货押融资与监管

1. 货押融资业务的特点

货押融资业务，简称货押业务。它是指企业以现有的存货（现货质押/抵押）或以拟采购的商品、货物抵押或质押给银行（预付类业务），银行给予一定授信额度的融资业务。存货（汽车例外）中大多属于动产的范畴，因此，该业务是动产质押/抵押担保业务，属于上述贸易融资业务的一种类型，鉴于其业务的特殊性，这里专门再做深入讨论。

根据企业的经营特点，货押业务可进一步细分为：

（1）静态质押或抵押：企业的存货是静态的，质/抵押过程中，存货不发生变动，除非打款赎货（分次）或一次性还款提货。

（2）动态质押或抵押：质押或抵押的存货在管理过程中是动态变化的（品种、数量），但价值保持不变，如动态核定库存模式。

货押业务具有以下特点：

（1）在一定程度上改变了主要依赖于不动产抵押进行融资的传统观念，拓宽了企业融资的方式和渠道，对于解决中小企业融资难的问题具有积极意义。

（2）有助于盘活企业存货所占压的资金，加快资金周转，从而扩大采购和销售规模，提高运营能力。

（3）该融资模式直接与企业的生产或销售建立起密切关系，信贷资金多采取受托支付的方式直接用于采购产品或原材料，确保信贷资金进入实体经济，最大限度促进实体经济的健康发展，也有利于银行信贷用途的有效控制，有效规避了信贷资金挪用风险。

（4）推动了制造商、供应商、经销商、物流公司、仓储企业、保险公司、银行多方的密切合作，实现了合作共赢。

（5）用于货押的产品、品种多属于大宗物资和其他便于处置、变现的产品，要求价值相对稳定，便于存放和保管。常见的押品如：汽车、钢材、粮食、纸张、油料、煤炭等。此要求在某种程度上制约了业务的广泛开展。

（6）为控制操作风险，银行一般委托第三方对押品（法律上的"质物"，通俗的被称为押品）进行监管，以确保押品的安全和抵/质押率在规定的比例范围之内。

2. 货押监管的法律意义

在 2007 年 10 月 12 日国家工商行政管理总局颁布《动产抵押登记办法》（第 30 号令）之前，由于动产难以实现抵押，主要采取的是质押方式，而质押在法律上的成立，必须以"移交质物并由质权人占有"为前提，这是法律有效性的前提。因此，银行必须接受并监管质押的商品、货物。否则，质押就没有法律效力，尽管已经签订了质押担保合同。

登记办法颁布并实施后，各级工商行政管理部门也就是动产抵押登记机关，相继开展了动产抵押登记，"抵押"可以对抗善意第三人，因此，银行开始实行动产抵押模式。虽然抵押物不需要实现抵押物的"移交并占有"，但考虑到动产的流动性和信贷资产的安全性，银行仍然采取了监管模式，以期实现对抵押物实行有效的监控。

从此意义上说，货押监管工作是完善动产抵押、质押法律手续的必要前提，也是防范法律风险的重要手段。

3. 货押监管的方式及监管协议

理论上，银行可以自己管理质物，也可以委托第三方监管质物。对于一些容易管理的质物而言，由银行自行管理是可行的。比如一些所有权凭证、现金等。但对于大宗货物而言，就力不从心。银行多采取委托独立的第三方监管的方式，对抵押、质押的货物进行 24 小时不间断的监管。

第三方监管涉及到与专业的监管方进行合作的问题。一般，银行多选择与一些著名的物流公司（比如中远物流、中铁物流、中外运、中储等）进行合作，委托他们进行监管，这些监管方的准入认定，不仅仅是公司的实力，还应考虑合作条件、配合程度、监管责任的履行等因素。

比较而言，这些公司具有以下优势：

（1）有专业的管理团队，在仓储监管、运输、代理报关、报检等方面富有经验。

（2）在全国港口、中心城市设有分支机构或仓储设施，适应贸易融资业务地理分布广的特点；

（3）公司规模较大，内部管理相对规范，风险和责任承担能力较强，监管的安全性较高。

银行、借款申请人（借款人）、监管方（有时还涉及其他方，比如供货方）之间签订《仓储监管合作协议书》，运用合同明确各方权利、责任和义务。不同的商品、不同的企业，监管协议的内容不同，但通常需要对下列核心问题进行约定：

①监管标的；

②监管地点、场地、仓库与监管条件；

③监管方及人员安排、职责；

④监管操作方案（细节、要求）；

⑤监管期限；

⑥收货、赎货、换货方法、程序、要求；

⑦代理报关、报检（进口业务）；

⑧货物、仓库保险；

⑨其他权利、义务；

⑩其他内容

4. 货押监管的组织管理与职能

对于贸易融资业务开展较早且业务量大的银行来讲，有必要成立专门的管理岗位（或部门），对抵/质押货物的监管进行有效的组织和管理。其职能至少涉及以下内容：

（1）如何对第三方监管机构进行管理、监督？准入条件和要求以及退出机制是什么。

（2）针对具体合作业务，检查经营单位的监管方案是否制定，是否合理。其中，监管场地、监管方如何筛选、认定？操作流程如何？

（3）放款前，如何对放款业务中涉及货押监管的内容和手续进行审核？审核哪些东西？监管协议是否和如何签订？

（4）监管费用如何收取？

（5）放款后如何继续动态管理货物？日常的换货、赎货、巡库、核库工作如何组织和管理？

实践中，货押监管岗位或部门需要根据业务管理的职能定位，设置相应的岗位，配置相应的人力资源。其基本职能可以作如下定位（见表4-4）。

表4-4　　　　　　　　　货押监管岗位/部门的职能定位

序号	分类	职能描述	管理目的
1	实物监管	核库、巡库、查库	确保抵/质押货物实物的安全
			提供在库货物的真实信息，审查权属资料
			跟踪反映货物的动态变化
			反映监管合作方监管情况
			实现银行与监管方的互动、信息交流
2	价值管理	盯市、核价	动态反映质物、抵押物的实际价值
			核算抵/质押率是否符合审批要求
			核算放款当日额度（敞口）及允许放款、提货的数额
			为保证金的动态管理、抵/质物的跌价补偿等提供数据

续表

序号	分类	职能描述	管理目的
3	项目管理	监管方案	对监管方进行审核、评级、选择、日常管理
			对监管场地、仓库、设施、人员进行评估、决策
			监管流程优化，明确操作细节
4	基础管理	文案工作	台账登记、档案管理、人行征信系统登记、查询等
5	放款管理	专业审查	对涉及货押业务的放款提出审查的意见
6	贷后管理	信贷管理职能	对货押业务客户就抵质物对信贷风险的影响提出意见 贷后风险预警监测 注，前述职能有些本身也属于贷后管理的范畴。因此分类不是完全相互割裂或独立的

从放款管理的角度看，货押监管岗位需要承担部分放款管理的审查职能，针对货押业务进行审查。实际上，货押监管岗位或部门也承担了贷前监管方案的制定、贷后管理等职能。而且，还可以赋予其他贸易融资业务管理职能。比如，保理业务应收账款的管理等（见保理业务有关章节的内容）。

5. 当前货押监管存在的问题与建议

从实践看，货押监管工作是货押业务不可或缺的，在防范信贷风险方面发挥着积极作用，但第三方监管模式也存在着一些问题，值得关注。

（1）监管的有效性问题。①货物的监管形式多种多样，对于一些大宗货物，许多情况下，监管方在形式上租用出质人的场地、仓库等进行监管，此情形下，监管的有效性、安全性难以完全保障。事实上，也确实发生过哄抢质物的案例。②监管企业对于监管货物的管理粗放。监管物存放不集中、监管物与非监管物之间混放，不利于巡库、查库，缺少有效的质押标识。③监管企业对于被监管企业的监督责任的履行存在薄弱环节，不能充分有效履行有关监管协议规定的义务。④法律意义上，质物移交给了质权人委托的第三人而不是质权人（银行）自己，在出现纠纷时，质押的效力如何有待检验。

（2）在货押业务量比较大、监管的地域范围较宽的银行，尤其是货物异地存放，银行的核库、巡库任务较重，监管能力跟不上，加上经验欠缺、专业人才不足，管理成效不容乐观。

（3）货押监管是适应贸易融资业务创新而产生的，其职能定位，尤其是，在信贷管理、风险管理方面的职责定位有待完善，与传统信贷管理岗位、部门之间的分工、协调还存在诸多问题。

（4）重复质押问题。如果一个企业与多家银行合作，质物存在在同一货场，堆放不能相对独立，容易存在重复质押的问题，给银行带来新的风险。对于同一家监管机构,在同一货场,监管不同银行货物的情况,此类问题比较突出。货物之区域间有效分离,设立明显的标识,加强对质物的巡、核库频率有助于降低此类风险。

(5) 质押欺骗行为,屡屡发生。比如油品质押、煤炭质押业务中出现过得油中加水,煤堆掺入煤矸石等现象。一旦出现资金问题,质物落空,或企业主跑路,银行债权难以保障。

(6) 质押物价格波动风险。质物的价值受到供求关系的影响,价格波动有时幅度很大,如果价格大幅度下跌,则质押率陡然上升,越过警戒线,而企业又不能及时补充质物或保证金的情况下,信贷风险因此产生。

(7) 动产抵押虽然能够开展,但动产抵押的管理部门对于动产抵押的管理仍然处在初级阶段,管理实践成效还有待逐步观察。

案例 4-2:监管不力 质物转移

授信审批情况	2000 年 × 月 × 日经某行贷审委审批通过,同意给某摩托车销售公司 200 万元银行承兑汇票额度,保证金比例 30%,期限 6 个月,敞口部分用所购价值 274 万元的 561 辆摩托车提供质押,质押率 63.7%。要求质物由 A 保险公司提供财产保险。保险时,约定贷款偿还前,受益人为银行,还清后,受益人为投保人。保险公司接受受益人委托,对保险标的物代为保管,且保险公司承诺:所代保管的物品出库时,凭委托人的出库单出库,否则,承担相应的赔偿责任
放款管理	履行了保险手续,并进行了代保管的约定。 贸易背景审查存在问题。事后发现,贸易合同签署日期晚于开票日期,逻辑错误,合同的真实性值得怀疑。该行当时并未设立放款管理机构,信贷审批部门的放款审查流于形式
出账操作	放款后未有效控制银行承兑汇票,汇票直接交给授信申请人,支付管理未落实
资金实际用途	授信申请人未将承兑汇票向摩托车厂支付用于购买摩托,而是贴现资金,用于他途(借给了下属子公司)。信贷资金未能用于主营业务,对公司的正常经营未产生直接有利影响
质物监管	保险公司在未经银行允许的情况下,擅自同意公司提走所质押的车辆,又质押给典当行
后果	二冲程摩托不再允许上牌照,公司的主营业务受到直接影响,银承到期,大部分不能承付,形成垫款 180 万元。事后银行核查质物,才发现保险公司对监管物未能有效监管,质押名存实亡
启示	(1) 该业务模式属于现货质押,对于质物的转移占有是形成质押的法律程序,但没有履行,质押的法律有效性存在问题; (2) 质物委托第三方监管,但未能对监管方实施动态管理,出现问题才发现质物转移,为时已晚;押品管理是控制信贷风险的重要内容。 (3) 信贷资金必须封闭运行,银承未按照合同约定支付厂商,而是贴现挪用。即使是现货质押,也必须监控银承的使用问题。 (4) 出账操作部门(这里指会计部门或运营部门)亦肩负着信贷风险的控制职责。对于贷款,必须按照信贷管理部门的要求定向支付、划款;对于先票后货业务,银行承兑汇票不允许直接交给授信申请人,应由银行控制,确保支付给上游供货商,确保购买的货物进入指定仓库,实施有效监管。第一次合作厂商,必须由经营单位客户经理及货押监管部门双人送达,获得厂商签发的《收妥银承确认书》。 (5) 贸易背景的审查是放款管理部门的重要职责。但随着有关政策的变化,有对贸易背景管理放松的趋势

第 5 章

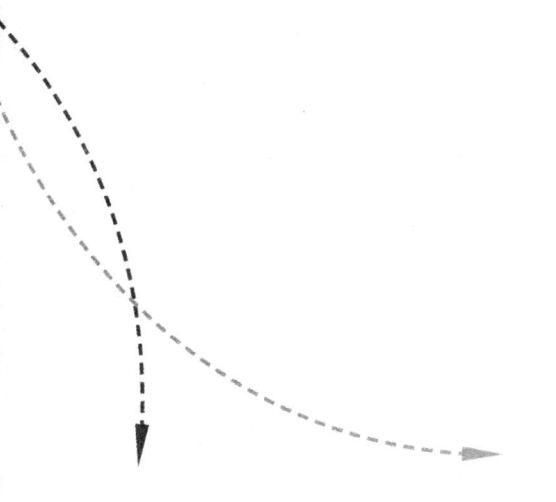

放款流程管理

流程管理重点从两方面介绍。一是经营单位放款前所进行的准备过程,重点是放款资料的认识和准备。二是从放款管理部门的视角,归纳放款审查步骤、审查原则和审查流程。

5.1 认识放款资料和手续

5.1.1 客户基础资料

1. 客户基础资料及说明

客户的基础资料是指那些反映客户基本情况的证照、批文、公司章程、财务材料、证书、证明或其他文件资料。下面对重要的基础资料作简要说明。

(1) 营业执照。

营业执照是企业或组织合法经营权的凭证。《营业执照》的登记事项为：名称、地址、负责人、资金数额、经济成分、经营范围、经营方式、从业人数、经营期限等。营业执照分正本和副本，二者具有相同的法律效力。正本应当置于公司住所或营业场所的醒目位置，营业执照不得伪造、涂改、出租、出借、转让。

公司的《营业执照》（或机构成立的政府批文）能够表明公司或机构的经营资格、企业身份或性质、经营场所、期限、范围以及企业的法定代表人等基本内容。

过去，营业执照是否年检是动态认定企业经营正常的重要依据。一般，每年上半年完成营业执照的年检工作。如果不年检，则有执照被工商行政管理机关被吊销的可能性。

国家工商总局2014年2月19日发出通知，自3月1日起正式停止企业年度检验制度，要求各级工商机关抓紧做好企业年度报告公示制度等一系列新制度的实施准备工作。此举意味着企业工商年检制度将正式告别历史舞台。根据国务院出台的《注册资本登记制度改革方案》，企业年度报告公示制度正式取代企业年检制度。

企业按年度在规定的期限内，通过商事主体登记及信用信息公示平台，向登记机关提交年度报告并向社会公示，由企业自己对年度报告的真实性、合法性负责。年度报告包括公司股东（发起人）缴纳出资情况、资产状况等，企业须对年度报告的真实性、合法性负责，工商部门可以对企业年度报告公示内容进行抽查。

经检查发现企业年度报告隐瞒真实情况、弄虚作假的，工商部门依法予以处罚，并将企业法定代表人、负责人等信息通报公安、财政、海关、税务等有关部门。企业3年不进行年报，将被永久列入"黑名单"。

常见问题：企业是否被列入黑名单，企业的融资需求和主营业务是否一致等。

(2) 法定代表人证明书/法定代表人身份证明。

法定代表人证明书，也是一项重要的证明文件，与营业执照形成对应和佐证关系。证明书基本要素应包括：法定代表人的名字、身份证号码、有效期限、公司名称、加盖公章、法定代表人签字、证明出具的日期。

一般情况下，法定代表人的名字应当是营业执照上显示的名字。

从放款审查角度看，认真审查营业执照的有效性，是防范操作风险的基本前提。也是防范诈骗行为。一些合同协银行操作存在失察的责任。

常见问题或错误：

①法定代表人说成是"法人"，法定代表人证明书则成了"法人代表证明书"。

②法定代表人证明书无有效期限，难以从形式上判断放款当日是否仍然是法定代表人。

③法定代表人证明书无法定代表人的签字，难以作为核对法定代表人在相关文件合同上签字的一致性和表面真实性。

法定代表人身份证明资料一般是第二代身份证或护照（外商/华侨时）原件或经过客户经理审核过并亲自确认的身份证复印件。

港澳台居民的身份证明为港澳台的居民身份证、来往内地通行证或者同胞回乡证。

（3）签章/印章声明文件。

在国内，许多情况下，企业法定代表人或其他有权签字人在法律文本上不签字，而是使用"手签章或印章"，这与银行格式合同中有关的生效条件不一致（格式合同中一般都规定"经过各方签字、盖章后生效"）。此情况下：

①要变更合同的生效条件。

②企业还需要提供手签章或名章具备与本人签字具有同等法律效力的声明书（《手签章/印章声明书》）。

有的企业对比较频繁的业务使用"财务专用章"代替"公章"使用，此时，必须提交相应的声明书，即财务专用章代替公章且具有同等法律效力的声明书。

（4）验资报告。

验资报告 Capital（Contribution）Verification Report，是指注册会计师根据《中国注册会计师审计准则第 1602 号 – 验资》的规定，在实施审验工作的基础上对被审验单位的股东（投资者、合伙人、主管部门等）出资情况发表审验意见的书面文件，是会计师事务所或者审计事务所及其他具有验资资格的机构出具的证明资金真实性的文件。

依照《公司法》规定，公司的注册资本必须经法定的验资机构出具验资报告，验资机构出具的验资报告是表明公司注册资本数额的合法证明。但是，新公司法在注册资本的管理上有了变化：

——注册资本认缴登记制：注册资本认缴登记制作为一项全新的公司注册资本

登记制度在新《公司法》中予以建立，按照该项制度规定，公司股东或发起人在公司章程中可自主约定自己所认缴的出资额、出资方式、出资期限等内容，公司在申请注册登记时，先拟定并承诺注册资金为多少，但并不一定真的将该资金缴纳到企业银行账户，更不需要专门的验资证明该资金实际是否到位。

在办理工商登记手续时，工商部门只登记公司认缴的注册资本总额，无须登记实收资本，不再收取验资证明文件，公司的注册资本为在工商机关登记的全体股东认缴的出资额。

认缴登记制的设立，对于进一步放松对市场主体准入的管制，降低准入门槛，优化经营环境，促进市场主体加快发展具有重要作用。同时，也转变监管方式，强化信用监管，促进协同监管，提高监管效能，通过加强市场主体信息公示，进一步扩大社会监督，促进社会共治，激发各类市场主体创造活力，增强经济发展内在动力。

——注册资本实缴登记制：注册资本实缴登记制属于原《公司法》第26条规定的注册资本登记制度，是指企业营业执照上的注册资本是多少，该公司的银行验资账户上就必须有相应数额的资金，工商登记的注册资本和股东实缴的总资本相符。

依照国务院推出的公司注册资本登记制度改革方案规定，除现行法律、行政法规以及国务院决定明确规定银行业金融机构、证券公司、期货公司、基金管理公司、保险公司、保险专业代理机构和保险经纪人、直销企业、对外劳务合作企业、融资性担保公司、募集设立的股份有限公司，以及劳务派遣企业、典当行、保险资产管理公司、小额贷款公司实行注册资本实缴登记制外，其他有限公司均采取注册资本认缴制度。

（5）资质证书/许可证。

一些特定业务，还需要一些资质或资格方面的证书。如某类工程的承包、施工、房地产开发等均需要相应的证书，否则无法或不得从事某项业务。

外汇担保（离岸质押、备用信用证担保、外汇存单质押或外汇保证金）项下人民币贷款须是"三资"企业，那么，是否有《外汇登记证》以及《外商投资企业批准证书》，以证明外资企业身份。开展国际业务必须具备进出口资格（《对外贸易企业登记表》）。值得注意的是，同营业执照类似，一些资格证书也需要通过年度的审查（年检）。

某些国家管控的业务则还需要经营上的许可证。比如，特许商品的经营许可证（如《煤炭经营许可证》《进出口许可证》）、金融行业需要《金融许可证》等。

（6）公司章程。

公司章程，是指公司依法制定的、规定公司名称、住所、经营范围、经营管理制度等重大事项的基本文件，是指公司必备的规定公司组织及活动的基本规则的书面文件，是以书面形式固定下来的股东共同一致的意思表示。公司章程是公司组织和活动的基本准则，是公司的宪章。

公司章程的基本特征是要具备法定性、真实性、自治性和公开性。作为公司组织与行为的基本准则，公司章程对公司的成立及运营意义重大。公司章程是公司最重要内部文件之一，决定了公司融资、借款、出质、抵押、担保等行为所需要的内部审批程序或授权机制。

通过审查公司章程，可以判断在银行办理的业务是否得到了批准或有效的授权，公司或个人的行为是否经过了必要的决策程序，是否经过了有权签字人的签字（签章）或授权。

各种原因可以导致公司章程的变动，但其变动轨迹应是连续的。公司成立之初的公司章程、各期公司章程修正案、最后是现行的最新的公司章程。

常见问题：

①公司章程不是最新的；

②公司章程不连续；

③公司章程没有股东签字或盖章；

④公司章程对有关融资、担保等问题的规定不清晰。

（7）公司内部文件。

内部文件主要是有关借款、担保、资产转让等所需要的内部决议、授权、签字样本等。主要涉及：公司法定代表人身份证明、股东会或董事会（总经理办公会）决议、授权书。法定代表人、股东、董事的签字样本亦很重要，凭此样本，银行可以对签字、盖章进行表面一致性、文件有效性的审核。

常见问题：

①董事或股东签字人数达不到公司章程规定的有效人数，文件无效；

②决议或授权内容不明确，或不能覆盖业务种类、期限；

③缺少关键文件；

④文件或决议签字人为他人代替；

⑤不同文件上同一个人的签字差异大，无法核对；

⑥用个人印章代替签字。

（8）贷款卡。

人民银行各城市中心支行及所属支行是贷款卡管理机关，负责发卡、延续和各项监督管理。凡需要向各金融机构申请贷款、办理承兑汇票、信用证、授信、保函和提供担保等信贷业务的法人企业、非法人企业、事业法人单位和其他借款人，均须向营业执照（或其他有效证件）注册地的中国人民银行各城市中心支行或所属县支行申请领取贷款卡。

依据"贷款卡"进行的信用状况查询也是基本资料之一，通过查询贷款卡的信息，可以了解、证明该客户的信用状况（包括在他行的信用状况），审查公司有无不良信用记录、有无各类处罚信息，这是判断当日能否申请/办理授信以及出账的要件。

有些公司存在一些历史遗留问题，还有些记录由于记载或删除不及时等原因存在与实际情况不一致的情况，此时，需要企业尤其是相关金融机构作出解释或说明。

常见问题：

①企业无贷款卡或过期未更换；

②贷款卡记录存在问题；

③贷款卡查询打印记录不是最新的。

(9) 财务报告。

"财务报告"则是反映企业基本生产经营状况的资料，不仅是信贷审批阶段所要审查的主要资料，同时也是放款阶段和贷后管理所要审核的重要依据。财务报告要求经过审计，审计报告不仅披露了财务状况的总体概貌，而且反映出财务科目及其变动的明细，便于信贷调查人员、审批人员和放款管理人员进行分析和判断。同时审计程序也增加了财务报告的公信度。

常见问题：

①无审计报告或财务报告存在问题；

②财务报告缺少明细资料；

(10) 评估报告。

企业资产如果拥有抵押、质押，有些需要银行认可的第三方专业评估公司进行价值评估。比如房地产评估报告，这是对抵质押率进行确认的基础。

常见问题：

①评估报告不客观，偏离度大；

②评估报告时间过长（如超过 6 个月以上），评估结果无法采用。

(11) 征信报告。

征信报告分为个人信用报告以及企业信用报告，是由中国人民银行征信中心出具的记载个人信用信息的记录。放款环节对征信进行动态查询，有利于掌握借款人、担保人最新的信用记录，从而直接影响贷款是否能够发放。

值得注意的是，征信的查询必须经过被查询主体或对象的书面授权，否则视为违规。

附录：授信业务基础资料清单（见表5-1）。

表5-1　　　　　　　　　　　授信业务基础资料清单

序号	文件/手续（包含但不限于）	解释或说明
1	企业法人营业执照副本复印件	外资企业为外商投资企业批准证书
2	政府批准成立文件复印件	
3	企业法人代码证或组织机构代码证复印件	审核企业年审情况及期限
4	税务登记证复印件	
5	法定代表人身份证复印件和法定代表人证明书	应提供银行格式的法定代表人证明书，有效期起始日应不晚于合同签署日期
6	法定代表人授权委托书及被委托人身份证复印件	授权期限与有关合同签署期限相符
7	自然人身份证明材料、婚姻资料	
8	注册资料（验资报告等）	
9	公司章程	最新、经过有关部门（国资委、工商局）批准、经过证实（盖章、董事签字）
10	董事会、股东会、办公会等决议	
11	贷款卡及查询结果复印件；征信报告查询	正常状态
12	各期财务报告	一般经过审计、盖章
13	评估报告（资产等）	
14	企业资质文件	特定企业资质（如施工资质等）
15	企业概况资料等	基本情况介绍

注：实行"三证合一"后，有些就不需要单独提供了。三证合一的"三证"指的是工商营业执照、组织机构代码证和税务登记证。

2. 基础资料管理注意事项

（1）相对长期保留，以备复核或再次使用。

基础资料使用较为频繁，在额度续做、放款（出账）等环节均需提供。如果多次频繁索要，营销工作效率，降低服务质量，还可能影响银企合作关系。

（2）及时定期更新。

随着时间的延续，基础资料也在不断变化，应及时更新。下列情况均导致基础资料的变化，在放款时或者审批时应提供最新的：

①营业执照的变更（可能的影响因素：企业变更名称、注册资本变动、企业重组经营范围变化）；

②章程的修改（企业股东变化、重组等）；

③客户财务报表的变动；

④人事的变动以及相应的授权调整；

⑤新的业务资格证书；

⑥其他政策法规变化导致的调整；

⑦企业、法人或实际控制人的征信记录、法律诉讼信息等。

（3）加盖企业公章、骑缝章（多页）。

企业资料必须加盖企业公章，以证明资料的真实性。多页资料需加盖骑缝章，印章必须完整。有些资料需要财务章或其他业务章，要求相同。

（4）原件和复印件。

原件只能审核，而不能保留。在审查原件的基础上，客户经理、信贷经理留存复印件，并在复印件上签署"已核原件无误"，双人签字，标注日期，明确审核责任，确保文件的真实性。

（5）严格存档和借阅。

作为档案资料的一部分，银行及客户经理必须对客户的资料进行谨慎管理，注意保密，以免影响自身业务或产生法律纠纷。过期或不再需要时，应监督销毁，不得随意处置。

5.1.2 特定融资方式所要求的信贷与手续

每一种融资方式或融资工具都需要特定的信贷与法律手续，主要是：业务申请书、业务合同或协议、贸易背景合同、凭证（借据、贴现凭证）等。

1. 信贷额度下一个或多个信贷业务品种：额度合同 + 各种业务合同 + 配套资料手续（申请书、背景资料、凭证等）

如果信贷审批的是综合授信额度，则需要签订《综合授信额度合同》，额度合同项下，根据审批的业务品种，需要分别签订不同的业务合同。如，开立银行承兑汇票，需要提供贸易背景合同、《银行承兑汇票合同》。类似地，开立保函、信用证和办理押汇等，则分别需要相应的业务或交易合同、进口商务合同、进口单据（商业发票、报关单、运输单据）、中标通知书、《开立保函合同》、《开立信用证合同》、《押汇合同》和相应业务的申请书等。

又如，流动资金贷款需要提交书面的《借款申请书》、《贷款合同》及《借款借据》。而票据贴现则需要提供所要贴现的票据及票据查询、查复手续外，还要提供增值税发票、《贴现合同》、《贴现额度合同》，如果是代理贴现的行为，则还要提供《代理贴现协议》等。

2. 单笔业务：业务合同 + 配套资料手续

处理某一信贷品种的一笔业务时，没有额度合同，直接为各类业务合同或协议，加上各类业务申请书、交易或贸易背景资料、业务凭证。

5.1.3 特定担保/债权保障条件所需要的信贷与法律手续

除了对一些优质企业给予信用方式融资以外，大多数融资都有要求提供"人"或"物权"的担保。

担保方式有多种，银行最常用的是保证担保、质押或抵押担保或保证金。备用信用证实质上属于境外银行提供的一种信用保证。

贸易融资类业务还款的保障一般是属于自偿性的。如应收账款的转让（保理业务）、控制货物的提货权利（如提单、仓单）或直接控制所购买的货物（货押），另外，往往还要求有一定比例的保证金或使用存单、或银承、国债等的质押。

对于保证担保，需要签订和提供《最高额保证担保合同》（有额度时），有的需要提供《保证担保合同》（单笔业务）。备用信用证担保则需要提供符合要求的国外银行开来的备用信用证正本。

质押需要提交《质押合同》以及《质物清单》（适于货押业务，质物品种、数量较多），对于"先票后货"业务模式，质物清单需要在出账到货之后补充。在未补充之前，由于缺少"质押标的物"或者说"质物"待定，则质押合同不完整，形不成事实上的"质押"，因此必须及时补充。

货物质押，银行需要控制"货物"，实施"占有"，因此往往要求企业提供空白（内容、日期）且由企业盖章、签字的《委托变卖协议》、《授权书》，以确保银行在放款环节就预先掌握处置、变现货物的权力，而不是出现问题时再要求企业配合出具有关法律文件，变被动为主动。目前，授信银行主要通过第三方物流公司协助银行监管，并承担监管责任。这时，一般还需要提供相关的《仓储监管协议》、监管方与仓库所有者之间的《仓库租赁协议》等。

动产、不动产抵押时，均要求办理抵押登记，向登记机关提交签字、盖章的《抵押登记申请书》及其他要求的资料；完成抵押登记后，向银行提交《动产抵押登记书》（含变更登记书）、《他项权证》此类必备手续。

对于保证金或存单（银承、国债）质押，放款环节需要控制的是保证金是否入账、用于质押的存单或者银承的实物等是否入库保管。存单或者银承还要求表明"质押"字样，以表明质押的状态。离岸质押，还增加了其他必要手续。境外或中国香港等地律师楼提供的《法律意见书》、见证手续等。

应收账款通知、转让以及确认手续也是重要的法律文件。比如，《应收账款转让申请》、《转让确认书》、允许从企业回款账户扣划资金用于还贷的《授权书》等。保理业务的重要合同之一就是《保理合同》。

在担保提货模式下，需要签订相应的《三方合作协议》（卖方、买方和银行），该协议实质上约定了上游或下游贸易商的有关责任，比如：指定发货、退款、通知、担保等不同责任。

贴现业务中，对于利息的承担，企业与贸易对手之间可能会有不同的安排，因此，需要提交相关的协议（买方付息、卖方付息还是分别承担其中的一部分）。

贸易融资业务中，往往需要签订三方或多方"合作协议"，这些协议在一定程度上起到保障资金安全，保障银行利益的作用。

担保或抵/质押、应收账款转让、文件送达等行为如果需要公证，则提交《公证书》。

5.1.4 政策等特殊要求的材料或文件

金融监管、信贷政策对信贷业务有许多具体要求。

比如，一般要求不能开立无真实贸易背景的票据、信用证。为此，票据、信用证、保函等业务必须提供证明交易背景的交易合同、发票（增值税发票）、运输单据（海运提单，或多式联运提单、铁路运输单据、空运单）或者报关单等。

对于外汇业务，还可能涉及外汇政策管理要求的一些材料。比如外债登记、用汇批件、结售汇手续、《进口付汇备案表》、《外汇登记证》、《外商投资企业批准证书》等。

上市公司对外担保披露问题是监管部门对上市公司的要求。对于出具担保的上市公司必须履行公告的义务，商业银行须凭公告以及相应的担保手续才能发放贷款或提供其他方式的融资安排，否则，不具备条件融资，监管部门将对银行进行处罚。一般地，在放款时，需要向银行提供《对外担保公告》以及相应的《董事会决议》或《股东会决议》。

信贷政策或监管政策在一定时期，会对某些产业、行业的信贷提出一些特殊要求，直接影响到信贷审批条件的设定和放款管理。如政策要求，房地产开发贷款的前提条件是"四证"齐全，自有资本金到位率根据项目的性质，分别要达到25%~40%，放款时则需要提供相应的证书、资料。

由于政策时有变化，不同时期，会有不同的要求，因此，同样的业务、不同的时期可能会要求不同的手续或资料，这就要求管理上的与时俱进。

5.1.5 信贷审批条件及其他特殊要求

信贷审批往往根据不同的客户或业务特性提出一些特殊的限制性条件，这些限制性条件一般应提供符合要求的文件，或相关的"单据"或"情况说明"、"调查说明"等，以说明或证明满足或达到了信贷终审意见中所要求的限制性条件。

比如，如果限制付款对象，对于流动资金贷款则应提交"划款凭证"（复印件，会计部门提供）；如果是表外业务，则票据收款人、信用证和保函的受益人符合规定。如果要求出口企业的出口时间在一年以上，则可以提交一年前的出口记录（出口合同、出口报关单、出口核销手续或收汇记录等）来证明。

其他银行内部管理上的要求，一般也体现在纸质手续或文件上。比如信贷业务价格审批（利率审批表）、手续费的收取（收费凭证）、信贷额度的管控（额度使用审批表），各行要求不尽相同。

5.2 放款的准备与发起

5.2.1 放款的准备

5.2.1.1 审批意见，谨慎解读

信贷项目在经过银行贷审会①的审议批准之后，对于经营单位的客户经理而言，其首要的任务就是认真、仔细阅读信贷审批意见（或审批决议）和贷前法律审查意见，把握各项放款要点，为正确准备放款资料，履行各项相关手续，签订有关协议作充分准备。

1. 检查信贷审批意见

在阅读信贷审批部门出具的审批意见的基础上，准确理解各项要求，同时，检查是否存在错误或其他问题。

尽管审批部门在出具终审意见时十分谨慎，但客观上，信贷审批意见仍不时发现存在一些错误。为避免此类情况发生，客户经理应认真检查信贷审批意见，发现问题及时与信贷审批部门沟通，修改审批意见，或由审批部门作出书面的解释或认定，以便放款部门正确执行。

2. 容易忽视的信贷审批要点

除了授信金额、币种、期限、担保方式等基本要素之外，还要关注以下要点：

（1）区分审批的是额度还是单笔业务。

审批结论中如果使用"额度"字眼，则审批的是额度，否则，一般是单笔业务。额度可以循环使用，需签订《综合授信额度合同》，而单笔业务不允许循环使用，单笔审批、单笔发放，只签订单笔业务合同。

---

① 贷审会是商业银行对信贷授信项目的集体审议、决策的制度形式，由参加贷审会的委员对信贷项目投票表决。为提高效率，对于一些低风险项目，银行内部也会采取不通过贷审会审议的形式进行审批，而是采取贷审委委员会签，或者授权信贷审批部门一定的审批权限直接审批。

一般情况下，房地产等项目贷款、委托贷款等，往往是单笔业务，而不是额度。

(2) 贸易融资业务中对交易对手的要求。

为了控制信贷风险，审批意见中常常对上下游合作方有时间、间接额度上的限制，这些要求通常不被客户经理重视。间接额度涉及的交易对手多数情况下是异地客户，间接额度的管理也往往在异地分行或总行相关管理部门（比如，贸易融资管理部），客户经理应事先对间接额度的使用情况与相关分行（或总行部门）取得联系。占用间接额度时，一般要征求主办行的书面同意，并进行登记。

(3) 区分审批限制性条件的落实时间。

有些信贷审批意见在提出要求时，并不明示哪些是放款时必须落实的，哪些是贷后管理环节要求的，此情况下，客户经理要区分清楚，必要时向放款管理部门咨询或由信贷审批部门做出解释。前者必须在出账时提交，否则不允许放款。

(4) 审批条件如何实现"文件化、证据化"。[①]

信贷审批意见中的一些要求如何满足，客户经理必须思考。办法是尽早收集、提供相关的证明文件、材料。比如："上游采购合作方应在1年以上"，则可以提供一年前的合同、发票等文件。

(5) 合同文本的选择、签订与使用。

有关业务合同、协议的选择、签订与业务模式、操作流程密切相关，对于具体业务的个性化要求，只能由"非格式"合同文本或其他文件来体现，这需要合同文本草稿的事先准备，起草文件并经过法律审核部门的审查、确认。另外，即使是银行的格式合同文本也是经常变化的，实际放款时必须使用最新的文本。实践上，错用文本、使用旧版本等的情况屡有发生。

(6) 业务品种和操作模式等是否与客户实际情况相符。

根据掌握的客户需求，客户经理应检查审批设计与实际需求的差异，如果明显存在难以操作或无法落实的情况，及时与审批部门沟通。

5.2.1.2　客户沟通，洽商出账

信贷审批意见签发之后，经营单位（客户经理）应主动与客户取得联系，通报授信审批情况，了解融资需求的数量、品种与时间，为放款做好准备。同时，把放款的准备过程视为市场营销的重要手段与内容。

重点考虑以下要点：

(1) 推介合作方案，宣传双赢点，提高客户使用银行额度的积极性，发掘市场潜力；

[①] 根据国际惯例，国际结算业务在审单时，对于"非单据化"（nondocumentary）的要求可以不予理会。

（2）洽谈融资的价格（利率、收费不低于审批要求）；

（3）洽谈结算、存款要求以及其他配套、增值服务方式；

（4）提出具体融资业务放款所需要的资料清单以及需要办理的各项手续；

（5）提示准备保证金、押品（含监管、保险）；

（6）就资金用途、划转、监管、贷后管理等问题初步达成一致，以求得事后的充分配合。

5.2.1.3 放款调查，关注变化

从信贷审批到实际发放往往有一定的时间跨度，这期间，企业以及企业的经营环境、状况也会发生许多的变化，因此，在放款前，客户经理必须对企业进行放款前的调查和了解。重点审查：

（1）是否发生了重大不利变化（人事、经营、担保、抵/质押物、资产重组等）；

（2）对（含担保人）贷款卡、征信状况进行查询，审查客户资信状况，了解客户在他行信用状况，有无不良记录；

（3）了解审批假设是否成立，关键审批条件是否能够落实；

（4）了解企业是否出现诉讼或其他法律纠纷；

（5）了解合作意愿情况；

（6）了解同业合作态度变化等。

如果发现客户发生了重大不利变化或不确定性增大，或否定了信贷审批的关键性假设前提，无法落实审批意见或法律意见，则应作出暂缓或停止出账的决定。

有的银行对审批有效期内，3个月未出账的，必须重新审核，方可放款。该措施就考虑了时间风险。

5.2.2 放款的发起

5.2.2.1 准备资料，签订合同

对于放款前调查结论没有异常问题的，就进入资料准备阶段。对不同的业务来说，所需放款资料、手续大相径庭（详见"第6章"），但也有一些共性要求。

下面就资料的准备、合同的签订需要注意的问题做简要说明：

1. 准备资料清单

客户经理应尽量一次性向客户提示所需要的资料、手续。与企业的合作能否成功，体现在每一个细节上面，这就要求客户经理必须把准备"功课"做好。

2. 预留准备时间

信贷业务手续的办理往往需要一定的程序、时间，尽早提示客户做好准备，是

及时放款的必要条件。如，企业内部一些授权文件（股东会、董事会、总经理办公会等）的出具往往需要召开会议；抵/质押物的价值需要评估，抵/质押还往往要到相应的登记机关办理登记手续；与合作厂商签订协议需要协商、审查、出差；资金异地跨行划转、账户的开立（尤其是监管账户、外汇专户）亦需要时间；授权、担保有时需要进行公证、公告等。

银行内部的放款审查也需要一定的时间，对于一些复杂业务、创新业务的首次放款情况更是如此。客户经理应该充分考虑各种时间因素，避免盲目应允客户，造成被动。国际业务、对外付款、投标业务等时效性要求高，有时还要考虑时差因素，对放款的时间要求比较严格，错过时间节点，则意味着无法放款或者不再需要放款。

3. 提供格式样本

对于需由客户出具的决议、证明、说明之类的非协议性质的文件，客户经理最好是主动起草，并征求法律审查、业务审查岗位的意见后，修改规范后向企业客户提供，直接由客户盖章或签字，而不是让客户自行准备。客户自行准备常见的问题是，表述不规范、文本不正确，或不符合要求。如果再次要求客户重新出具，则不仅影响效率，还可能影响合作关系。

4. 履行法律审查

信贷业务所需要签订的非格式银行信贷承诺、银企合作协议以及其他法律文件，均要经过法律岗位的审查，签署认定意见，并经有权签字人终审。客户经理按认定后的文本格式与企业沟通、确认，达成一致后，履行签字盖章手续。

5. 履行面签、核保程序

为防范操作风险、道德风险，防范欺诈行为，银行制度均规定，对于业务合同，客户经理必须履行双人面签（又称"四眼原则"）程序，即主办、协办客户经理亲自去企业，与有权签字人面对面现场见证合同的签字与盖章行为。对于有担保人的，客户经理到担保单位双人面签担保合同的同时，核查、确认担保人担保意愿的真实性。

面签手续履行后，客户经理提供"合同面签声明书"，客户经理双人签字，作为出账资料之一；或者在放款审批表上，做出面签程序已履行的声明。

任何合同的签署必须经过有权签字人的签字，严格地讲，提供签章的，一般需要提供签章代替签字的声明书（说明与本人签字具有同等法律效力）加盖公章。被授权人签字的，必须提供授权书，且授权在有效期内。

6. 合同填写规范正确

合同的填写必须严谨、规范、正确，关键性要素（如金额、利率、期限、保证方式、关联合同编号、保证金账号、签署日期、地点等），一般不得修改，其他要素填写错误的，不得涂改，一般要做划线（红线）修正，经合同各方盖章（个人签字）确认，字迹潦草看不清的，要求更换。有特别约定的，在其他约处进行约定；空白条款划线处理。

7. 逻辑关系检查

合同及相关手续之间的逻辑关系必须正确、合理。如：合同的签订日不得早于信贷审批意见的签发日（即未经信贷审批，不能与企业签订相关合同）；从合同的签订时间一般与主合同相同或之后，抵/质押登记手续的办理是基于合同的签订，不能早于主合同以及抵押或质押担保合同。一般情况下，贸易背景合同的日期不能晚于业务合同的日期等。

5.2.2.2 初步审查，内部审批

根据集中放款管理制度的要求，经营单位在提交分行放款审查前，必须履行内部审查、审批，各岗位职责的履行均体现在银行内部的《授信业务放款申请/审批表》或类似文件上。

1. 客户经理

经过资料准备、放款前的调查等程序后，进行自我核对无误，签署同意放款的意见。

客户经理放款操作注意要点：

（1）注意认真阅读信贷终审意见、法律审查意见，根据不同的业务（产品、模式）特征、担保方式、限制性条件等准备资料和手续，增强针对性，减少盲目性，确保资料的真实性、完整性、齐全性。

（2）注意提供的基础资料、合同、协议、决议等文件的格式、内容，检查是否符合要求（形式上相符，最起码实质上相符），同时是否得到了相关单位、部门、人员的证实、确认（比如盖章、签字、客户经理双签），或者是否经过相关部门（如法律部门、协审部门）的审查。

（3）注意检查、分析关键性限制性条件和要求能否落实、有何问题，否则提前与信贷审批部门沟通，及时采取相关的措施，避免到放款环节来解决。

（4）检查、分析一些经营或业务活动、法律行为等是否得到有效的授权、批准。注意签字、盖章的有效性、真实性是否得到保证，核实签字、签章人的身份。

（5）注意审查是否履行了政策或有关规定的义务并提供证明文件、资料。比如上市公司对外担保必须履行信息披露的义务；抵押物的出租方是否就抵押行为向承租方进行了通知并提供回执等。

2. 经营单位的初审（信贷综合员、市场部门主管、风险经理等角色）

重点审查资料的"五性"，齐全性、真实性、一致性、合规性、合法性。发现问题及时与客户经理沟通，需要企业配合的，及时与企业联系，补充资料，确认修

改，加盖公章，出具调查等。

3. 会计或运营部门的审查和验印

重点是账号检查；审核保证金的转入是否正确、利息条款是否与合同规定相符；提供押品入库保管凭证；对票据审查并提出意见、出具查询查复手续；办理相关的托收、托管手续；对于合同、协议、借据的印章（签字）进行验印。

4. 经营单位负责人的复核、审批

履行复核职责，签署是否同意放款并提交放款审批部门进行审查的意见。负责人不能履行责任时，可以由被授权人签署意见。

5.2.2.3 放款管理系统登录和提交

1. 商业银行放款管理操作系统

为提高效率，加强流程管理，控制操作风险，商业银行大都开发了信贷管理系统。比如，工商银行的 CM2002 信贷管理系统、平安银行信贷管理系统等。

信贷管理系统的目的是使信贷审批、放款申请与审查在信贷管理系统上实现，信贷管理系统又与银行生产主机关联，从而实现了信贷系统与会计系统的互动。

从放款管理角度看，信贷管理系统实现了以下基本功能（见图 5-1）：

（1）基础放款数据、基础业务合同的统计与查询；

（2）实现了一定程度的逻辑制约、相互印证；如主、附合同关系，保证金与押品的先行程序要求等；

（3）放款审批环节的系统化记录（放款申请、各级放款审查意见及电子签名）；

（4）信贷押品（含存单、保证金等账户）的冻结和删除交易；

（5）信贷审批额度的系统控制（总额、敞口、期限）；

（6）信贷审批与放款信息界面的交互印证、共享；

（7）放款电子交易指令的签发，同时由信贷管理系统出具纸质的《放款通知书》或《准贷证》等。

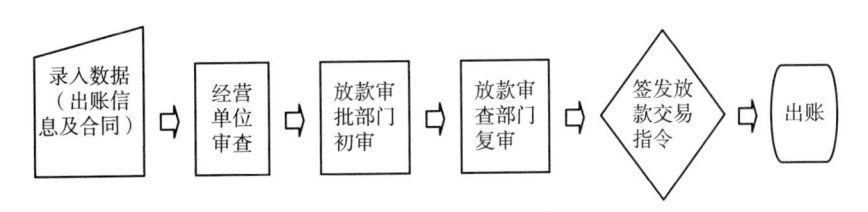

图 5-1　放款管理系统操作流程示意图

2. 放款管理系统的数据录入与提交

如果银行开发并应用了信贷管理系统，则客户经理在准备纸质放款资料的同时，在信贷管理系统上录入有关的放款信息（放款的品种、金额、期限、担保方式、账号、合同编号等），提交各级审核。

信贷系统的录入与提交应注意以下问题：

（1）放款品种（流动资金贷款、信用证业务等）的选择必须正确。

（2）放款数据（尤其是账号、金额、期限、合同编号等）录入规范、完整、正确、与纸质资料、合同完全一致。数据不正确、不一致不仅影响到放款的审批和顺利放款，也影响效率。

（3）鉴于统计上的需要，对于信贷业务信息的分类要准确，否则，其统计功能难以实现。

（4）业务修改、调整放款要求时，信贷系统应做出相应的修改、调整。

（5）凡未经过信贷管理系统控制的业务，必须经过一定的程序上报、审批。

3. 操作系统应用常见问题

从一些放款管理系统反映的情况看，一方面，放款管理系统的应用可以有效控制操作风险，实现放款管理一定程度的智能化；但另一方面，信贷管理系统由于开发的原因，也存在诸多问题。

（1）信贷系统的统计功能难以充分实现。

客户经理在信贷系统录入时，对于信息的分类不规范，以及因信贷系统本身的问题所产生的各种特殊情况的存在，导致信贷系统提取的统计数据不全面、不完整，从而影响到信贷系统统计功能的实现。

（2）信贷系统操作环节过多，影响效率。

有的操作系统开发不完善，服务界面不科学，操作体验不理想。比如，环节过多，鼠标点击频繁，影响操作效率。即使是非常简单的业务，在信贷系统上的操作依然相当麻烦，"人受制于机器"的问题相当突出。

（3）信贷系统无法实现无纸化。

信贷系统难以替代"纸质手续"，线上与线下（纸质手续）双重审核，势必增加工作量。

（4）仅仅依赖信贷系统，无法有效防范操作风险，存在"制度—技术"缺口（肖舟，2008）。

事实上，有些信贷系统对于放款操作风险的防范主要在于押品的冻结、保证金的系统控制等方面，而实际放款审查与传统审查并无区别。信贷系统不过是对纸质资料的正确反映，放款风险的控制关键还在于纸质资料的审查，与法律信贷手续的落实上。

技术规定的程序是不灵活的、有缺陷的，而实际业务是多样性的，银行有时不得不在特殊情况下，允许绕过信贷系统的控制进行操作。有时，银行管理者对于信贷系统的巨大投入表现的慷慨大方，而对于必要的人力资源配置则控制严格，似乎有本末倒置之嫌。

5.3 资料提交与放款审查程序

在准备好放款资料后，由经营单位客户经理提交（包括系统提交）放款管理部进行放款审查。放款审查的内容框架如下：

5.3.1 审批阶段的法律审查

审批阶段的法律审查是指从法律角度对信贷项目、信贷客户的准入进行审核，从而针对项目或客户提出有关的法律审查意见。主要审查信贷项目、授信主体、担保主体和抵/质押物等的合法性，对有关业务资格进行审核；依据有关法律、公司章程的规定，提出有关授信、担保、出质或提供抵押等所需要的法律文件、授权或其他程序方面的要求。法律审查人员基于商业银行内部法律审查制度办法的要求以及有关法律法规，在对授信申报资料（包括担保资料）进行阅读、审查后，必须提出明确的审查意见。

审查时，必须对客户（客户经理）提交的基础资料的表面性、真实性、完整性、连续性进行审核。对于资料不齐全、不连续、未加盖印章、客户经理未双签（针对复印件，签署"已经核对原件"）的，必须要求补充、完善。确保审查的依据是真实、有效的，以此为基础方可提出正确的审查结论。

审查意见的提出至少应包括以下内容：

（1）明确的审查结论（含存在的具体问题）和意见；

（2）提出的具体要求（重点是依据法律及公司章程的规定，审查授信申请人的授信申请行为、出质和抵押行为及担保人的担保行为的合法性，以及指出应提交何种内部审批或授权文件。股东会、董事会、总经理办公会决议、还是股东的授权等）；

（3）其他可以在实际放款前落实的事项或补充的资料。值得注意的是，对于影响授信审批的资料、文件，必须要求在进入审批程序前，提交、完善，并作为审查的依据；

（4）有关银企合作所需要的法律文件（含各类合作协议等）格式、内容，尤其是根据个性化的方案、模式所需要的法律文件。此类文件必须在实际放款前进行研究，拟定协议文本，经过银企双方或多方协商一致后定稿，经过法律人员和部门的审定后，作为放款使用的正式审核通过的文本。

5.3.2 放款阶段的法律审查

法律审查意见的落实，系指在放款审查环节，法律审查岗位在对审批阶段法律审查意见进行解读的基础上，审查经营单位所提交的放款资料，就所有意见的具体落实情况进行逐一审核、把关，审查是否落实、落实是否到位、是否存在瑕疵、要求是否满足、存在问题时，有无补救措施。进而做出放款审查的法律审查结论和意见，为是否同意放款提供法律决策依据。法律审查意见的落实是控制授信法律风险的关键一环。

法律审查意见落实常见问题：

（1）授权文件的出具滞后于审批日期。理论上，授信申请人（含相关的担保人）在申请授信前应该按照公司章程的规定在授信审批前提出相应的决议文件（股东会、董事会决议等），但实际情况是，客户往往在授信审批通过后在放款前提交。这样做的原因是，在未通过银行审批前，客户一般不会就融资、担保问题进行决议；或者，上报的授信申请未得到批准前，经营单位认为不便主动要求客户出具类似文件。

但是也有例外。有的公司每年召开一次股东会或董事会，对融资计划、方案进行决议，这样的决议常遇到的问题是，决议文件并不针对某家银行的授信，缺乏针对性。

（2）相关决议文件的内容与授信审批意见的要求不一致。客户的董事会决议（或其他决议）同意的额度金额、出质方式（包括提供保证金的比例）、抵押方式、期限等要素应与信贷审批要求一致。如果不一致，导致存在管理上的问题，比如，如果批准的授信金额低于审批额度，则只能按照"低者"为控制标准；或者不符合审批意见，此情况下，应要求客户修改相关决议，直到符合要求为止。

（3）相关决议的表述不规范、不正确。决议内容表述不规范的情况比较普遍，有的甚至表述错误，如果不要求修改或要求客户重新出具，容易产生纠纷，授权存在法律瑕疵，法律诉讼时，法院可能判定银行存在"过错"，不利于银行债权的保护。

（4）经营单位或客户以各种理由要求后补相关决议。信贷审批与实际放款之间，如果时间仓促（客户急于用款），难以及时召开会议并出具相关的决议，经营单位和客户常常要求后补文件，此时，如允许这么做，则银行放款就存在潜在不确定性风险。

（5）有关准入资格方面的资料在放款前补充。此类资料属于信贷审批的前提性资料，一般不宜在放款前落实。否则，意味着将审批置于"假设"的前提上，而不是"客观现实"的基础上。

5.3.3 放款环节法律审查要点

除了落实上述审批阶段的法律审查意见之外，实际发放环节的法律审查主要是合同、程序、手续等，同时对审批前法律审查的有关内容进行复核（见表5-2）。

表5-2 放款法律审查参考表

序号	审查内容
1	是否签订书面合同、是否齐全（业务合同、担保合同、合作协议、监管协议等）、版本使用是否最新、正确、非格式文本是否经过法律审查并批准、关注"其他约定"事项是否正确进行了约定
2	公章、签章是否真实、一致、验印程序是否履行
3	法定代表人、委托人的证明材料是否齐全，有关的授权是否有效。授权内容、期限是否清楚、完整
4	法律规定必须履行特定行为才生效的抵（质）押行为，抵（质）人是否履行、是否办理了登记、质押物是否交付
5	政策、制度规定的其他行为、手续是否履行。如：上市公司担保的公告、人行征信系统登记、合同公证、法律意见书的见证等
6	需要在放款前补充的资料和法律文件是否已经补齐，是否盖章、签字
7	信贷用途复核。具体审查合同标明的资金用途是否在营业执照规定经营范围内，是否符合信贷审批意见，同时，在合同中对规定用途进行限定。同时审核提供信贷用途的有关证明文件（比如采购合同、承包工程合同、进出口合同、代理协议等）
8	境外律师出具的法律意见书是否符合要求（国际业务，离岸业务）

放款法律审查常见问题：

不能按审批阶段法律审查意见提供完整、齐全的资料。贷前法律审查中明确要求出账时应予以提供的材料，如股东会决议、董事会决议等，经营单位准备不齐即申请放款、出账。

签字人使用两种签字样式。企业的签字人在合同中的签字样式与法定代表人证明书或授权委托书中签字样式不一致，这样极大增加了文本真实性风险，给审核增加了难度。

合同与其他相关的文件、手续上的填写内容不一致。如，《最高额抵押担保合同》与《动产抵押登记书》中抵押物价值金额不符，此种情况会造成诉讼中银行承担不必要的风险。

合同填写不完整、不规范。客户经理对合同填写不重视，填写错误、前后不一致、出现空白条款（部分条款不填写）、字体潦草看不清，更有甚者，经营单位持空白合同办理放款手续。

合同盖章不规范、不完整、不清楚。盖章错位、不清晰、擅自使用其他章代替公章使用、不盖骑缝章或骑缝章不完整、不规范。

使用错误或过期的法律文本。

5.3.4 信贷审批意见（决议）及其落实

信贷审批意见，是信贷项目经过银行信贷审批部门及（或）贷审会审批通过后，向信贷申请单位（经营单位）签发的关于信贷项目或客户授信的审批结论和要求的正式文件（纸质文件或信贷系统文件），也是实际放款必须遵循的关键依据，须正确理解、落实，不得有任何遗漏，不得随意打折扣。

客户经理（信贷经理）、经营单位、放款管理部门及其审查人员是落实审批意见的责任人。

1. 信贷审批意见的格式及内容

信贷审批意见的一般格式应反映以下基本要素：

（1）信贷审批意见（信贷审批通知书、信贷审批决议）文件标题、编号；

（2）信贷审批意见抬头（标明授信申请单位）；

（3）信贷审批意见正文；

（4）信贷审查员及其签字；

（5）信贷审批意见签发人（信贷业务终审人）及其签字；

（6）标明信贷审批意见的签发部门（盖章）；

（7）签发日期。

信贷审批意见的格式并不是放款管理或者信贷风险管理的关键，但规范的格式有利于审批管理，也有利于操作风险的控制。

审批意见以正式文件下发，体现出审批文件的严肃性和正规性。当然，信贷审批文件编号有利于引述。签发人签字，有利于监督信贷管理的权限，明确审批责任。签发人签字以及加盖签发部门的印章便于放款审查部门识别，也有利于防范道德风险。

签发日期被视为正式审批日期，该要素非常重要，是信贷额度期限、审批有效期限确定的基本点。信贷额度合同的签订日期不得早于该日期，信贷额度合同的期限在审批有效期之内，不能超过。

对于实行信贷系统（网上审批）的银行，纸质的审批意见与网上的审批意见应当完全一致。如果完全实行网上审批，则建议至少打印相关意见，作为档案保存。

2. 信贷审批意见（正文）的基本内容

信贷审批意见一般应反映以下基本内容，但根据具体情况的需要，亦可进行调整。

（1）授信对象名称、授信金额（含风险敞口控制、转授信）、品种、期限、利率、担保方式、担保人、担保物（含保证金比例等）及相关要求；

（2）信贷资金用途，资金监管要求；

（3）贸易背景、交易方向、对手要求；

（4）额度管理要求，原有额度管理、集团额度统一管理；

（5）其他限制性条件（各种个性化要求：结算量、销售合同、销售回款、保险、合作期限、各种承诺事项等）；

（6）操作流程要求；

（7）贷后、投后管理要求；

（8）其他要求。

3. 信贷审批意见的落实

（1）信贷审批意见落实的基本原则。

经营单位和放款审查部门应各负其职，全面、严格履行信贷审批意见及其各项要求。客户经理、经营单位和各级贷后管理部门要对审批意见中提出的贷后管理管理要求进行关注、跟踪、落实。

从放款管理角度看，信贷审批意见的落实必须坚持以下原则：

第一，信贷审批意见中已经明确的要求必须逐一、完全、严格落实。

第二，未在信贷审批意见中提出的某些内在要求也应该落实。信贷审批意见不可能包罗万象，按照政策、制度、法规及国际惯例等必须提交的资料或必须履行的程序，尽管审批意见中没有或者遗漏要求，经营单位（客户经理）应该自觉落实，放款审查部门应提出要求并监督落实。

第三，所有"落实"应当尽力做到"证据化"、"印迹化"。监管、稽核或其他管理部门检查的重点之一也是对终审意见的落实情况，职责履行情况、各项要求是否落实，必须有相应的证据（资料、说明、调查、记录、登记等）。

第四，坚持谨慎性原则。对于有疑义、歧义、前后矛盾或错误等情况，应提请信贷审批部门澄清、解释、修正，以便正确执行，不得擅自解释。

第五，对于无法落实的事项，要么按照规定的制度、程序进行请示，要么拒绝放款申请，放款管理部门无权在未落实审批意见的情况下同意放款。

一般情况下，由经营单位提出申请，说明不能落实的原因，报请原信贷审批部门审查、批准后，变更信贷审批意见（必要时还要经贷审会），签发"信贷审批意见变更通知书"（变动较大时，应重新出具新的审批意见）。

（2）信贷审批意见需要重点落实的事项。

信贷品种：放款申请的业务必须是信贷审批意见（或审批决议）中明确批准的业务品种，且在额度数量的控制范围内。比如流动资金贷款、银行承兑汇票、还是贴现、信用证等。

信贷用途：信贷用途是要高度关注的内容，信贷用途是否符合审批意见的要求、是否符合信贷政策的要求，是防范信贷风险的关键。大量案例表明，挪用贷款是导致信贷风险的主因。

①信贷资金的实际用途必须与信贷审批意见规定的用途严格相符，放款时提供必要的信贷用途资料。比如采购合同、施工合同、进口合同、服务合同等；

②按照信贷审批意见的要求，指定支付给上游供货商或其他限定的收款人；

③对信贷资金的划款环节、资金监管环节进行必要的操作措施。比如设立监管账户、监管小组等，要求会计或运营部门监督资金支付，监督所开立的银行承兑汇票等直接送达到收款人、对每一笔资金使用进行审批等。

特殊信贷用途必须规范操作。以"以贷还贷"（借新还旧）为例，需要关注一下要点：

①必须是信贷审批意见明确规定的信贷用途；

②借款申请书、借款借据、借款合同等明确表明信贷用途为"以贷还贷"；

③征得保证人的书面同意，明确同意贷款用途为"以贷还贷"。如果是物的担保，还要对抵、质物重新登记。

（3）业务期限：不同的信贷业务品种有不同的期限要求，放款审查时应严格把握，不得擅自突破。注意票据、保函、信用证、贷款等的期限特点，审查其合理性、合法性（如纸质银行承兑汇票的期限最长不得超过6个月，电子票据可以到1年）。

（4）担保措施（包括押品）：是否要求保证担保，几个保证人或者是要求抵押、质押，相关的合同、登记、公证等手续是否落实。担保措施的落实是控制信贷风险的关键步骤，也是容易出现问题的环节。

担保措施还体现在以下方面：

①在贸易融资业务中，担保手续还体现在一些合作协议的签订上，因为有些担保方面的责任体现在了这些协议中。

②保证金、存单等质物是否移交、占有和入库保管；其他押品是否进行了有效的监管。

③押品的保险是否需要或是否已经办理，品种、标的、金额、受益人、免赔等是否符合要求。

④信息披露要求是否履行。

（5）融资业务模式（融资产品）。

融资产品的类型决定适用的业务规范和制度、法律文件、业务流程、风险控制措施等内容，在放款前做好充分的准备，尤其是那些需要融资客户、上下游客户、社会有关机构部门或第三方配合或参与的部分。

(6) 限制性要求。

限制性要求是业务操作的前提,必须满足,否则,即使其他各项手续都已经齐备,也不能放款。

(7) 授信额度管控。

额度管理的重点包括额度的数量、额度的有效期、具体业务品种或转授信客户的额度、特殊条件下的额度等。

放款审查时,额度管理岗位的审查人员负有建立额度台账、计算额度使用、动态管理额度,在额度管理环节签署有关额度审查的具体意见。

5.3.5 放款程序和授权管理审查

1. 放款程序审查

放款审查程序因各家银行的内部管理、组织架构、控制文化和制度不同而差异较大。集中化的放款管理制度模式下,放款的程序审查大致分为四个方面:

第一方面,经营单位的内部初审程序。客户经理的自查、支行层面的审查。

第二方面,与放款管理部门有关的业务管理部门审核,可以称之为"协审"、"专业审查"程序。如外汇政策、价格管理、同业业务等。

第三方面,放款管理中心内部审查程序,放款终审,签发放款指令。

第四方面,出账程序,即放款执行程序。运营部门、集中作业部门、国际部等根据各级审查,履行实际发放。

每一步骤,都必须履行针对前面步骤的合规性审核,不能逆程序、遗漏程序,否则,退回、中断审核程序。

2. 各级授权审查

与程序审核一样,授权管理要求也是大相径庭,但基本原则相同:

各级审核人员按照各自的授权履行审查职责,并明确出具审查意见;任何岗位不得超越权限擅自处理、审批;上级给下级明确授权;上一级对下一级,或者后一级对前一级的操作权限有监督责任。

经营单位负责人(或其授权人)对本单位的信贷放款承担审查和上报审批责任,对内部审核程序和审查质量程度承担监督、管理责任。

专业管理部门负责人承担专业审查责任,对其内部各岗位的审核程序、质量、效率、授权程度承担最终管理责任。

放款管理部门负责人承担放款的终审责任,对内部审核责任、权限、程序、质量和效率承担管理责任,对前面各级审核履行监督责任。超越权限的,报上一级终审人审核签批。

运营管理或操作部门、国际部负责人承担放款执行和管理责任,对其前面的操作和授权执行履行监督责任。对于存在违规、越权、遗漏程序、手续不全的,有否决出账执行或签发文件的权力。

5.3.6 放款环节的其他合规性审查

除了前述各项审查内容之外,还要审查业务的其他合规性。即审核不同的信贷业务所涉及的其他政策、制度的要求是否满足,业务处理和操作是否合规。比如:

(1) 质押存单或保证金资金来源的合法性:是否自由资金(而不是信贷资金);
(2) 项目贷款的自有资金比例是否符合产业政策的规定;
(3) 固定资产贷款是否符合有关产业政策规定,是否满足土地、环保等准入条件,政府审批手续是否落实;
(4) 实贷实付原则、受托支付原则等是否遵守;
(5) 票据业务的贸易背景是否真实,票据贴现资金流向是否符合信贷政策和审批意见;
(6) 外汇担保项下的人民币贷款是否满足外汇管理政策;
(7) 利率和收费管理是否符合利率政策和规范经营的有关要求;
(8) 抵/质押物是否符合有关法律规定;
(9) 政府担保行为、财政担保行为是否合规合法;
(10) 信贷资金用途是否符合产业政策或其他监管要求;
(11) 有关信贷业务品种是否经过审批;
(12) 国际业务是否符合国际惯例等;
(13) 银行内部各项管理制度的执行情况;

案例 5-1:银行骗贷案及启示

| 案件概况① | 王××先是揽储,将国企资金揽至目标银行作为定期存款,并以自身公司名义向国企支付补偿金或向国企领导输送个人利益;揽储后,他通过伪造的手续和企业印鉴,以目标存款为担保,办理等额的第三方存单质押贷款,从银行套取贷款用于投资。从银行套取的贷款往往都能如期归还,涉案企业获得10%~15%的补偿金,企业领导则获得约1%的好处费,同期银行得以做大存贷款规模,三方相得益彰。
但是一旦其资金链陷入紧张,最后不免成为拆东墙补西墙的资本游戏。在定期存款到期、后续资金未跟上时,王××不得不四处协调展期,勉力维持。到2006年,王××在齐鲁银行的各项贷款总额已经达到28亿元。同年,王××被要求在两个月内,将这些贷款全部还清。为此,王××将所有的投资抽回,出现巨大亏空。 |

续表

案件概况①	断臂求生的王××，暂时赢得银行的信任，却不得不面对资金链紧张的局面。对此，王××选择继续以原有模式解困，他把目光瞄向淄矿集团。利用获得的19亿元存款，王××先后办理了近20亿元的"质押"贷款。他还清了大部分贷款，但其中有6亿元存款因王××未及时还款而被银行划扣。因为：2010年12月6日，齐鲁银行在受理业务过程中发现一存款单位所持"存款证实书"系伪造之后报警，这个骗局终于败露。其中，淄矿集团的6亿元存款因王××涉嫌伪造质押手续用于贷款被银行划扣 　　接近该案的司法界人士对《财经》记者透露，"这6亿元淄矿存款尚未取出，主要是关于责任划分，还没有进一步的说法"
放款管理缺陷及相关启示	(1) 银行内部未能有效建立独立的放款管理架构能，放款管理职能未明确、建立和履行； 　　(2) 即使由信贷部门的其他岗位审查，也存在失职。信贷准入调查和放款调查过程均存在违规。担保调查职责是否履行或流于形式。事实上，企业出质意愿和出质行为的真实性、有效性未经调查、核实，放款调查和审查阶段，常见的核保程序亦未履行。尤其对于第三方存款质押的行为。如果针对淄矿的存单质押行为进行实地的调查、核实，则虚假的质押手续自然败露，放款难以执行；放款环节中，运营部门的验印程序缺乏或验印失职。出质必须签订《质押担保合同》，担保合同的印章必须运用一定的技术手段验证、核对其一致性，否则，存在造假的可能性。更重要的是，质物——即这里的存单的真实性、权属的核实也未能履行。放款的授权管理存在问题。银行内部人士就认为，该行审贷委难辞其咎，"所有的大额贷款，不经过市行审贷委的批准是不可能发放的。"为了防止越权行为，一般银行还建立了信贷管理系统，以增加程序控制手段。贷后管理过程中，对有关的风险信号未予充分的重视。比如，在案发前夕，淄矿人员去银行沟通取款事宜时，银行仍表示"没问题"！对于已"质押"的存款，在未还款的情况下是无法取款的 　　(3) 商业银行对于所谓的"低风险"业务的管理普遍不太重视。低风险业务的主要风险包括： 贸易或交易背景的真实性调查和审查不够重视或保证金资金来源违规（非自有流动资金而是信贷资金、其他非法资金等）导致出现政策性风险，这是票据业务案件和风险发生的常见原因 法律风险或其他操作风险，运用传统的欺诈手段（假印鉴、假合同、假存款单）、内外勾结进行欺诈、骗贷等的现象层出不穷 　　(4) 风险防控体系不健全，比如，后督环节可能失察。如果存在越权行为，后督应能够发现问题。另外，合规、稽核等部门也是防范风险的重要防线

①齐鲁银行特大金融案件，搜狐理财，2012年5月21日．

第 6 章

信贷业务放款审核

本章从放款审查的视角,具体分析不同融资业务在放款审查时所需认识和掌握的政策、法规和制度依据,明确一般性操作、管理上的要求,指出放款审查环节需要关注的各种合同、手续、文件和其他要点,对风险点进行提示。

6.1 流动资金贷款

"流动资金贷款是指贷款人向企(事)业法人或国家规定可以作为借款人的其他组织发放的用于借款人日常生产经营周转的本外币贷款。"[①]

流动资金贷款是商业银行的主要信贷品种,也是利润的重要来源。除了流动资金贷款外,进出口押汇、法人账户透支贷款、票据贴现、保理业务均属于短期融资的范畴。另外,不同的担保方式又衍生出一些业务品种。如,外汇担保项下人民币贷款。由于这些业务与一般的流动资金贷款有着不同的政策或制度制约,从放款角度看,需单独讨论。这里重点讨论流动资金贷款业务。

1. 主要制度依据

(1)《贷款通则》(1996年8月1日起施行);

(2)《流动资金贷款管理暂行办法》(中国银监会令,2010年2月12日起执行);

(3) 商业银行关于流动资金贷款的操作与管理制度;

(4) 其他相关管理制度办法。

2. 一般管理要求

(1) 授信额度占用:按照审批的品种占用相应的品种额度。

(2) 贷款利率/利息

执行人行规定的利率标准,并允许在规定的范围内浮动,考虑审批意见要求或经过价格审批的利率执行;按季度收息,不得预扣;

(3) 关于存贷比管理:长期以来,我国严格执行存贷比的管理规定,最高不超过75%。2015年6月24日,国务院常务会议通过《中华人民共和国商业银行法修正案(草案)》,删除了贷款余额与存款余额比例不得超过75%的规定,将存贷比由法定监管指标转为流动性监测指标。

(4) 专款专用、受托/定向支付:流动资金贷款必须用于流动资金周转,支付特定或非特定的用途。特定用途的,必须受托支付、定向支付,不得挪用。

(5) 不得超过实际客观需求:流动资金贷款需求必须进行合理的测算,不得发放超过实际需求的贷款。附流动资金贷款需求测算办法。

(6) 自有配套资金:贸易融资业务(包括固定资产贷款)常要求信贷资金配套一定比例的自有资金,一起对外支付。

---

① 中国银行业监督管理委员会《流动资金贷款管理暂行办法》2010-2-12

3. 放款手续和法律文件（见表6-1）

表6-1　　　　　　　　　　流动资金贷款业务放款审查表

序号	手续	解释或说明
1	信贷审批意见（首笔业务提供）	①信贷报批的基础材料（根据信贷审批部门要求提供） ②信贷审查的终审意见通知书（正本，盖信贷审批部门章） ③贷审会记录 ④信贷审批报告（各级审查人、有权审批人的签字） ⑤其他
2	《综合授信额度合同》	如果审批的是额度，额度内可以循环使用，首次放款时提供。
3	《贷款申请书》	申请书需法定代表人签字加盖公章，申请书要具备基本要素（用途、品种、金额、期限、日期等）
4	①贷款专户开户（或销户）申请书 ②开销户通知书	贷款专户可以可直接凭申请书由银行开立 如需
5	《流动资金贷款合同》	关键要素正确无误、约定明确、签字盖章
6	信贷资金用途背景资料	商务合同、采购合同、贸易合同、支付指示、代理协议、他行借据（资金用途为偿还他行到期贷款时）等
7	《担保合同》及必要的登记、记载、交付、备案、审批、公证	信用贷款则无须提供
8	贷款卡复印件、当日查询结果	正常状态，无不良记录
9	受托支付委托书	达到受托支付的标准或特定资金用途时提供
10	《借款借据》	实际借款的凭证（凭据），银企双方盖章、签字
11	利率审批表	如果需要审批时提供
12	合作协议	如需
13	外汇相关手续	外汇贷款参照押汇部分有关要求
14	资格手续	外汇担保项下人民币贷款，申请人为外资企业，需提供外汇登记证、外商投资企业批准证书
15	其他	

4. 风险提示

（1）资金挪用风险。

信贷资金不用于公司的主营业务，而是用于非主营业务、其他高风险、收益不确定的项目或短借长用等，是信贷风险形成的主因。

（2）操作和法律风险。

流动资金贷款需求量的测算参考[1]

流动资金贷款需求量应基于借款人日常生产经营所需营运资金与现有流动资金的差额（即流动资金缺口）确定。一般来讲，影响流动资金需求的关键因素为存货（原材料、半成品、产成品）、现金、应收账款和应付账款。同时，还会受到借款人所属行业、经营规模、发展阶段、谈判地位等重要因素的影响。银行业金融机构根据借款人当期财务报告和业务发展预测，按以下方法测算其流动资金贷款需求量：

1. 估算借款人营运资金量

借款人营运资金量影响因素主要包括现金、存货、应收账款、应付账款、预收账款、预付账款等。在调查基础上，预测各项资金周转时间变化，合理估算借款人营运资金量。在实际测算中，借款人营运资金需求可参考如下公式：

营运资金量 = 上年度销售收入 × (1 - 上年度销售利润率) × (1 + 预计销售收入年增长率)/营运资金周转次数

其中：营运资金周转次数 = 360/(存货周转天数 + 应收账款周转天数 - 应付账款周转天数 + 预付账款周转天数 - 预收账款周转天数)

周转天数 = 360/周转次数

应收账款周转次数 = 销售收入/平均应收账款余额

预收账款周转次数 = 销售收入/平均预收账款余额

存货周转次数 = 销售成本/平均存货余额

预付账款周转次数 = 销售成本/平均预付账款余额

应付账款周转次数 = 销售成本/平均应付账款余额

2. 估算新增流动资金贷款额度

将估算出的借款人营运资金需求量扣除借款人自有资金、现有流动资金贷款以及其他融资，即可估算出新增流动资金贷款额度。

新增流动资金贷款额度 = 营运资金量 - 借款人自有资金 - 现有流动资金贷款 - 其他渠道提供的营运资金

3. 需要考虑的其他因素

（1）各银行业金融机构应根据实际情况和未来发展情况（如借款人所属行业、规模、发展阶段、谈判地位等）分别合理预测借款人应收账款、存货和应付账款的周转天数，并可考虑一定的保险系数。

---

[1] 中国银行业监督管理委员会《流动资金贷款管理暂行办法》附件。

（2）对集团关联客户，可采用合并报表估算流动资金贷款额度，原则上纳入合并报表范围内的成员企业流动资金贷款总和不能超过估算值。

（3）对小企业融资、订单融资、预付租金或者临时大额债项融资等情况，可在交易真实性的基础上，确保有效控制用途和回款情况下，根据实际交易需求确定流动资金额度。

（4）对季节性生产借款人，可按每年的连续生产时段作为计算周期估算流动资金需求，贷款期限应根据回款周期合理确定。

6.2 外汇担保项下人民币贷款

外汇担保项下人民币贷款，指由境外金融机构或境内外资金融机构（以下称"外资银行"）提供信用保证（含备用信用证）或由境内外商投资企业（包括中外合资、中外合作、外商独资经营企业）提供外汇质押，由境内中资外汇指定银行（以下称"人民币贷款行"）向境内外商投资企业（以下称"借款人"）发放的人民币贷款。

这里以离岸外汇质押贷款业务为例介绍（在岸外汇质押贷款更为简单，备用信用证担保项下的人民币贷款，有其许多不同特点，见"融资业务专题分析"）。

离岸外汇存款质押在岸人民币贷款业务指银行在对离岸客户外汇存款办理质押前提下，对境内在岸外商投资企业发放人民币贷款的一种融资业务。这是离岸、在岸联动融资的方式之一。此业务必须由"离岸业务牌照"的商业银行开展，其他银行不得开展此项业务。

目前，国内拥有离岸业务牌照开展离岸业务的中资银行有四家，即平安发展银行、招商银行、交通银行、浦东发展银行。

1. 主要制度依据

（1）《中华人民共和国外汇管理条例》（1996年4月1日起施行）；

（2）《国家外汇局关于实施国内外汇贷款外汇管理方式改革的通知》（2003年1月1日起执行）；

（3）中国人民银行《关于改进外汇担保项下人民币贷款管理的通知》；

（4）《国家外汇管理局、建设部关于规范房地产市场外汇管理有关问题的通知》；

（5）《关于2005年境内外资银行短期外债指标核定工作的通知》；

（6）《关于外汇指定银行外汇担保有关问题的通知》；

（7）《国家外汇管理局关于外汇担保项下人民币贷款有关问题的补充通知》；

（8）商业银行关于流动资金贷款的管理制度；

第6章 信贷业务放款审核

(9) 相关法律法规。

2. 一般管理要求

(1) 质押存款利率：一般不高于同档次上限的90%；

(2) 融资期限、币种：五年以内/本外币均可；

(3) 贷款金额：符合外债管理政策，目前，外债政策呈现逐步放松的趋势。有两类管理：a."投注差"① 管理，即贷款应小于或等于投注差。外资企业的短期外债余额、长期外债发生额、加上境外机构担保项下人民币贷款余额之和不超过其投资总额与注册资金的差额。否则不予登记。境外机构履约形成的外债将纳入外债总额。b. 自律管理：外资企业根据自身"投注差"、净资产状况及已借入外债情况，可选择比例自律管理方式，短期外债余额与中长期外债余额之和不得超过其上年度经审计净资产数额的2倍。原则上只能选择其中一种管理方式。

(4) 符合准入条件："三资"企业；资本金足额到位，且未减资、撤资；查验：外商投资企业批准证书 + 外汇登记证。

3. 业务放款手续（见表6-2）

表6-2　　　　　　　　离岸存款质押融资业务放款审查表

序号	业务/法律手续	解释或说明
1	《企业借款申请书》 信贷审批手续 （首笔业务提供）	银行格式文本。 (1) 信贷报批的基础材料（根据信贷审批部门要求提供） (2) 信贷审查的《终审意见通知书》（正本，盖信贷审批部门章） (3) 信贷审批报告（各级审查人、有权审批人的签字） (4) 贷审会纪录等其他资料
2	《贷款申请书》	
3	《境外保证项下人民币贷款或有债务登记表》	从外管局领取。外管局审批通过，否则境外机构履约时，不允许核准结汇申请
4	结汇手续	

---

① 投注差：是指外商投资企业投资总额与注册资本的差额。按现行有关外债管理规定，外商投资企业借用的外债规模不得超出其"投注差"，即外商投资企业借用的短期外债余额、中长期外债发生额及境外机构保证项下的履约余额之和不超过其投资总额与注册资本的差额。
外商投资企业投资总额与注册资本的关系：
- 注册资本在210万美元以下的，投资总额不得超过注册资本的10/7；
- 注册资本在210万美元以上至500万美元的，投资总额不得超过注册资本的2倍；
- 注册资本在500万美元以上至1200万美元的，投资总额不得超过注册资本的2.5倍；
- 注册资本在1200万美元以上的，投资总额不得超过注册资本的3倍。

续表

序号	业务/法律手续	解释或说明
5	资金用途合同复印件	确定贷款使用的用途（见特别说明）
6	离岸存单/备用证	复印件
7	存单或备证入库手续、或保证金入帐账凭证	
8	离岸部控款回执	保证金或存单均为总行离岸部管控，分行在放款前必须审核离岸部签发的控款通知手续。或由分行在信贷系统中对离岸保证金或存单实施冻结操作
9	出质人提供基础文件	注册证书公司章程（大纲） 最新商业登记证 最新周年报 最新董事/股东名单 借款人与出质人关系证明
10	《办理离岸存款质押法律委托书》	对律师的书面指示，或对离岸部发出的文件
11	律师费用/费用承诺函	客户出具
12	境外律师出具的法律意见书＋公证手续：	（1）中国香港律师出具时，火漆封印＋中国法律服务（香港）有限公司深圳办事处在公证文书加盖（转递章） （2）香港地区以外的境外律师出具的法律意见书＋出具律师所的境内机构转递，否则经香港律师或当地中国使馆对律师资格和法律意见书的真实性见证存款质押合同＋登记 （3）在中国香港公司注册处办理＋公证传递，版本可用在岸（争取律师意见）
13	律师起草的董事会决议/股东大会决议摘要	能够说明出质的合法性等
14	质押合同	境外客户签订
15	贷款合同	借款凭证在发放贷款后，归档保存
16	合同签字人身份证明资料	护照等
17	合同签字人授权资料	
18	国内客户贷款卡复印件、当日查询结果	正常状态
19	其他必要手续	

特别说明，对于房地产项目融资，政策性上有如下要求：

（1）注册资金全部交付，并取得《国有土地使用证》，开发项目资本金达到总投资的一定比例30%；

（2）外商对房地产股权转让/并购的，需要外汇局转股收汇外资外汇登记，且要求自有资金一次性支付；

（3）外资房地产企业文件（合同/章程/协议等），不得有固定回报条款；

（4）房地产项目融资，要求"四证"齐全。

6.3 出口押汇

出口押汇，是指在信用证、托收、电汇等结算方式下，出口商（或信用证下为信用证受益人）发运货物后，按照信用证或合同的要求缮制全套出口单据，提交银行申请议付、委托收款，银行审单后给与出口商的一种短期融资便利。

这里以信用证项下出口押汇为例进行介绍。

在信用证结算方式下，存在三种情况：①无不符点押汇；②有不符点但开证行接受不符点押汇；③存在不符点押汇。

1. 主要制度依据

（1）《中华人民共和国外汇管理条例》（1996年4月1日起施行）

（2）《国家外汇局关于实施国内外汇贷款外汇管理方式改革的通知》（2003年1月1日起执行）；

（3）商业银行关于出口押汇业务的操作与管理制度；

（4）商业银行关于进出口贸易授信融资业务管理办法；

（5）商业银行关于外汇流动资金贷款管理办法；

（6）其他相关管理制度办法。

2. 一般管理要求

（1）授信额度占用：押汇额度的管理根据银行授信额度管理办法执行。一般情况下，无不符点押汇可以占用低风险额度，或不实行额度管理，但有不符点的押汇则占用敞口额度。

（2）押汇利率/利息/天数：

①在外币流动资金贷款规定的浮动范围内，按照审批意见要求或经过价格审批的利率执行；

②利息预收，即直接从押汇融资中扣除。一般原则是，提前收汇不退还多收的利息，迟期收汇则补收利息。

③押汇天数＝各地区、币种平均收汇天数＋银行合理工作日。

3. 放款手续和文件（见表6-3）

表6-3　　　　　　　　　　　出口押汇业务放款审查表

序号	手续	解释或说明
1	信贷审批意见 （首笔业务提供）	（1）信贷报批的基础材料（根据信贷审批部门要求提供） （2）信贷审查的终审意见通知书（正本，盖信贷审批部门章） （3）贷审会记录 （4）信贷审批报告（各级审查人、有权审批人的签字） （5）其他
2	《综合授信额度合同》	如果审批的是额度，额度内可以循环使用，首次放款时提供

续表

序号	手续	解释或说明
3	出口押汇申请书	申请书需法定代表人签字加盖公章，押汇申请书还要具备基本要素（用途、品种、金额、期限、日期等）
4	（1）外汇贷款专户开户（或销户）申请书 （2）开销户通知书	外汇贷款专户可以可直接凭申请书由银行开立 如需
5	出口押汇合同或《出口押汇总合同》+《押汇申请书》	（1）后一种合同模式下，首次开展业务时，同时提交。在额度期限内，再次开展业务时，只需要提供申请书。申请书经双方签字盖章，构成押汇总合同不可分割的一部分； （2）合同等法律文件/授信额度均要求外币表示
6	银行出口 BP 面函（复印件）	国际业务部签发，用于对外索汇的书面文件
7	汇票（复印件）	汇票（Draft）
8	企业出口单据复印件	主要有商业发票（Commercial Invoice、Proforma Invoice）、装箱单（Paking list）、运输单据（海运提单 Bill of Landing、空运单据 Air Receipt、多式联运单据等）、保险单（Insurance Policy）等
9	出口贸易合同	合同（Contract）、订购单（Purchasing Order）
10	自营外汇贷款登记表	目的是外汇贷款的统计
11	担保合同及必要的登记、记载、交付、备案、审批、公证	对于占用风险敞口额度的业务，比如：存在不符点的押汇、或托收项下、电汇结算方式下的押汇等，如审批意见要求提供担保（具体要求，见第 7 章常见担保方式部分内容）
12	贷款卡复印件、当日查询结果	正常状态，无不良记录

4. 放款后续管理

放款后，银行应当按照外汇管理局的要求，向外汇管理局报送相关的统计报表。报表种类按照有关的政策、制度报送。制度变化时，报表种类和内容随之也将变化。报送的时间，一般每月初 5 个工作日内。报送工作由信贷管理部门的综合管理岗位负责。

报表要求：

（1）《国内外汇贷款债权人集中登记表》；

（2）《国内外汇贷款变动反馈表》；

（3）《国内外汇贷款业务数据汇总表》；

（4）《国内外汇贷款专户开户销户月报表》（开户限定为债权银行或债务人注册地银行）。

6.4 进口押汇

进口押汇是指在进口结算业务中,在进口单据收到之后,如果进口商临时资金短缺,不能全额对外付款、赎单,商业银行(开证行)应进口商(开证申请人)的要求,给予进口商进口项下所需的付汇资金进行资金融通的业务,其实质是银行对进口商的一种短期外汇贷款,以便进口商利用此融资对外付款(垫付资金)。银行保留对申请人的追索权和/或要求申请人提供信用证项下的物权质押、货权抵/质押,或提供其他担保。

1. 主要制度依据

(1)《中华人民共和国外汇管理条例》(1996年4月1日起施行);

(2)《国家外汇局关于实施国内外汇贷款外汇管理方式改革的通知》(2003年1月1日起执行);

(3)《信托法》(2001年10月1日起施行);

(4) 商业银行关于进口押汇业务的操作与管理的制度、办法;

(5) 商业银行关于进出口贸易授信融资业务管理办法;

(6) 商业银行关于外汇流动资金贷款管理办法;

(7) 其他相关管理制度办法。

2. 一般管理要求

(1) 押汇期限规定:

①进口押汇是银行对进口商的短期融资行为,期限一般较短。托收、T/T汇款业务项下押汇期限较信用证业务项下的押汇期限为短。

②信用证项下的进口押汇期限以销售合同的付款期为基本时限。一般不超过3个月,最长6个月至1年。

③进口代收(D/P)项下的押汇,一般不超过3个月。

(2) 授信额度占用:一般,押汇占用客户的授信额度。

(3) 押汇利率:按照审批意见要求或经过审批的利率执行。

(4) 用途:押汇是进口业务所需要的外汇周转金,必须指定支付(汇划)至境外出口商所在的开户银行(一般是议付行)或其他收款人(其他债权人)。

(5) 购汇还贷:偿还外汇贷款的资金来源必须是自有外汇(提交《企业自有外汇确认书》),不足部分方可购汇还贷(提交外汇账户对账单便于银行核实)。

(6) 统计报表。

(7) 金融机构后续手续。

(8) 外汇管理局报送报表，每月初 5 个工作日内：

① 《国内外汇贷款债权人集中登记表》；

② 《国内外汇贷款变动反馈表》；

③ 《国内外汇贷款业务数据汇总表》；

④ 《国内外汇贷款专户开户销户月报表》（开户限定为债权银行或债务人注册地银行）。

3. 放款手续和文件（见表 6-4）

表 6-4　　　　　　　　　　　进口押汇业务放款审查表

序号	手续	解释或说明
1	信贷审批意见 （首笔业务提供）	(1) 信贷报批的基础材料（根据信贷审批部门要求提供） (2) 信贷审查的终审意见通知书（正本，盖信贷审批部门章） (3) 贷审会记录 (4) 信贷审批报告（各级审查人、有权审批人的签字） (5) 其他
2	《综合授信额度合同》	如果审批的是额度，额度内可以循环使用，首次放款时提供
3	《进口押汇申请书》	申请书需法定代表人签字加盖公章，押汇申请书还要具备基本要素（用途、品种、金额、期限、日期等）
4	(1) 外汇贷款专户开户（或销户）申请书； (2) 开销户通知书	外汇贷款专户可以可直接凭申请书由银行开立 如需
5	《进口押汇合同》 或： 《进口押汇总合同》+《押汇申请书》	(1) 第二种合同模式下，首次开展业务时，同时提交。在额度期限内，再次开展业务时，只需要提供申请书。申请书经双方签字盖章，构成押汇总合同不可分割的一部分； (2) 合同等法律文件/授信额度均要求外币表示
6	银行内部的《进口付汇通知书》	国际业务部签发并经进口企业签署同意付汇的意见，加盖财务印鉴或公章
7	《进口押汇总质押书》	根据质押要求
8	内销合同	如果进口商品销售时，需要提供。通过进口合同，可了解进口销售情况（包括销售对象、金额、差价等），有时可以确立回款账户问题，以便及时回流信贷资金
9	借款用途证明材料	进口合同、商业发票（Invoice）等
10	自营外汇贷款登记表	目的是外汇贷款的统计
11	担保合同及必要的登记、记载、交付、备案、审批、公证手续	(1) 对于占用风险敞口额度的业务，比如：存在不符点押汇、或托收项下、电汇结算方式下的押汇等，如果审批意见要求提供担保（具体要求，见第 7 章常见担保方式部分内容） (2) 担保合同以外币表示
12	贷款卡复印件、当日查询结果	正常状态

6.5 福费廷

福费廷（Forfaiting）业务是一种无追索权形式为出口商贴现远期票据的金融服务，又称"包买票据"。各银行的具体定义有所区别。有的强调是对承兑电贴现（但如果承兑行因当地法院出具止付令而到期未能履行付款责任，银行仍然享有向客户追索的权利），有的强调的是购买已经进口地银行担保（承兑）的远期汇票或本票；还有的强调的是对贸易项下未到期应收账款及应收票据进行贴现。

基本法律特征：

(1) 是一种买卖合约关系；

(2) 交易的标的物是应收"票据"，通常是已经承兑的票据；

(3) 无追索权。

1. 主要制度依据

(1)《中华人民共和国外汇管理条例》（1996年4月1日起施行）

(2)《国际票据法》；

(3) 国际惯例；

(4) 商业银行关于福费廷业务的制度、办法；

(5) 商业银行关于进出口贸易授信融资业务管理办法；

(6) 其他相关管理制度办法。

2. 基本要求

(1) 收费标准：按照银行内部的收费标准执行。

承担费：在《福费廷业务协议》中约定，如客户不履行协议时收取，参考费率 0.5%~2%。

承担费 =（福费廷协议约定的贴现值 - 已经贴现值）× 承担费率 × 承诺天数/360

银行贴现手续费：参考费用：20~50美元/次。

(2) 贴现额及贴息：

贴现金额 = 承兑金额 - 贴息 - 国外银行费用 - 银行费用

贴息 = 承兑金额 × 贴现率 × 贴现天数（含宽限期）/360

(3) 国外银行费用：100~200美元（参考）；

(4) 贴现利率：综合考虑风险成本与期限，但受人行利率浮动幅度和银行利率管理办法的约束。

(5) 宽限期：票据到期日（承兑的付款到期日）到实际收款日的延长天数，3~5个工作日。

（6）业务限制性条件。

①办理出口押汇；

②优先偿还打包贷款（如有）；

③境外承兑行为银行规定可以接受的承兑银行（否则，须经总行层面管理部门的认可和授权）；

④经上级行的审批和授权开办此项业务，取得授权；

⑤币种：一般要求是美元、港币、欧元、日元等可自由兑换货币。

（7）国际部负责审单、寄单、到期索汇/结汇。

①提前3天提示付款（发提示电文）；

②结汇，出具出口核销单（注明"福费廷业务"字样，如果贴现额与出口报关单标明的成交额超过等值500美元（含））；

③无追索权（但开证行因当地法院出具支付令而未能付款时，银行享有追索权）。

3. 放款专业审查职责

福费廷业务的专业审查一般由国际业务部或单证中心负责，其审查职责或内容如下：

（1）正本、远期信用证（包括信用证修改）；

（2）全套出口单据（提单、发票、出口合同、出口报关单副本等）；

（3）出口商出具的"债权转让函"；

（4）承兑银行资信（是否可以接受）；

（5）经国际部证实的承兑电文（国际部保存正本、放款管理中心留复印件），而且要求自由议付、限制银行议付（限制在他行议付的必须经受益人书面同意在银行议付，并已收到开证行的承兑电）；

（6）承兑银行地区外汇政策和结算风险；

（7）企业预留的涉外收入申报单（加盖企业公章、收款人单位为出口企业，交易附言）。

4. 放款手续和文件（见表6-5）

表6-5　　　　　　　　　　福费廷业务放款审查表

序号	手续	解释或说明
1	信贷审批意见 （首笔业务提供）	（1）信贷报批的基础材料（根据信贷审批部门要求提供），包括《福费廷业务审批表》 （2）信贷审查的终审意见通知书（正本，盖信贷审批部门章） （3）贷审会记录 （4）信贷审批报告（各级审查人、有权审批人的签字） （5）其他

第6章　信贷业务放款审核

续表

序号	手续	解释或说明
2	《综合授信额度合同》	如果审批的是额度，额度内可以循环使用，首次放款时提供
3	(1)外汇贷款专户开户（或销户）申请书 (2)开销户通知书	外汇贷款专户可以可直接凭申请书由银行开立 如需
4	《出口信用证项下承兑电无追索权贴现（福费廷）申请书》	
5	《债权转让书》	中、英文版本各一份
6	《福费廷业务合同》	
7	银行出口 BP 面函（复印件）	国际业务部签发，用于对外索汇的书面文件
8	出口合同复印件	确定贸易背景真实性的凭据（合同、订购单）
9	承兑电复印件	银行认可的开证行承兑的电文
10	企业出口单据复印件	主要有商业发票（Commercial Invoice）、装箱单（Paking List）、运输单据（海运提单 Bill of Landing、空运单据、陆运单据等）、保险单（Insurance Policy）等
11	汇票复印件	汇票（Draft）
12	出口报关单复印件	审查后，原件退回，证实出口的真实性
13	涉外收入申报单	同上要求（正本留国际部）
14	自营外汇贷款登记表	外汇贷款的统计
15	担保合同及必要的登记、记载、交付、备案、审批、公证	对于占用风险敞口额度的业务，比如：存在不符点押汇、或托收项下、电汇结算方式下的押汇等，如果审批意见要求提供担保（具体要求，见第 7 章常见担保方式部分内容）
16	贷款卡复印件、当日查询结果	正常状态
17	《出口信用证项下承兑电无追索权贴现（福费廷）通知书》	放款审批后发出，复印件存档。构成单笔福费廷合同的一部分，审批后补
18	买入票据通知（电文，后补）	放款审批后发出，电文复印件存档（国际部留存原件、放款管理中心留存复印件）

注：由国际部或单证中心先进行专业审查，然后到放款管理中心进行审批。

5. 风险提示

（1）真实贸易背景与风险。

贸易背景的真实性是福费廷业务发生的基础。与国内贸易不同的是，出口的真实性除了贸易合同、运输单据之外，很重要的是出口报关单正本。

（2）贸易合同有关问题。

参考信用证/承兑汇票业务指引中的有关内容。

6. 放款审批后续操作

（1）放款审批后，经营单位（会计部门或清算中心）凭《放款通知书》办理会计账务处理，市场部门（客户经理）负责向申请贴现的客户签发《出口信用证项下承兑电无追索权贴现（福费廷）通知书》。

（2）放款审批后，国际部负责向开证行发出买入票据通知（电文）。

（3）业务推介行负责建立业务登记簿，内容包括：申请人名称、信用证号码、开证行、贴现金额、币种、利率、贴现天数、放款日和收款日等。

6.6 商业承兑汇票贴现

商业承兑汇票的贴现是商业银行买入未到期商业票据的行为，给与票据持有人短期融资。

商业承兑汇票保贴是指银行对商业承兑汇票承兑人、背书人或持有人核定授信额度，并在授信额度内对其商业承兑汇票给与贴现的一种授信行为。办理商业承兑汇票贴现业务的范围，限于已与银行签订商业承兑汇票贴现额度合同的付款人签发并承兑的商业承兑汇票。

1. 商票贴现主要制度依据

（1）《中华人民共和国票据法》；

（2）《最高人民法院关于审理票据纠纷案件若干问题的规定》；

（3）中国人民银行《票据管理实施办法》；

（4）中国人民银行《支付结算办法》；

（5）商业银行关于商票贴现的规章制度。

2. 商票贴现业务一般要求

（1）贴现利率的规定：贴现利率在再贴现利率基础上，按不超过同期贷款利率（含浮动）加点确定，具体按各行利率相关办法、客户关系以及资金成本情况综合考虑。

（2）商业承兑汇票期限：最长不超过6个月，电票不超过1年。

3. 商票贴现业务放款手续、文件（见表6-6）

表6-6　　　　　　　　商票贴现业务放款审查表

序号	资料/手续/文件	解释或说明
1	信贷审批部门的审批意见	（1）信贷报批的基础材料（根据信贷审批部门要求提供） （2）信贷审查的《终审意见通知书》（正本，盖信贷审批部门章） （3）贷审会记录 （4）信贷审批报告（各级审查人、有权审批人的签字）

第6章 信贷业务放款审核

续表

序号	资料/手续/文件	解释或说明
2	《综合授信额度合同》	如果审批的是额度，额度内可以循环使用，首次放款时提供
3	《商票贴现额度合同》	
4	贴现申请书	如果审批意见要求提供担保（具体要求，见第7章常见担保方式部分内容）
5	贴现委托书及《委托代理协议》	委托贴现业务
6	《贴现业务买方付息协议书》	如果买方付息时提供
7	未到期且要式完整的商业承兑汇票复印件（正面及背面）	票据正面要素应填写齐全，背面背书应清晰、连贯；纸质票据单笔汇票期限不超过6个月（电子票据可达1年）
8	与汇票相对应的商品交易合同或足以证实商品交易关系或债权债务关系的文件资料	贸易合同购销双方盖章要清晰且名称与汇票贴现申请人及其前手名称相符，合同金额应不小于汇票金额
9	与汇票及商品交易合同配套的增值税发票或其他普通发票	税票金额应不小于汇票金额，不大于贸易合同金额
10	票面审查报告单	会计/运营部门出具
11	商业承兑汇票查询查复书	会计/运营部门查询后出具。防止假票、克隆票，是否属于公示催告期间的票据等。如果已经付款、贴现或质押了处于催告期间的票据，应及时向法院申报票据权利
12	银行开出并盖章的《商业承兑汇票保贴函》	如果是商票保贴业务，且必须一票一函
13	保证金转入手续及保证金资金来源说明书	如果审批意见含保证金要求条款。保证金来源说明是为了反洗钱的需要。一般要求自有、合法、可支配资金。
14	质押品入库手续	如果审批条件要求，对于存单/承兑汇票质押，应提供： (1) 存单/承兑汇票复印件，标注"质押" (2) 押品入库凭证、托管手续 (3) 银行承兑汇票一般要求可转让 (4) 银行承兑汇票查询查复书、票面审查报告单，如质押银票到期日早于开立银承到期日，应提前办好委托收款手续，并在承兑申请书空白处约定到期转为保证金；如质押银票到期日晚于开立银承到期日，应提前办妥贴现手续
15	贷款卡复印件、当日查询结果	正常状态
16	贴现凭证	

4. 商票贴现业务审查注意要点

（1）票据关系及贸易背景审查要求。

①审核持票人与出票人或其直接前手之间应具有合法、真实的商品交易关系或债权债务关系。

②审核该笔贴现业务所涉及的商品交易应属于申请企业的经营范围，贴现量与企业产品销售收入项目应相匹配。票据当事人之间存在关联关系的，对其贸易背景

的真实性要从严审查；对用于清偿股权投资的票据不得办理贴现。

③贸易合同购销要点：

ⓐ双方盖章要清楚且名称与汇票贴现申请人及其前手名称相符；

ⓑ必须有明确的签订日期，且合同必须在有效期内；

ⓒ贸易合同的标的需与发票的标的相符；贸易合同中需明确以"商业承兑汇票方式结算"，如贸易合同中未规定结算方式或结算方式为其它形式，而实际操作中采用了商业承兑汇票方式结算，企业应提供有关说明；

ⓓ如企业提供全年或长期框架协议，应同时提供对应单笔汇票的订单或其他可以证实真实贸易背景的文件；

ⓔ贸易合同中如约定"双方签字盖章生效"，则购销双方不能仅加盖双方印章。

（2）增值税发票的审查要求。

①税票复印清晰，三联新版增值税发票应提供其中一联。

②税票标的与贸易合同标的相同。

③购销双方与贸易合同中供需双方及汇票最后背书人关系一致，购销双方单位名称必须是全称。

④购销双方各要素填写齐全（税务登记号、货物名称、金额、税率、税额、开具日期等）。

⑤税票必须加盖发票专用章或财务专用章，加盖公章及其他印章的税票无效。

⑥发票日期应迟于合同签订日期。

⑦发票总金额必须大于或等于汇票金额。

⑧发票总金额应小于或等于贸易合同总金额。

⑨如无增值税票需提供国家税务机关出具的免增值税发票的相关文件或相关法律规定，同时提供普通发票或专用发票。

（3）商票的签发及票面要素审查（见表6-7）。

可以由付款人签发并承兑；也可以由收款人签发交由付款人承兑。票面要素必须正确、齐全，绝对记载事项必须具备，否则票据无效。

（4）付息方式及操作。

买方付息，是指卖方或持票人贴现，由卖方承担贴息。

买方承担利息的方式又分为主动付息、银行扣息。后者需要得到买方的付息承诺。一般采取向银行提供三方或四方（贴现行、承兑行（如是银行承兑汇票时）、买方（出票人）、卖方（贴现申请人））签订的《买方付息贴现业务＿＿＿方协议》的方式，同时要求买方签发《买方付息票据贴现业务承诺函》。

坚持"先收妥利息，再支付贴现款项"的原则。

表 6-7　　　　　　　　　　　　商业汇票要素表

商业汇票绝对记载事项	
序号	事项
1	"汇票"字样
2	无条件支付的委托
3	确定的金额
4	付款人名称
5	收款人名称
6	出票日期
7	出票人签章

依据：《票据法》第 22 条。

（5）委托贴现业务要点（王丽丽、张炜，2004）。

委托贴现业务是指，委托人提供委托资金，贴现银行作为受托人，对委托人指定签发人并承兑的商业承兑汇票持票人，按照指定的贴现利率，在委托资金额度内代为办理贴现，并在委托人收取的利息中一次性收取手续费的业务。实质是以贴现形式表现的"委托贷款业务"。

原则"先存后贴、先收后付；银行不垫款、不承担任何风险"。

放款操作要点：

①委托人提交《委托贴现业务委托书》；

②委托人与银行双方签订《委托代理协议》；

③委托人与银行、指定的承兑人签订《商业承兑汇票合作协议》；

④签发承兑人出票并承兑后，提交贴现行备案，贴现银行在贴现的汇票上加盖"×××银行受托可以办理委托贴现"印章，第三联交委托人备案；

⑤持票人持汇票、《贴现申请书》、与前手间的增值税发票和合同、贴现协议、贴现凭证办理贴现；

⑥委托人对拟贴现的商票进行确认。确认方法是在票据背面的非背书栏空白处签章，签发《委托贴现通知书》；

⑦委托人提供委托资金（支票、进账单）至账户；

⑧银行对各项手续审查无误后，办理贴现；

⑨到期银行向签发承兑人送达《提示承兑到期汇票通知书》，到期收款；否则，应向委托人发出《未收到委托贴现承兑资金通知书》。

6.7 固定资产贷款

1. 固定资产贷款业务概述

固定资产贷款"是指贷款人向企（事）业法人或国家规定可以作为借款人的其他组织发放的，用于借款人固定资产投资的本外币贷款"[①]。

固定资产贷款主要从信贷资金的用途来命名的。信贷资金的用途包括新建、扩建、改造、购置固定资产。固定资产贷款还可以细分：

按照期限：

（1）短期固定资产贷款；

（2）中长期固定资产贷款。

按照规模：

（1）固定资产项目贷款；

（2）单项固定资产贷款。

按项目性质、企业性质和产品开发生产不同阶段划分：

（1）基本建设贷款：主要指为经济、科技发展或为扩大生产能力而在新的地点、依靠新建厂房，增加设备和人员的投资项目，属于外延扩大再生产的基本建设项目。

（2）技术改造贷款：技术改造贷款主要指用于支持现有企事业法人以内涵扩大再生产为主的固定资产投资项目发放的贷款。

（3）科技开发贷款：科技开发贷款指对科技、教育、医药卫生、农业和工业企业在新产品开发、试制过程中，为进入中小批量生产需增添的固定资产，在自筹资金不足时而发放的贷款。

（4）商业网点设施贷款：商业网点设施贷款指对商业、餐饮业、旅游业及工业石油、烟草行业等扩大网点，改善服务设施、装修等的资金需要而发放的贷款。

按照项目的还款来源：

（1）经营性固定资产贷款：以经营利润和折旧为主要还款来源。

（2）非经营性固定资产贷款：以各级政府财政补贴为主要还款来源。

2. 固定资产贷款基本要求

（1）基本条件。

a. 借款人依法经工商行政管理机关或主管机关核准登记；

[①] 银监会《固定资产贷款管理暂行办法》第三条。

b. 借款人信用状况良好，无重大不良记录；

c. 借款人为新设项目法人的，其控股股东应有良好的信用状况，无重大不良记录；

d. 国家对拟投资项目有投资主体资格和经营资质要求的，符合其要求；

e. 借款用途及还款来源明确、合法；

f. 项目符合国家的产业、土地、环保等相关政策，并按规定履行了固定资产投资项目的合法管理程序；

g. 符合国家有关投资项目资本金制度的规定；

h. 贷款人的其他要求。

（2）政策要求。

信贷项目符合国家的产业、区域、环保、土地、资源利用等相关政策法规要求。

贷款人根据不同的政策规定和产业方向，设立不同的信贷门槛。比如，中国农业发展银行对农业开发贷款提出如下要求[①]：

a. 列入《国家中长期科学和技术发展规划纲要（2006～2020）》明确的农业科技发展优先主题领域的科技成果转化或产业化项目，并能够提供国家或省级科技部门出具的农业科技成果鉴定证书、高新技术产品证书、科技成果推广证书、科技进步奖励证书或国家专利证书等。

b. 列入国家级火炬或星火计划项目、省级政府农业科技计划项目。

（3）风险评价。

国家或地方有关部门规定需编制可行性研究报告的，应有国家或行业主管部门规定资质机构出具的项目可行性研究报告。

建立风险评价制度。设置定量或定性的指标和标准，从借款人、项目发起人、项目合规性、项目技术和财务可行性、项目产品市场、项目融资方案、还款来源可靠性、担保、保险等角度进行贷款风险评价。

扩展阅读：固定资产贷款风险评估[②]

影响贷款风险的因素尽管复杂多变，但主要因素有四个：即贷款对象、贷款方式、贷款期限和贷款形态。贷款风险的量度必须是上述四个因素对贷款风险影响程度的综合。

[①] 《中国农业发展银行固定资产贷款管理办法》，http://www.cngrain.com/Publish/Finace/201006/450955.shtml。

[②] 根据《中国人民建设银行贷款风险管理试点办法》、《华夏银行风险管理办法》（试行）等。

商业银行放款管理实务

（1）贷款对象：是影响贷款风险或者说是保证贷款安全的重要因素，贷款对象对贷款风险的影响程度与企业或项目的信用等级有着十分密切的关系，因此，贷款对象对贷款风险的影响程度称之为贷款对象信用等级变换系数，简称"变换系数"。根据贷款对象信用等级的不同，贷款对象信用等级变换系数可列成表，见表6-8。

表6-8　　　　　　　　　贷款对象信用等级变换系数表

贷款对象信用等级	变换系数（%）甲银行	变换系数（%）乙银行
AAA级	30	40
AA级	50	50
A级	70	60
BBB级	90	70

注：各行的规定有差异。

（2）贷款方式：是影响贷款风险或者说是保证贷款安全的基本因素。所以我们可以把贷款方式对贷款风险的影响程度称之为贷款方式基础系数，简称"基础系数"，也有的称为"贷款方式风险系数"。贷款方式大致可以划分为3大类23种，3大类是信用贷款、保证贷款、抵押和质押贷款，保证贷款根据保证人不同又可划分为7种，抵押和质押贷款根据抵押物和质物的不同又可划分为15种。贷款方式不同，贷款风险差别很大。贷款方式基础系数越小，说明贷款越安全，反之，贷款风险越大。贷款方式基础系数与《巴塞尔协议》的贷款风险权数或权重的性质和规定相近。比如：

①信用贷款：100%；

②抵押贷款：区分抵押物设定为50%（城市土地房屋建筑物）、70%（非城市土地房屋建筑物、交通运输工具）、80%（机器设备）；

③质押贷款：0~90%（区分不同的质物）；

④保证贷款：区分不同的担保人，10%~80%；

⑤贴现：区分不同的承兑人，10%~80%。

（3）贷款期限：期限对贷款风险的影响程度称之为贷款期限换算系数，简称"期限系数"。不同贷款期限的期限系数不同。

（4）贷款形态：贷款一旦发放出去就形成贷款资产，贷款资产的占用形态称之为贷款形态，贷款形态对贷款风险的影响程度称之为贷款形态换算系数，简称"形态系数"。贷款形态包括正常贷款和不良贷款，其中不良贷款又进一步划分为逾期贷款、呆滞贷款和呆账贷款。贷款形态不同，对贷款风险的影响程度不同。

①正常贷款：1.0；

②逾期贷款：1.5；

③呆滞贷款：2.0；

④呆账贷款：2.5。

测评计算：

在对贷款对象、贷款方式、贷款期限和贷款形态对贷款风险的影响程度分别加以量化之后就可以计算贷款风险度。

$$贷款风险度 = 贷款对象信用等级变换系数 \times 贷款方式基础系数 \\ \times 贷款期限换算系数 \times 贷款形态换算系数$$

具体分两种情况：

①单笔贷款：

$$贷款风险度 = 贷款对象信用等级变换系数 \times 贷款方式基础系数 \\ \times 贷款期限换算系数 \times 贷款形态换算系数$$

审批贷款即决定某一笔贷款贷与不贷时，可将这笔贷款视同正常贷款，即贷款形态换算系数为100%。

②综合考核某家银行全部贷款的质量：

$$贷款风险度 = 贷款风险总额 \div 贷款余额$$

其中，某一笔贷款的贷款风险额等于该笔贷款的贷款金额与该笔贷款的贷款风险度的乘积，即：

$$贷款风险额 = 贷款金额 \times 贷款风险度$$

即：

$$贷款风险额 = 贷款金额 \times 贷款对象信用等级变换系数 \times 贷款方式基础系数 \\ \times 贷款期限换算系数 \times 贷款形态换算系数$$

贷款风险总额即为全部贷款中的每笔贷款的贷款风险额之和；贷款余额为某一时点银行的贷款总额。

可以用同样的方法计算某个信贷员所管辖的全部企业的贷款风险度，也可以计算某个借款企业或某类借款人全部贷款的贷款风险度。

不允许贷款的情况[①]：

信用等级为BB级、B级企业的贷款申请；

BBB级企业主要相关财务指标（资产负债率和偿债保证率）较差的；

企业贷款资产风险度大于0.6的；

固定资产项目贷款风险等级评价的七项指标中，任何一项指标得分为零的；

---

① 《中国工商银行固定资产贷款风险管理实施细则》（试行）（工银技［1995］7号）。

固定资产贷款风险度大于0.6的（有的银行设定为0.7）。

（5）资本金约束：国家对固定资产投资项目的资本金要求不同。具体见表6-10。信贷资金发放和支付前，必须匹配相应比例的资本金，并一同对外支付。

（6）支付管理：根据银监会《固定资产贷款管理暂行办法》第二十四、二十五条；贷款人应通过贷款人受托支付或借款人自主支付①的方式对贷款资金的支付进行管理与控制。单笔金额超过项目总投资5%或超过500万元人民币的贷款资金支付，应采用贷款人受托支付方式。受托支付时，应审查信贷资金与项目建设进度相匹配。

审核支付凭证：

a. 土建工程类：承包商发票、施工合同、监理合同、监理工程师确认的工程进度报告等。

b. 货物采购类：购销合同、供货商发票、货运证明、验货单、供货商签章的付款通知等。

c. 咨询服务类：服务提供方发票、服务提供方签章的付款通知等。

（7）其他管理要求：a. 资金封闭管理：该类贷款一般均要求借款人设立贷款专户、回款专户、还款专户等，签订《资金封闭监管协议》，实现资金的封闭监管，实现贷款专款专用，项目收入及时回流。

b. 展期管理：一般规定，固定资产贷款到期，借款人因正当理由不能按期履约还款，经有权审批机构或审批人批准可办理一次展期。短期贷款展期期限不得超过原贷款期限，中期贷款展期期限不得超过原贷款期限的一半，长期贷款展期期限不得超过3年。

c. 固定资产台账：贷款行必须建立固定资产贷款台账，对每笔贷款进行全流程登记（贷款发放、展期、付息、还款等内容）。

6.8 房地产开发贷款

房地产开发贷款，是指对房地产开发企业发放的专项用于普通住房、商业用房和其他房地产开发建设（如土地开发贷款）的中长期贷款，属于项目贷款的一种。房地产开发贷款期限一般不超过3年（含3年）。

严格而言，用于房地产企业的流动资金贷款，由于其用途属于支持房地产开发，

---

① 贷款人受托支付是指贷款人根据借款人的提款申请和支付委托，将贷款资金支付给符合合同约定用途的借款人交易对手。借款人自主支付是指贷款人根据借款人的提款申请将贷款资金发放至借款人账户后，由借款人自主支付给符合合同约定用途的借款人交易对手。

因此，也应属于房地产开发贷款。

1. 政策制度依据

（1）《商业银行房地产贷款风险管理指引》；

（2）《关于规范房地产市场外资准入和管理的意见》；

（3）中国人民银行、银监会关于印发《经济适用住房开发贷款管理办法》的通知；

（4）《商业银行自营住房贷款管理暂行规定》；

（5）《固定资产贷款管理暂行办法》；

（6）《项目融资业务指引》；

（7）《商业银行授信工作尽职指引》第三十六条：客户未按国家规定取得以下有效批准文件之一的，或超授权批准的，商业银行不得提供授信：（一）项目批准文件；（二）环保批准文件；（三）土地批准文件（四）其他按国家规定需具备的批准文件；

（8）商业银行关于房地产开发贷款的管理办法、规程。

2. 基本要求

除了一般信贷条件外，个性化要求如下：

（1）资本金约束：指引要求，商业银行对申请贷款的房地产开发企业，其开发项目资本金比例不低于35%（经济适用房项目资本金30%），且按照项目进度比例逐步到位。

（2）风控条件：为严控房地产开发贷款风险，"要一律以在建工程为抵押"（新国十条）或土地及在建工程抵押，或其他有效地担保措施。一般，抵押率控制在50%以内。资产评估时（扣除未缴纳的土地出让金、相关税费、施工单位垫资应付款项）。

（3）土地使用权前提：取得开发项目的土地使用权，且使用权终止时间长于贷款终止时间。

（4）"四证"齐。《国有土地使用证》、《规划许可证》（包括《建设用地规划许可证》和《建设工程规划许可证》）、《建设许可证》、《建设工程开工许可证》。对于已经实现销售的，还要求有《销预售许可证》。

（5）《项目可研报告》及批复；立项审批；环保等其他审批。经济适用房项目，应已列入当地经济适用住房年度建设投资计划和土地供应计划，能够进行实质性开发建设。

（6）投保：对建设的房地产投商业保险，第一受益人为贷款行。

（7）项目符合当地经济条件和市场需求。

(8) 开发商资质符合要求。经济适用房开发贷实收资本不低于1000万元人民币。

(9) 外商投资房地产企业特殊规定：注册资本金必须全部缴付①。

(10) 贷款期限：期限一般不超过3年（对于经济适用房，最长不超过5年）。

(11) 利率：按中国人民银行利率政策执行，可适当下浮，但下浮比例不得超过10%。

3. 放款审查要点（见表6-9）

表6-9　　　　　　　　　　房地产贷款业务放款审查表

序号	手续	解释或说明
1	信贷审批意见（首笔业务提供）	(1) 信贷报批的基础材料（根据信贷审批部门要求提供），包括《福费廷业务审批表》 (2) 信贷审查的终审意见通知书（正本，盖信贷审批部门章） (3) 贷审会记录 (4) 信贷审批报告（各级审查人、有权审批人的签字） (5) 其他
2	《企业借款申请书》	借款项目名称、金额、用途、期限、用款计划和还款来源等
3	企业基础资料	验资报告、借款人营业执照（已年检）、《外商投资企业批准证书》（外资房地产企业提供）、公司章程、资质证书副本、贷款卡、财务审计报告
4	房地产项目资料	项目开发方案或可行性研究报告
5	项目立项资料	立项文件、工程设计、批文 "年度建设投资计划"和"土地供应计划"（针对：经济适用房项目）
6	销售情况资料	项目的现金流量预测表及销售和预售对象、销售价格和计划
7	"四证"	加《土地转让协议/合同》、《施工合同》
8	抵押、担保决议或授权	有关公司同意提供抵质押或担保的决议和授权文件
9	资本金到位证明	有关资料、证明
10	《抵押资产评估报告》	或《鉴定书》，如需。
11	保险单（正本）+复印件	财产综合险/一切险，银行为第一受益人 保单作为"押品"进行管理，银行妥善保管 提供保险缴费收据（核实正本，留存复印件） 保险期限不得短于借款期限，投保金额不得低于贷款本息金额，保险单不得有任何有损贷款人权益的限制条件
12	《借款合同》	使用项目贷款专用合同；明确用款计划；受托支付条款；销售回款约定等
13	《抵/质押合同》或《保证合同》	附：抵押、质押物清单 抵押合同有效期限应长于贷款期限 必要的抵/质押登记、记载、交付、备案、审批、公证手续

---

① 外商投资设立房地产企业，投资总额超过1000万美元（含1000万美元）的，注册资本金不得低于投资总额的50%；投资总额低于1000万美元的，注册资本金仍按现行规定执行。

续表

序号	手续	解释或说明
14	《信贷资金封闭监管协议》	实现专款专用，销售资金回流 设立"监管账户"
15	开户证明	（1）贷款专户开户证明 （2）监管账户开户证明 （3）一般结算账户开户证明
16	贷款卡复印件、当日查询结果	必须为正常状态 同时，关注其他处罚、环保信息

风险提示：

（1）在保险有效期内，借款人不得以任何理由中断或撤销保险。如保险中断，贷款人应该有权代为投保，但应在有关合同中进行事先的约定。

（2）借款人投入项目的自有资金和银行信贷资金必须专款专用，防止挪用。

（3）如果申请展期，则展期申请经贷款人审查批准，借贷双方应签订《展期协议》，尤其注意办理延长抵（质）押登记、保险的手续。展期协议必须经抵（质）押人、保证人书面认可后生效。

（4）地方政府融资平台融资风险。

（5）房地产宏观调控风险。国家对房地产行业调控政策多变，对具体信贷项目产生不利影响的风险。

6.9 项目贷款（及搭桥贷款）

项目融资，是指贷款主要以贷款项目本身的现金流而不是抵押物来支持贷款偿还的融资方式。项目融资的借款人，通常是"项目公司"。

项目融资的性质，属于"担保融资"（王丽丽、张炜，2004）。担保通常有：特许权转让、土地及地上设施的抵押、转让 TOP 合同以及其他项目合同、转让保险单、营运合同、设备或股权质押、监管（回款）账户等。客观上，有些项目融资也不排除存在发起人或第三方的信用支持。

BOT，属于"政府特许权经营"，属于项目融资的一种特殊方式。根据政府的特许权建成项目并营运收费，期满后，项目设施无偿转让给政府。

信贷项目，有国内、国际项目之分，不同的融资方式、合同方式，其风险因素、法律关系有着很大的不同。但总体上，项目融资在一定程度上涉及了"股本权益性投资"风险（王丽丽、张炜，2004）。

对符合国家宏观经济政策导向、项目业主信誉良好、相关政府部门已同意开展项目前期工作或已列入国家发展改革委规划的项目,在项目资本金能按期、按比例到位、各类风险可控及贷款回收安全的前提下,允许银行业金融机构在一定额度内向非生产性项目发起人或股东发放搭桥贷款。

1. 政策制度依据

(1)《项目融资业务指引》;

(2) 2009 年银监会"银十条"[①] 关于"进一步拓宽项目贷款的范围"的有关规定;

(3)《商业银行授信工作尽职指引》第三十六条:客户未按国家规定取得以下有效批准文件之一的,或超授权批准的,商业银行不得提供授信:(一)项目批准文件;(二)环保批准文件;(三)土地批准文件;(四)其他按国家规定需具备的批准文件;

(4) 项目资本金比例方面的监管法规;

a.《国务院关于固定资产投资项目试行资本金制度的通知》;

b.《国务院关于调整固定资产投资项目资本金比例的通知》;

c.《关于当前调整部分信贷监管政策促进经济稳健发展的通知》;

(5) 项目所处的产业行业:《产业结构调整指导目录(2005 年本)》、《北京市产业结构调整指导目录(2007 年本)》;

(6)《固定资产贷款管理暂行办法》;

(7)《关于加强宏观调控整顿和规范各类打捆贷款的通知》。

2. 基本要求

(1) 项目资本金要求。

对项目资本金来源应进行审慎调查和评估,不同行业使用不同的资本金管理标准(见表 6 - 10)。

表 6 - 10　　　　　　　　产业项目资本金分类要求

项目资本金比例要求	产业行业名称
40%	钢铁、电解铝
35%	水泥
30%	煤炭、电石、铁合金、烧碱、焦炭、黄磷、玉米深加工、机场、港口、沿海及内河航运项目,房地产项目(除保障性住房和普通商品住房项目)
25%	铁路、公路、城市轨道交通、化肥
20%	其他

---

① 在《国务院办公厅关于当前金融促进经济发展若干意见》(国办发〔2008〕126 号,2008 年 12 月 8 日)("金九条")的基础上,银监会出台了《关于当前调整部分信贷监管政策促进经济稳健发展的通知》(银监发〔2009〕3 号)从十个方面调整信贷监管政策,促进经济发展,简称"银十条"。

(2) 行业政策要求。

①鼓励类－积极介入；

②限制类－审慎介入；

③淘汰类－禁止介入。

(3) 准入要求。

①各项审批手续已经落实（见固定资产贷款部分）；

②已批准开工，相关担保措施和资金来源已落实；

③有稳定现金流或预期收入作为还款来源；

④项目股东资信状况良好。

(4) 发放形式和用途要求。

①严禁以打捆形式对政府融资平台发放贷款，鼓励项目贷款的方式：涉及大额风险集中度超限的其他类较大型项目，应鼓励组成银团或通过信贷资产买卖等方式导入中小银行在内的各类银行业金融机构，通过银团贷款分散集团客户风险和贷款集中度风险。

②明确项目贷款，不得借新还旧。

3. 常见法律手续

除了常见的信贷文件、合同（含担保合同）外，以下为项目融资的个性化"项目合同"或称为合同链及有关的法律文件（见表6-11）。

表6-11　　　　　　　　　　项目融资法律文件表

序号	手续	解释或说明
1	完工保证	发起人为贷款提供的一个保证。即发起人承诺提供足够信用支持直至项目完工，确保项目能够运营。主要内容：完工期限、超预算融资、注入资本金等
2	注资协议	项目完工后，项目发起人的资金安排和财务支持（股本投资、附属债务等形式）。该承诺一般是直接提供给项目公司，再由后者转让给贷款人。受让人一般只能以转让人的名义享有这些权利
3	TOP合同（take-or-pay）	项目完工后，项目公司将产品、服务卖给一个买方（可能是第三方或一个发起人）的长期合同，项目公司用收入偿还贷款。又称"照付不议"合同。买方的义务几乎是无条件的。无论是否义务方拿走项目产生的产品或服务，买方都必须维持支付约定的最小金额（相当于还款金额或项目营运成本）。买卖合同实质构成一个借款合同
4	转让协议	项目发起人同意在违约发生时，收购全部贷款
5	远期采购协议	项目公司与贷款人（或贷款人拥有的融资体）间的约定。融资提供方，以支付"预付款"的形式采购项目公司的产品，收取预付款"利息"，运营后，项目公司提交产品给贷款方，贷款方"转售"产品给第三方，回流现金（偿还了信贷资金）

续表

序号	手续	解释或说明
6	产品支付（分成）协议	自然资源融资中，用部分产品或销售收入的部分份额还款。权利期限以全部收回贷款本息为止。类似于设定了一种抵押，有的法律要求登记
7	债权人协议	大型项目融资存在多个不同的融资方，顺序也不同。此协议用来协调各债权人之间的利益关系、协调机制，包括设立受托人，负责监控信贷之间的管理机制、支付事项、比例安排、担保事项等
8	债权受托人协议	为未来可能的超额预算注资进行管理。受托人将为所有现有及将来的贷款人的利益持有担保。目的：新债权人在项目达到什么条件下，才纳入担保。防止项目资产被过度瓜分；不需要为新来者与旧债权人之间补充签订协议
9	总承包合同	工程项目融资需要重点审查
10	工程监理相关文件	
11	额外担保文件	

资料来源：根据王丽丽和张炜：《银行公司金融业务与法律风险控制》，法律出版社2004年版，第30~46页有关内容整理、补充。

4. 风险提示

（1）关注政府变相担保的法律和合规风险。

（2）对贷款实际用途应进行有效跟踪，防止挪用。

6.10 并购贷款

并购贷款是指商业银行向并购方或其子公司发放的，用于支付并购交易价款的贷款。并购是指境内并购方企业通过受让现有股权、认购新增股权，或收购资产、承接债务等方式以实现合并或实际控制已设立并持续经营的目标企业的交易行为。并购可由并购方通过其专门设立的无其他业务经营活动的全资或控股子公司（以下统称子公司）进行。

1. 并购贷款的制度依据

（1）中国银监会关于印发《商业银行并购贷款风险管理指引》的通知（2008年12月6日银监发〔2008〕84号）。标志着执行了12年（1996年《贷款通则》和2004年《商业银行授信工作尽责指引》）的"不得使用贷款从事股本权益性投资"的规定被打破，银行贷款正式介入股权投资领域；

（2）2009年初银监会"银十条"关于"支持符合条件的商业银行开展并购贷款"的意见。

2. 基本要求

（1）银行开展并购贷款业务的准入条件：

①有健全的风险管理和有效的内控机制；

②贷款损失专项准备充足率不低于100%；
③资本充足率不低于10%；
④一般准备余额不低于同期贷款余额的1%；
⑤有并购贷款尽职调查和风险评估的专业团队。
如果不能持续满足条件，则停办新发生业务。
（2）对银行业务的具体要求：
①商业银行全部并购贷款余额占同期本行核心资本净额的比例不应超过50%。
②商业银行对同一借款人的并购贷款余额占同期本行核心资本净额的比例不应超过5%。
③并购的资金来源中并购贷款所占比例不应高于50%~60%。
④并购贷款期限一般不超过5年。
⑤商业银行应按照本行并购贷款业务发展策略，分别按单个借款人、企业集团、行业类别对并购贷款集中度建立相应的限额控制体系。
⑥并购方与目标企业之间具有较高的产业相关度或战略相关性，并购方通过并购能够获得目标企业的研发能力、关键技术与工艺、商标、特许权、供应或分销网络等战略性资源以提高其核心竞争能力。
⑦商业银行应在内部组织并购贷款尽职调查和风险评估的专门团队，负责人应有3年以上并购从业经验，成员可包括但不限于并购专家、信贷专家、行业专家、法律专家和财务专家等。

6.11 银团贷款

银团贷款又称为辛迪加贷款（Syndicated Loan），指由两家或两家以上银行基于相同贷款条件，依据同一贷款协议，按约定时间和比例，通过代理行向借款人提供的本外币贷款或授信业务。国际银团是由不同国家的多家银行组成的银行集团。

按照组织形式，分为：

（一）直接银团贷款：由银团各成员行委托代理行向借款人发放、收回和统一管理贷款。国际银团贷款以直接银团贷款方式为主。

（二）间接银团贷款：由牵头行直接向借款人发放贷款，然后再由牵头行将参加贷款权（即贷款份额）分别转售给其他银行，全部的贷款管理、放款及收款由牵头行负责。

1. 政策制度依据

（1）《银团贷款业务指引》；

(2)《关于加强宏观调控整顿和规范各类打捆贷款的通知》；

(3)《关于下发打捆贷款认定标准的通知》；

(4)《财政部关于规范地方财政担保行为的通知》。

2. 基本要求

(1) 鼓励银团贷款的情况：

a. 大型集团客户和大型项目的融资以及各种大额流动资金的融资；

b. 单一企业或单一项目的融资总额超过贷款行资本金余额10%的；

c. 单一集团客户授信总额超过贷款行资本金余额15%的；

d. 借款人以竞争性谈判选择银行业金融机构进行项目融资的。

(2) 其他要求：

a. 单家银行担任牵头行时，其承贷份额原则上不少于银团融资总金额的20%；

b. 分销给其他银团贷款成员的份额原则上不低于50%；

c. 对部分集团客户多个公益性项目的融资需求，银行业金融机构必须逐个评估项目贷款风险，并逐个考核其成本与贷款质量状况，评估项目之间的关联性，估算可能产生的一切负面影响和风险，落实相应的风控安排，确保贷款能够通过未来现金流得到偿还，不得发放打捆贷款①。

3. 放款所需要的手续和文件（见表6-12）

银团贷款业务中，银行有牵头行和参与行之分。牵头行承担着主要角色，一般来说，所需要的手续最多。根据参与银团贷款的银行性质、贷款的币种、融资的地点等，选择适用的法律和司法管辖方式。对于涉外合同而言，情况更为复杂。

表6-12 银团贷款放款手续审查表

序号	法律文件	主要内容	备注	提供阶段
1	《贷款条件清单》	贷款数额、利率、期限、币种、牵头行将依据此条件组织贷款的条款	各参与行共同接受的条件	与融资申请人协商融资事宜阶段
2	《委任书》	借款人授权牵头行安排银团贷款的正式文件	不属于"授权委托书"	
3	《保密协议》	约束牵头行履行保密义务	借款人不得将借款人的资料用于银团贷款以外的目的，否则承担法律责任	

---

① 打捆贷款是指将一个以上的项目（不含一个项目）组合在一起，在贷款评审、贷款发放和贷款管理中作为一个整体项目处理的一种信贷方式。

续表

序号	法律文件	主要内容	备注	提供阶段
4	《贷款邀请函》	牵头行向参与行发出的要约邀请	被邀请行如接受邀请，应在规定期限内	组团阶段
5	《保密声明书》	保密内容、责任、资料的归还、适用法律等	要求被邀请人履行保密义务，并签字	组团阶段
6	《信息备忘录》	借款人的法律地位、财务状况、贷款项目可行性分析等	属于邀请、劝说性的法律文件，也是潜在参与行决定是否参与银团贷款的重要依据	组团阶段
7	《银团贷款协议》	借款合同	与双边、联合贷款的区别之一是，不仅涉及双边的权利义务关系，还包括银团成员内部关系、代理行（银团代理人）的职责、权利义务	签约阶段
8	其他手续	参照一般贷款要求		

资料来源：根据王丽丽和张炜：《银行公司金融业务与法律风险控制》，法律出版社2004年版，第04～27页有关内容整理、补充。

4. 风险提示：

（1）财政担保风险：2005年1月26日后，各级地方政府和政府部门对《担保法》规定之外的任何担保均属严重违规行为，其担保责任无效。2005年1月26日前，各级地方政府和政府部门对《担保法》规定之外债务承担的担保，要履行担保责任。严禁各级地方政府和政府部门对《担保法》规定之外的贷款和其他债务，提供任何形式的担保或变相担保。各级地方政府和政府部门不得以向银行和项目单位提供担保和承诺函等形式作为项目贷款的信用支持。

（2）打捆贷款风险：停止与各级地方政府和政府部门签订新的各类打捆贷款协议或授信合作协议。对已签订的各类打捆贷款协议，银行要在防范风险的前提下依法审查贷款承贷主体、担保主体的资格和履约能力，对不符合《担保法》规定的抵押担保手续要重新予以落实，确保贷款项目的合法、合规，并符合银行审慎经营的各项条件。密切跟踪评估已签各类打捆贷款项目未来现金流量的变化及其对贷款偿还的影响，对贷款使用实行全程跟踪和严密监控，对挪用贷款的借款人采取必要的信贷制裁措施。

（3）市场准入风险：严格执行国家产业政策和市场准入标准，坚持审慎性原则，按照规定的条件和程序逐一评审贷款项目，审慎发放项目贷款，防范盲目进行信贷扩张。

6.12 信贷资产转让

信贷资产转让,这里特指正常贷款的二级市场流通,不含不良资产处置问题。贷款转让的方式有:转让(Assignment)、参与(Participation)、合同更新(Novation,又称主体变更Substitution)。

"参与"方式出于多种原因,适应于贷款行不想让债务人知道其转让行为的情况或贷款禁止转让。转让双方签订一个转让协议,名义上的债权人仍然是原贷款银行。

"合同更新"是在合同所有条件不变的情况下,变更当事人。签订一个三方协议,解除原债权人义务,由受让方承担,受让方同时取得贷款协议项下的权益。

1. 政策依据

(1) 2009年银监会出台的"银十条"第六条,"支持信贷资产转让"的有关规定。

(2) 银监会《要求规范银行业务金融机构信贷资产转让业务的通知》。

(3) 商业银行资产转让有关制度。

2. 基本要求

(1) 信贷资产界定:指确定的、可转让的正常类信贷资产,不包括不良资产的转让与处置。

(2) 原则要求:

"真实性原则",禁止资产的非真实转移。即"转出方不得安排任何显性或隐性的回购条款;转让双方不得采取签订回购协议、即期买断加远期回购等方式规避监管"。

"整体性原则":即转让的信贷资产应当包括全部未偿还本金及应收利息,不得有下列情形:

①将未偿还本金与应收利息分开;

②按一定比例分割未偿还本金或应收利息;

③将未偿还本金及应收利息整体按比例进行分割;

④将未偿还本金或应收利息进行期限分割。

"洁净转让原则",即实现资产的真实、完全转让,风险的真实、完全转移。

(3) "银十条"针对银行业金融机构信贷资产结构差异及其结构性调整的要求,鼓励银行业金融机构通过贷款买卖调整资产结构,合理配置信贷资产。依照本通知,允许银行业金融机构在风险可控前提下按市场原则真实地转让、购买信贷资产,不得提供担保或安排任何显性或隐性的回购条件。

(4) 禁止性规定：遵守信贷资产转让和银信理财合作业务的各项规定，不得使用理财资金直接购买信贷资产。

3. 放款手续和文件（见表 6-13）

表 6-13　　　　　　　　　　信贷资产转让手续

1	《贷款转让协议》（合同）	转让双方对转让进行的约定；禁止有"回购条款"
2	《转让通知文件》	合同法规定，债权转让不需要债务人同意，但必须"通知"
3	转出方同意转让的文件	如需，原先签订的借款合同中另有约定的除外。银团贷款转让，企业成员有优先被转让权，否则提交同意转让非银团成员的函（各银团成员）
4	抵/质押变更登记	如果有抵/质押物
5	质物入库手续	如果有质物
6	其他有关法律文件	转出方应当向转入方提供资产转让业务涉及的法律文件和其他相关资料
7	信贷审批限制性要求的其他文件	按照信贷业务的一般程序进行审批，出具信贷审批意见

4. 信贷资产转让业务监管报告

(1) 业务报告至少包括以下内容：

①信贷资产转让业务（包括转入、转出）开展的整体情况；

②具体的转让笔数，每一笔交易的标的、金额、交易对手方、借款方、担保方或担保物权的情况等；

③信贷资产的风险变化情况；

④其他需要报告的情况。

(2) 报告时间：每季度的结束后的 30 个工作日内。

(3) 报告方向：当地监管机构。

6.13　贷款重组

贷款重组，指的是在借款人不能按时偿还银行贷款的情况下，银行为维护债权和减少损失，与借款人达成修改贷款偿还条件的协议，对借款人、保证人、担保方式、还款期限、适用利率、还款方式等要素进行调整。

具体形式债转股、展期（延长贷款期限）、豁免利息、豁免本金、打包出售等。

1. 政策制度依据

（1）2009年银监会"银十条"关于"鼓励实施贷款重组"的有关意见；

（2）商业银行关于贷款重组的有关制度；

（3）商业银行关于贷款重组的权限管理制度。

2. 基本要求

鼓励实施贷款重组的企业类型：

（1）借款人基本面较好，信用记录良好，有市场，有订单，受金融危机影响而出现经营或财务困难的企业，总体风险可控；

（2）投向符合国家产业政策要求和重点扶持的行业；

（3）借款人评级优良，且未发生实质性的、不可逆转的不利于贷款偿还的变化；

（4）借款人以往三年以上或注册经营以来一直有稳定的经营性现金流或危机过后预期收入仍可恢复至或超过正常水平，足以作为还款来源；

（5）借款人在所在行业和所面对的市场中有明显的技术、成本或人才优势，主业突出，需要转型或市场转向，但其相应潜在市场巨大；

（6）在原贷款期限内未发生恶意拖欠利息、挪用贷款等情况；

（7）重组后还贷期限内担保、抵/质押权不会丧失或削弱，而通过其他方式处置将导致贷款担保或优先受偿权丧失等。

3. 放款审查

放款审查根据具体信贷业务品种的要求进行审查，可参考相关部分，这里不再赘述，但应注意权限管理审核。一般而言，银行对资产重组的管理权限比较严格，有些银行权限在总行层面。

6.14 银行承兑汇票

银行承兑汇票是由银行承兑的商业汇票，它是由出票人签发的，委托承兑银行在指定日期无条件支付确定的金额给收款人或持票人的票据。企业凭此可用于结算支付。银行承兑实际上是商业银行对出票人的一种融资行为。

1. 制度依据

（1）《中华人民共和国票据法》；

（2）中国人民银行《票据管理实施办法》；

（3）中国人民银行《支付结算办法》；

（4）商业银行内部有关银行承兑业务的制度、办法等。

2. 基本管理要求

（1）收费标准：按照银行收费标准执行，一般为万分之五；但银行一般根据风险度和收益测算要求，提出具体的收费标准，有时高达千分之几；

（2）期限管理：银行承兑汇票最长不超过6个月，电票期限不超过1年；

（3）保证金管理：按照审批意见要求执行，或者符合收益测算要求。

3. 放款手续和文件（见表6-14）

表6-14　　　　　　　　　银行承兑汇票业务放款审查表

序号	手续	解释或说明
1	信贷审批意见（首笔业务提供）	（1）信贷报批的基础材料（根据信贷审批部门要求提供） （2）信贷审查的终审意见通知书（正本，盖信贷审批部门章） （3）贷审会记录 （4）信贷审批报告（各级审查人、有权审批人的签字） （5）其他
2	《综合授信额度合同》	如果审批的是额度，额度内可以循环使用，首次放款时提供
3	《开立银行承兑汇票合同》	
4	担保合同及必要的登记、记载、交付、备案、审批、公证	如果审批意见要求提供担保（具体要求，见第7章常见担保方式部分内容）
5	贸易合同（上游）或类似作用文件	确定贸易背景真实性的凭证，即是否具有真实的交易关系和债权债务合同
6	销售合同（下游）	了解货物的销售情况（包括销售对象、金额、差价等）。如果是贸易融资，可以确立回款账户问题，以便企业的回笼资金用于清偿银行授信
7	增值税发票（或其他普通发票）	合理的关联交易要求提供增值税发票或后补。 现货质押/抵押模式方式下开立银承时，提供的增值税发票应符合以下要求： （1）标的与贸易合同的标的相同 （2）购销双方单位名称必须是全称 （3）购销双方各要素填写齐全 （4）增值税发票必须加盖发票专用章或财务专用章 （5）发票日期应迟于合同签订日期 （6）如无增值税票需提供国家税务机关出具的免增值税发票的相关文件或相关法律规定，同时提供普通发票或专用发票
8	保证金转入手续及保证金资金来源说明书	审批意见含保证金要求条款。保证金来源说明是为了反洗钱的需要。一般要求是自有、合法、可支配资金
9	质押品入库手续	如果审批条件要求。对于存单/承兑汇票质押，要求提供： （1）存单/承兑汇票复印件，标注"质押" （2）押品入库凭证、托管手续 （3）银行承兑汇票一般要求可转让 （4）银行承兑汇票查询查复书、票面审查报告单，如质押的银承到期日早于开立的银承到期日，应提前办好委托收款手续，并在承兑申请书空白处约定到期转为保证金
10	贷款卡复印件、当日查询结果	正常状态

4. 风险提示

（1）真实贸易背景与风险。

银行承兑的商业汇票必须以真实的交易关系和债权债务关系为基础，出票人不得签发无对价的商业汇票以套取银行信贷资金，信贷资金用途无法控制，信贷风险因此产生。

（2）贸易合同有关问题。

贸易合同或购销合同是验证贸易真实性的基本凭据之一，也是开立银行承兑汇票的要件。但是仅仅凭贸易合同仍然不能保证贸易背景的真实性，还要依赖于市场部门（信贷员、客户经理）的尽职调查。

调查的方法包括走访企业、向企业的客户、相关部门（比如税务局、运输部门、结算银行等）进行了解；检查历史贸易、结算、交税记录、运输凭证等。

放款审查部门主要对贸易合同的要式性、文义性等方面进行表面性的审查。重点：

①合同的有效性（是否满足了合同规定的生效条件、合同签订双方是否签字、盖章、是否在有效期内等）；

②合同是否规定了与业务要求相符的结算方式。银行承兑汇票业务的贸易合同必须明确列明结算方式，否则，需要更换合同或由企业出具补充说明。

③合同标的是否符合审批意见规定以及企业营业范围，采购方向是否与审批要求相符。

④其他关键要素：合同金额、单价、履约期限等。

注：有关商务合同常见问题见"附录1 商务合同审查常见问题"。

6.15 保函业务

1. 保函业务及分类

如果按照保函的性质划分，可以分为非融资性保函、融资性保函。

非融资性保函业务是指委托人与银行约定，在一定期限内当申请人（委托人）对其债权人或受益人不能按照合同规定履行某种业务时，由开立保函的银行按照约定承担连带责任，代为偿付债务或给予赔偿的业务，属于表外业务的一种。常见的非融资性保函业务有：

付款类保函——预付款、分期付款保函；

履约类保函——投标保函、工程承包/维修保函、质量保函；

融资性（或债务类）保函业务是指银行对申请企业（委托人）借款、发行债券、融资租赁等融资活动进行担保的一类中间业务。委托人与银行约定，在一定期限内当委托人对其债权人或受益人不能按照规定履行偿债义务时，由开立保函的银行按照合同约定承担连带担保责任，代为偿付债务。融资性保函有：保函（借款保函、租赁保函）或备用信用证。

如果按照币种，又可以分为人民币保函、外币保函。

2. 制度依据

（1）《中华人民共和国担保法》及其司法解释；

（2）《中华人民共和国物权法》；

（3）《关于上市公司为他人提供担保有关问题的通知》；

（4）商业银行关于保函业务的管理制度。

3. 基本管理要求

（1）保函限制要求（见表6-15）。

表6-15　　　　　　　　受限制的申请人、业务、行为

1	境内自然人、国家机关、社会团体、事业单位
2	境外自然人、法人、其他经济组织（针对人民币非债务类保函）
3	各种从事贸易活动的商业性公司
4	违反国家法律、法规的经济行为
5	为非金融机构提供反担保
6	外商投资企业外方投资部分的对外债务（针对债务类保函）

（2）保函期限管理。

保函期限：期限是由保函的性质和作用来决定的，一般为1~3年，依据信贷审批部门的审批来执行。

生效期：开立之日或约定的日期生效。但预付款保函应该自收到预付款之日起生效；借款保函自对方拨交款项或设备之日起生效。

失效期：明确规定具体的失效日期。对债务类保函，还可以明确其他失效方法。

（3）保函金额比例管理（见表6-16）。

表6-16　　　　　　　　保函金额比例的一般要求

1	履约保函	≤相关合同金额的10%
2	预付款保函	≤相关合同金额的30%
3	债务类保函、分期付款保函	≤合同金额项下的主债权及利息和违约金之和

(4) 修改或者换开保函。

①事先征得反担保人的同意（反担保函另有约定的除外）；

②按照出具新保函的审批程序和审批权限审批；

③退回正本的条件下办理。

(5) 效期内终止保函。

委托人、受益人双方共书面通知经办行，据此，收回原件，注销台账。如果原件不能收回，受益人及申请人应出具说明，解除银行的担保责任，经营单位负责人审查批准后方可办理注销手续。

(6) 收费：可根据保证金、风险等情况在 0.1%～0.4% 掌握。

(7) 债务类保函性质：要求是无条件、不可撤销（不取决于基础合同）。

4. 放款手续和文件（见表 6-17）

表 6-17　　　　　　　　　　保函业务放款审查表

序号	资料/手续/文件	解释或说明
1	信贷审批部门的审批意见	(1) 信贷报批的基础材料（根据信贷审批部门要求提供） (2) 信贷审查的《终审意见通知书》（正本，盖信贷审批部门章） (3) 贷审会记录 (4) 信贷审批报告（各级审查人、有权审批人的签字）
2	业务合同、协议	包括施工承包合同、投标、中标文件，证明业务背景
3	《综合授信额度合同》	如果审批的是额度，额度内可以循环使用，首次放款时提供
4	《开立保函合同》	
5	担保合同及必要的登记、记载、交付、备案、审批、公证	如果审批意见要求提供担保（具体要求，见第 7 章常见担保方式部分内容）
6	保函文本	如果是非格式文本 + 文本法律审查意见书
7	外汇管理局批文	如果涉及境外融资业务
8	总行审批意见	对于融资性保函，银行管理较严，管理权限一般规定在总行层面，应当得到上级行的批准方可开立
9	保证金转入手续及保证金资金来源说明书	如果审批意见含保证金要求条款。保证金来源说明是为了反洗钱的需要。一般要求自有、合法、可支配资金
10	质押品入库手续	如果审批条件要求。对于存单/承兑汇票质押，要求提供： (1) 存单/承兑汇票复印件，标注"质押"； (2) 押品入库凭证、托管手续； (3) 银行承兑汇票一般要求可转让； (4) 银行承兑汇票查询查复书、票面审查报告单，如质押的银承到期日早于开立银承到期日，应提前办妥委托收款手续，并在承兑申请书空白处约定到期转为保证金；如质押银票到期日晚于开立的银承到期日，应提前办妥贴现手续
11	贷款卡复印件、当日查询结果	正常状态

5. 保函业务常见问题及处理

（1）非格式保函文本的法律审查及确认。

如果保函文本不是银行的格式文本，即非格式保函文本，则必须由资产保全部门（或其他法律岗位）的法律人员根据信贷审批意见和具体业务情况，对保函文本进行放款（出账）前的审查。审查后的文本，由客户确认后，作为放款时正式采用的文本。

文本审查的要点：保函的性质、内容与形式统一；符合业务合同或其他文件；符合信贷审批意见的要求；银行担保责任明确界定；其他要素齐全，如期限、金额、受益人名称、生效条件、日期；失效的条件、日期等。

（2）受益人拒绝接受保函，重新开立。

由于各种原因，可能导致受益人不接受所开立的保函。比如，有效期问题、保函文本出现错误等等。

受益人不接受时，如果授信申请人要求重新开立，则按照以下步骤进行放款操作，即满足前提条件下的二次放款审查。

①受益人退回正本保函；

②经营单位会计部门（或运营管理部门）审核，收回，注销登记，销记表外账；

③经营单位会计部门（或运营管理部门）及市场部门共同出具保函注销证明；

④提交新签订的保函合同（如果涉及保函合同要素的变化）、正确的保函文本及其他放款资料（业务合同等）到放款管理中心重新审查；

⑤审查同意后，印章管理部门凭放款管理中心签发的放款通知书，给保函加盖印章；

⑥会计（运营）部门记账。

（3）保函的后期管理。

到期注销：保函到期注销的前提是保函已经失效。失效的情形视保函的条款规定而异，因此，保函的注销必须进行审查确认银行的保证责任已经取消，且保函正本退回，否则提供企业的有关说明（丢失、正本无法收回等情况）和声明（承担有关的责任）。

提前退回：保函尚未到期，但事实上，保函已不再继续使用，此时，企业客户退回正本，申请注销。

6.16 进口信用证

进口开证业务是指银行（开证行）根据进口商（开证申请人）的申请向进口商

提供的一种国际贸易融资便利。即由开证银行向国外出口商（信用证受益人）开出信用证（有条件的付款承诺函），用于进口信用证项下的所描述的货物/商品，一旦出口商按照信用证的要求出口货物并通过出口商当地的银行（通常是议付行）提交了没有不符点的全套出口单据，开证银行必须对外付款（不管开证申请人是否有足额的保证金）。

信用证不同于基本的保函，在信用证项下，银行承担第一性的付款责任。

1. 制度依据

（1）《中华人民共和国外汇管理条例》（1996年4月1日起施行）。

（2）人民银行《关于对违反售付汇管理规定的金融机构及其责任人行政处分的规定》（1998年8月1日开始施行）。

（3）国家外汇管理局《贸易进口付汇核销监管暂行办法》（1997年3月1日起施行）。

（4）国家外汇管理局关于下发《进口付汇核销贸易真实性审核规定》的通知汇以及《进口付汇核销贸易真实性审核规定》（1998年7月1日起施行）。

（5）有关国际惯例（如UCP600、URR525等）。

（6）商业银行有关信用证业务的制度、办法。

2. 信用证业务的基本要求

（1）收费标准：按照银行收费标准执行。

（2）期限管理：信用证的期限分为，即期信用证和远期信用证。远期信用证一般不超过90天，但也有超过180天，甚至更长时间的信用证。90天（含）以内信用证一般在分行权限；90天以上则需要向上级行报批。超过1年的，还要外汇管理局的批件。

（3）额度占用：授信额度的金额是指可以融资的实际金额（不含保证金部分，实际为"风险敞口"）。每次开证，占用相应的授信额度。

3. 放款手续和文件（见表6-18）

表6-18　　　　　　　　　　　信用证业务放款审查表

序号	手续	解释或说明
1	信贷审批意见（首笔业务提供）	（1）信贷报批的基础材料（根据信贷审批部门要求提供） （2）信贷审查的终审意见通知书（正本，盖信贷审批部门章） （3）贷审会记录 （4）信贷审批报告（各级审查人、有权审批人的签字） （5）其他
2	《综合授信额度合同》	如果审批的是额度，额度内可以循环使用，首次放款时提供

续表

序号	手续	解释或说明
3	进口开证合同（或进口开证总合同＋开证申请书）	（1）开证申请书双方签字盖章，构成开证总合同不可分割的一部分 （2）合同等法律文件/授信额度均要求外币表示
4	担保合同及必要的登记、记载、交付、备案、审批、公证	如果审批意见要求提供担保（具体要求，见第7章常见担保方式部分内容）
5	进口（采购）合同	确定贸易背景真实性的凭据，放款协审部门（国际部或单证中心）审查
6	代理进口协议	如果是代理进口时才要求
7	销售合同（下游）	了解货物的销售情况（包括销售对象、金额、差价等）。如果是贸易融资，可以确立回款账户问题，以便企业的回笼资金用于清偿银行授信
8	保证金转入手续及保证金资金来源说明书	如果审批意见含保证金要求条款。保证金来源说明是为了反洗钱的需要。一般要求是自有、合法、可支配资金
9	进口付汇备案表	异地企业、纳入真实性审核的企业开证时
10	外汇管理局批件	信用证期限超过1年时提供
11	质押品入库手续	如果审批条件要求。对于存单/承兑汇票质押，要求提供： （1）存单/承兑汇票复印件，标注"质押" （2）押品入库凭证、托管手续 （3）银行承兑汇票一般要求可转让 （4）银行承兑汇票查询查复书、票面审查报告单，如质押的银承到期日早于开立银承到期日，应提前办好委托收款手续，并在承兑申请书空白处约定到期转为保证金；如质押银票到期日晚于开立的银承到期日，应提前办妥贴现手续
12	进出口经营资格文件	商务部（局）批准从事进出口经营的资格
13	配额/许可证（如需）	适应于国家实施进出口控制的商品
14	贷款卡复印件、当日查询结果	正常状态；查询进口结算记录、信贷记录

注：对外开立信用证业务，按照放款专业管理的要求，须由国际业务部门（有的是单证中心）先进行专业审查，然后到放款管理中心进行审批。

4. 风险分析与提示

（1）真实贸易背景与风险。

进口开立信用证是基于进口贸易由从事外汇业务的商业银行（外汇指定银行）对国内进口企业的一种贸易融资方式，属于表外业务。对外开立信用证的前提条件之一就是要求有真实的贸易背景。

信贷风险：进口货物要么投入生产、要么向下游公司直接销售，这两种方式都能够保证进口企业实现现金回流，用于偿还信用证项下的付款。无贸易背景开立信用证就无法保证银行提供的信用建立在真实、合理和可控的用途之上。直接的后果是，信用证开出了，银行的付款责任建立了，却没有相对应的进口货物进来，还款来源没有保障，信用证垫款的可能性大大增加，业务很可能由表外转向表内。

如果没有真实的进口，这种信用证实质上变成了"融资性信用证"。比如，如果是 90 天远期信用证，来单后（没有不符点），开证银行就必须对外承兑，这种承兑是银行的信用，可以在境外转让（准货币使用），造成开证银行资金流向其他不明的用途之上。

一般地，进口单据中如果不要求提单（Bill of Lading），而要求货物收据（Cargo Receipt）一类的手续，很容易出现虚假进口，必须认真调查核实，高度关注。

从国内的保税区直接进口常见有使用这种方式。如果是从国外进口也使用此方式，则要倍加小心了。

政策风险：中国人民银行、国家外汇管理局等明确要求不得开立无贸易背景的信用证。原因在于，在没有进口商品进来的情况下，企业能够实现把外汇资金汇到境外的目的，即：套汇、逃汇。如果企业有全额人民币保证金，则企业实现了套汇（人民币变成外币），并实现了逃汇（外汇划到境外）；如果企业没有保证金，则企业实现了逃汇。

我国实行外汇管制，目的是防止外汇如不能够有效控制这种现象，就不能维护国际收支目标，破坏金融稳定。因此，外汇管理局要求外汇指定银行严格审查进口手续。为此，要求企业开证前到外汇管理局办理进口备案手续（领取并向银行提交进口付汇备案表）、盖章后的进口核销单。

如果违反规定开证，则后续的进口付汇手续就会违规，造成不能按时核销。如果不按时付汇，则构成银行违约，国际信誉受损；如果违规售汇，则会受到责任追究或受到处罚。

与信用证业务密切相关的政策规定，需要认真学习、领会并熟练把握。

(2) 汇率风险。

如果使用人民币保证金或人民币存单等质押作为付款的担保措施，则如果信用证计价货币（外币）汇率发生变动，则开证银行存在汇率风险。即如果外币升值，而人民币贬值时，则导致保证金（存款）不足。

(3) 进口贸易合同有关问题。

进口合同（Sales Contract，Perchase Order）是验证贸易真实性的基本凭据之一，也是开立信用证、保函或银行承兑汇票的要件。但仅仅凭合同是不够的（比如提供假合同的情况），要求市场调查部门（信贷员、客户经理）要尽职调查。调查的方法包括走访企业、向企业的客户、相关部门（比如海关、商检、运输部门、外汇管理局、结算银行等）进行了解；检查历史贸易记录、报关单、商业发票等凭证。

进口合同审查的要点：

①合同的有效性（是否满足了合同规定的生效条件、合同签订双方是否签字、

盖章、是否在有效期内等）；

②合同是否与开证业务直接相关或相符（进口商品是否属于企业的经营范围、商品名称是否与信用证申请书上的进口商品一致）；

③合同是否规定了与业务要求相符的结算方式。即是否规定使用信用证结算（类似地，对于银行承兑汇票业务或保函业务，业务或贸易合同必须明确列明结算方式），否则，需要更换合同或由企业出具补充说明。

注：有关商务合同常见问题见"附录1 商务合同审查常见问题"。

5. 信用证业务相关政策

（1）备案与外债管理政策。

中资异地企业、纳入真实性审核地企业开立信用证时，提供进口付汇备案表；向中资银行申请开立一年以上远期信用证时，按借用中长期国际商业贷款管理，应事先经外汇局批准并办理进口付汇备案表，占用外债指标，事后办理外债登记手续。

外商投资企业在外资银行开立远期信用证时，应办理进口付汇备案手续，事后办理外债登记手续。

（2）无贸易背景开证行为等涉及的责任与处罚规定。

中国人民银行《关于对违反售付汇管理规定的金融机构及其责任人行政处分的规定》第四条：金融机构有下列行为之一的：（二）明知无贸易背景为客户开立信用证的；对有关责任人员给予以下行政处分（一）对经办人员给予行政记大过以上直至行政开除处分；（二）对指使、授意或者明知违规情况不予制止的负责人给予行政撤职或者行政开除处分。违规金额一年内累计等值在500万美元（含500万美元）以上的，停止该金融机构经营结售汇业务。

《中华人民共和国外汇管理条例》部分条款：

第十一条 境内机构的经常项目用汇，应当按照国务院关于结汇、售汇及付汇管理的规定，持有效凭证和商业单据向外汇指定银行购汇支付。

第十二条 境内机构的出口收汇和进口付汇，应当按照国家关于出口收汇核销管理和进口付汇核销管理的规定办理核销手续。

第四十条 有下列非法套汇行为之一的，由外汇管理机关给予警告，强制收兑，并处非法套汇金额百分之三十以上3倍以下的罚款；构成犯罪的，依法追究刑事责任：

（一）违反国家规定，以人民币支付或者以实物偿付应当以外汇支付的进口货款或者其他类似支出的；

（二）以人民币为他人支付在境内的费用，由对方付给外汇的；

（三）未经外汇管理机关批准，境外投资者以人民币或者境内所购物资在境内进行投资的；

（四）以虚假或者无效的凭证、合同、单据等向外汇指定银行骗购外汇的。

（3）进口付汇核销管理。

国家外汇局《贸易进口付汇核销监管暂行办法》部分条款：

第六条　进口单位应当凭对外经贸部（委、厅）的批件、工商管理部门颁发的执照和技术监督部门颁发的企业代码证书到所在地外汇局办理列入"对外付汇进口单位名录"。不在名录上的进口单位不得直接到外汇指定银行办理进口付汇。

第七条　外汇局将及时向外汇指定银行公布、更新和调整名录。各省、自治区、直辖市、计划单列市和经济特区外汇局可视本地区的"对外付汇进口单位名录"。

第八条　外汇局有权根据进口单位的核销等情况随时向外汇指定银行公布"由外汇局审核真实性的进口单位名单"。进口单位受真实性审核的最低期限6个月。

第九条　下列进口付汇应当在付汇或开立进口信用证前由进口单位逐笔向所在地外汇局申请并办理"进口付汇备案表"（简称备案表）手续，外汇指定银行凭备案表按规定为其办理进口付汇手续。1. 不在"对外付汇进口单位名录"上的；2. 被列入"由外汇局审核真实性的进口单位名单"的；3. 付汇后90天以内（不含90天）不能到货报关的；4. 进口单位到其所在地外汇局管辖的市、县以外的外汇指定银行付汇的。

（4）重要概念。

"贸易真实性"：据国家外汇管理局《进口付汇核销贸易真实性审核规定》第二条，"贸易真实性"系指进口单位对外支付的或对外承诺的进口付汇，应当用于国际贸易结算，并在规定时间内有对应的货物报送进口或以其他方式抵补，且有关凭证真实有效。进口付汇贸易真实性的审核分事前备案和事后到货报审核查两部分。

"进口付汇备案"：据国家外汇管理局《关于下发〈进口付汇核销贸易真实性审核规定〉的通知》，进口付汇备案是指外汇局依照国际惯例和我国外汇、外贸法规等，对进口付汇贸易背景的初步核查，是事后对进口付汇进行统计监测的必要备案、登记程序。除《进口付汇核销贸易真实性审核规定》第三条第六款外，备案不等于审批，不应影响进口单位的正常进口开证、付汇。备案表是外汇局对特殊进口付汇行为进行真实性审核后的确认证明，是外汇指定银行办理上述进口付汇的依据。

"外汇局审核真实性的进口单位名单"：进口单位凡有下列行为的将被列入该"名单"：一、向外汇局或外汇指定银行报审伪造、假冒、涂改、重复使用进口货物报关单（核销联）或其它凭证的；二、付汇后无法按时提供有效进口货物报关单或其它到货证明的；三、需凭备案表付汇而没有备案表的；四、漏报、瞒报等不按规定向外汇局报送核销表及所附单证或丢失有关核销单证的；五、违反《贸易进口付汇核销监管暂行办法》中其它规定的。

"进口付汇核销监管"：监管目的是防止经常项目项下与资本项目项下的外汇相互转移，扰乱金融秩序。报审的核销表应当附有下列单证：一、进口付汇核销单（代申报单）（第二联）；二、进口货物报关单（核销专用联）；三、进口付汇备案表（第二联）；四、外汇局要求的其它有关单证。

贸易进口付汇核销的监管手段有三个：

一是发布"对外付汇进口单位名录"，明确哪些单位可以直接到银行办理进口付汇，同时这些单位也要履行办理核销的责任，接受外汇局的进口付汇核销监管，不在名录上的单位不能直接在外汇指定银行办理进口付汇手续。进口单位进入该"名录"，须向外汇局出示下列文件：①对外经贸管理部门批准的进口经营权的批件；②工商管理部门颁发的营业执照（副本）；③技术监督部门颁发的企业代码证书（副本）。

二是用海关、外汇指定银行、进口单位三方的数据交叉核对。

三是公布"由外汇局审核真实性的进口单位名单"，该名单内的进口单位的进口付汇应当由外汇局逐笔审核真实性。违反进口付汇核销管理规定的进口单位，将被列入"由外汇局审核真实性的进口单位名单"，接受外汇局的进口付汇真实性审核，而不能直接到外汇指定银行办理进口付汇。

6.17 未来货权质押开立信用证

未来货权质押开证是指银行根据进口商的申请，以进口信用证项下的未来货权作为质押对外开立信用证的业务。

该业务是银行在控制进口信用证项下的货权、监控进口货物以及进口商的买卖行为，而向进口商提供的一种封闭式短期融资，是一种业务创新。该模式有效解决了进口企业缺少进口资金难以进口的难题。

6.17.1 未来货权质押开证业务制度依据

（1）见进口信用证业务制度依据；
（2）商业银行关于货押监管方面的业务制度办法；
（3）国际惯例。

6.17.2 未来货权质押开证业务一般要求

（1）同进口开证要求；
（2）进口商品：除了满足第 1 条所提到的要求外，还要符合贸易融资关于"货押商品"的要求,即进口商品在银行规定的商品名录之内。限定进口商品,主要考虑进口商品的变现能力、可监管程度等因素,最终满足符合"质物"的基本要求。

(3)市场准入要求(见表6-19)。

表6-19　　　　　　　　　　市场准入要求表

1	信用证无垫款
2	主办行,合作时间超过1年/或其他优质客户
3	进口经营资格,且无不良记录
4	进口商品为主营商品
5	受益人为实力强、供货能力强的企业
6	合作稳定
7	其他要求

6.17.3　未来货权质押开证业务特殊要求

信用证特别要求:

(1)提单要求。

全套正本海运(联运)提单(3/3)、空白或银行指示抬头、空白背书;如果是2/3提单议付,另1/3提单直接寄给银行;银行作为被通知方之一(Notify Party)。

如果是货物收据(Cargo Receipt),则信用证注明"货物收据需要由开证行签章方能生效"条款。其他运输单据(如下)亦应严格审核。

①保险单;

②装船通知:信用证增加出口商将Shipping Advice传真银行的要求语句。

③质量检验单据:要求符合行业惯例的质量检验证明。

④索汇:不允许有电索条款。

(2)保险要求(见表6-20)。

表6-20　　　　　　　未来货权质押开证业务保险要求表

价格条款	要求
CIF、CIP价	空白或银行指示抬头、空白背书,开证行为第一受益人
CNF、FOB价	开证申请人必须购买货运保险或者保险公司预签的预保单或者暂保单;受益人为银行或银行指示
特殊情况处理	(1)未规定开证行为受益人时,则应与银行签订赔款转让协议 (2)办理进口押汇或开立远期信用证时,还要买进口货物财产综合险或仓至仓一切险(包括卸货、从码头至仓库的运输途中、直到监管仓库的盗失、损坏和火险等),提交全套正本且签字盖章的保险单、银行为受益人或签订赔款转让协议 (3)预保单下,及时督促客户将运输信息提交保险公司确认 暂保单下,向保险公司提供Shipping Advice给保险公司换取正本保单

6.17.4 未来货权质押开证业务放款手续和文件

与信用证开证业务不同的是，除正常开证业务手续外，还要提供未来货权质押手续，还要事先准备进口货物的监管委托，以及可能产生的转现货质押手续，以及与之相关的代理手续。如果进口商不能及时付款赎单，则有进口商事先委托银行的合作监管方代理报关、代理报检、代理运输，将进口货物运至银行指定的监管仓库，并代理银行仓库监管进口货物（见表6–21）。

表6–21　　　　　未来货权质押、现货质押、代理及监管手续

序号	法律手续	解释或说明
1	《授权委托书》	即期信用证项下申请进口押汇，或远期信用证下转为现货质押（授权处理单据或货物）
2	《代理报关委托书/协议》	即期信用证项下申请进口押汇，或远期信用证下转为现货质押。（银行认可的报关公司）
3	《代理报检委托书》	即期信用证项下申请进口押汇，或远期信用证下转为现货质押
4	《质押合同》含质物清单、标的声明书	规定质权从监管人收到质押货物时生效（海关监管之下银行不享有法定质押权）
5	保险	货运保险（CFR/FOB进口商买，正本/预/暂保单）、财产保险（综合财产险），第一受益人为银行
		综合财产险：自货物卸货、码头至仓库的运输、指定仓库盗失、损坏、火险等，或仓至仓一切险
6	《仓储监管协议》	即期信用证下申请进口押汇，或远期信用证下转为现货质押。认可的监管仓库，包括取得有效仓单的也需要协议，标准仓单除外、格式文本
7	《委托变卖协议》	进口商提供的、空白的、加盖盖章并签字，事先委托手续，如果不能按期付款，则银行有权处置质物

注：对外开立信用证业务，按照放款专业管理的要求，必须由国际业务部门（有的是单证中心）先进行协审（专业审查），然后到放款管理中心进行审批。

6.17.5 国际贸易术语

1. 装运合同：不等于到货合同

（1）FOB/CFR/CIF：交货点、风险点完全相同。

（2）订立的合同为"装运合同"而不是"到货合同"，一般，避免在合同中规定具体的目的港交货日期，否则产生不同的解释。

（3）多式联运、陆运、空运、滚装船，使用CPT/CIP术语：二者的区别也仅仅在保险上。

（4）CPT"运费付至"：出卖人将货物交付给由他指定的承运人，并承担运费，办理出口报关，风险（货物灭失或损坏）从货物交付第一承运人时转移；

（5）CIP"运保费付至"（指定目的地）：比上面的价格属于增加保险。

2. 其他价格术语

启运：EX WORKS 工厂交货

主运费未付：

（1）FCA 货交承运人（指定地点）。

（2）FAS 船边交货（指定装运港）。

（3）FOB 装运港船上交货（指定装运港）。

主运费已付

（1）DAF 边境交货。

（2）DES 目的港船上交货（指定目的港）。

（3）DEQ 目的港码头交货（指定目的港）。

（4）DDU 未完税交货（指定目的港）。

（5）DDP 完税交货（指定目的地）。

6.18 国内保理

保理业务（Factoring），保理即保付代理。国内保理业务是银行受让销售商基于货物销售、服务基础上而产生的真实应收账款，对销售商提供融资、资信调查、账款管理、信用风险担保（对买方给予额度管理并对额度内的保理提供风险担保）等综合性服务，主要针对赊销贸易结算。

还有一些保理业务，比如政府采购应收账款保理业务、出口退税账款保理业务、融资租赁应收租金保理业务等。

6.18.1 保理业务的基本要求

1. 融资期限

单笔业务融资期限、日期根据融资方式来确定，一般：≤1 年。单笔融资的期限的确定方法：应收账款到期日＋合理在途资金时间。

常见融资方式：

预支价金：卖方在转让给银行的应收账款到期前，由银行向卖方预先支付对价（即提前支付对价）。

保理授信（贷款、承兑、贴现等）：卖方因贸易或其他交易形成的应收账款在到期前向银行转让,银行以实际融资额以及融资期限收取利息。保理融资金额一般为合格应收账款的一定比例(比如80%),为非对价支付。

2. 合格应收账款

通过"转让核准"程序审查:

(1) 商务合同生效条件满足,且卖方履行合同项下全部义务,不会出现瑕疵;
(2) 合同不含软条款。关注合同中存在的附加条件以及其他分期付款条件;
(3) 买方应付的应收账款净额(不含预付款、已付款、佣金、销售折扣);
(4) 应收账款未到期;
(5) 应收账款账龄一般规定半年以内;
(6) 付款期(转让至合同约定的付款到期日)≤1年;
(7) 权属清楚,无争议,不受抵销权、质押权、留置权、求偿权等的影响;
(8) 买卖合同中未约定应收账款"不得转让"条款。

3. 不合格应收账款情况

(1) 可能发生债务抵消的;
(2) 已经转让或设定担保的;
(3) 代销形成的;
(4) 其他方式约定销售不成即可退货形成的;
(5) 买卖双方有贸易纠纷;
(6) 关联交易形成(附属机构、控股公司、母公司、所属集团的其他成员);
(7) 法律规定、合同约定债权不得转让的;
(8) 被第三人主张代位权的;
(9) 被采取法律强制措施的;
(10) 基础合同项下的尾款(包括质量保证金的尾款);
(11) 其他权利瑕疵的(鲜活、服务、劳务、知识产权为交易标的得应收款,履行全部义务、不存在后续责任义务的除外)。

4. 收费

收费的标准和项目,参照各银行的内部标准执行。下面以某银行的收费标准为例说明。

服务费≥0.1%;风险承担费:有追索权≥0.2%;无追索权≥0.5%;

年费收取标准(不论额度是否占用):有追索权≥1%;无追索权≥2%。

5. 账户:保理业务项下唯一账户要求(针对赊销)。

6.18.2 保理业务专业审查

为了实现专业管理,有的银行设立专门的货押监管部门或其他保理业务管理岗位重点审查：

应收账款形成的真实背景；

应收账款是否合格，并对转让应收账款进行核准（含融资比例控制等）；

账户与台账管理：

（1）设立"应收账款管理岗"；

（2）设立应收账款管理台账（分户账、额度台账、总账）；

（3）每日统计未来若干个工作日到期的应收明细，登记《到期提示表》；

（4）回款划转与审批、扣划、还贷；

（5）人行征信系统登记与查询。

6.18.3 保理业务放款手续（见表6-22）

表6-22　　　　　　　　　　保理业务放款放款审查表

序号	资料/手续/文件	解释或说明
1	信贷审批部门的审批意见	（1）信贷报批的基础材料（根据信贷审批部门要求提供） （2）信贷审查的《终审意见通知书》（正本，盖信贷审批部门章） （3）贷审会记录 （4）信贷审批报告（各级审查人、有权审批人的签字）
2	《综合授信额度合同》	如果审批的是额度，额度内可以循环使用，首次放款时提供
3	《国内保理业务申请书》	
4	《应收账款（债权）转让申请书》	
5	《应收账款转让核准书》	合格的应收账款是融资的计算标准
6	应收账款"通知、确认"手续，是重要的法律文件，确保转让的法律效力（《合同法》）。实践中，根据合作情况，确认方式有多种可供选择：	
	（1）应收账款转让通知书（明示通知，要求买方正式确认应收账款转让事宜）	贸易或交易合同的买方在转让通知书上，确认签章，加盖公章或与贸易合同一致的合同专用章、财务专用章或财务部门章
	（2）《发票收妥确认函》+《核保书》	卖方在转让债权对应的"发票正面"备注转让内容："本发票项下债权业已转让给×××银行____分行____支行，请按照合同约定将本发票项下款项支付至本公司在上述银行的账户，账号为：____。"
	（3）《买方单方面确认书或书面证明》或与银行签订有关协议	签约方可以是买方或其财务部门（经授权），协议需要经过法律部门的审核
	（4）买方单独或与银行共同签章向买方发出的《应收账款转让通知书》+公证文件+送达证据	公证机关或委托快递、物流公司送达该通知书，必须取得送达的证据（买方签收的，包括买方采购部门）注意：此种方式也适用于默示通知
7	《保理合同》或协议	明确回款账户，要求的最低应收账款数量

续表

序号	资料/手续/文件	解释或说明
8	《授权委托书》或《委托收款协议》	客户授权银行从保理回款户扣划资金至保证金账户，以便用于偿还银行融资
9	《账户变更通知书》	向买方发出，调整回款账户为保理合同约定的账户，确保应收账款汇到融资银行
10	与应收账款对应的商品交易合同或足以证实商品交易关系或债权债务关系的文件资料	合同购销双方盖章要清晰，合同金额应不小于汇票金额
11	与商品交易合同配套的增值税发票或普通发票	单据的转移。按照保理协议，银行可凭发票（副本）收取货款
12	《买方额度申请书》	如需，审批部门核定
13	贷款卡复印件、当日查询结果	正常状态
14	人行征信息系统应收账款转让登记及查询	对转让事实进行公示
15	《国内保理预支价金凭证》	在预支价金方式下提供；载明：金额、利率、期限、融资期内还款、计息方式等
16	其他融资方式的业务合同：《贷款合同》、《银行承兑汇票合同》、《信用证合同》、《保函合同》等	根据授信方式而定，具体手续按照4.2介绍的内容操作
17	保理销售分户账管理委托书	销售商授权银行提供账户管理服务，并收取管理费

6.18.4 几种特殊应收账款保理业务

1. 政府采购应收账款保理

政府采购应收账款是指销售商与国家机关、事业单位和团体组织之间因政府采购行为而产生的应收账款，依据是《政府采购法》。建议保留"追索权"。

2. 出口退税账款的保理

出口退税账款出口企业未能及时收到的出口退税款。依据《国家税务总局出口货物退（免）税管理办法》。

风险、法律问题或操作要点：

（1）是否可以转让，没有明确法律依据；

（2）税务政策不是法律，义务主体为税务机关，企业无法用法律途径解决出口退税问题；

（3）必须设定出口退税唯一专用账户；

（4）出口退税额必须得到税务部门的确认，以此为标准计算融资比例；

（5）防止出口上骗税，设定追索权。

3. 融资租赁应收租金保理

租赁物虽然归出租人所有，但有的租赁合同约定，租赁期满，租赁物归承租人所有，在不能清偿贷款时，银行无权处置租赁物。因此，一般要求，出租人提供担保。

6.19 出口应收账款池融资

出口应收账款池融资指银行受让出口商因出口贸易而形成的能够保持稳定余额的应收账款的情况下，以出口应收账款的回款为风险保障，根据应收账款余额，银行审单后给予出口商的一种短期融资便利（保留追索权）。属于"保理业务"中的一种特殊形式。

应收账款的范围包括：赊销（O/A）、托收（D/A，D/P）和信用证（L/C）项下的应收账款；离岸、在岸业务。

6.19.1 出口应收账款池融资业务主要制度依据

（1）《中华人民共和国外汇管理条例》；
（2）《国家外汇局关于实施国内外汇贷款外汇管理方式改革的通知》；
（3）商业银行关于出口应收账款业务的操作与管理制度；
（4）商业银行关于进出口贸易授信融资业务管理办法；
（5）商业银行关于外汇流动资金贷款管理办法；
（6）国际惯例（UCP600、URR525、托收统一规则等）；
（7）其他相关管理制度办法。

6.19.2 出口应收账款池融资业务一般管理要求

1. 期限管理

银行根据业务风险程度等综合因素进行期限管理，以下数据供参考：

单笔业务融资期限≤180天。

融资日期确定：托收与信用证项下应收账款预计收款日，按照国际惯例确定；赊销项下为合同规定的付款日 + 10天（宽限期）。

2. 融资比例管理（见表6-23）

表 6-23　　　　　　　　　出口应收账款池融资比例（参考数据）

内容	比例	备注
客户在银行交单比重	≥50%	准入要求
申请人池融资比例	≤60% ~ 80%	针对出口商
某行业应收账款池融资比重	≤50%	行业风险控制
单一付款人余额占总池比重	≤25% ~ 30%	针对单一进口商
	≤40% ~ 50%	信用证项下或者世界500强企业
一套出口单据项下应收金额	≤10万元且≤额度的10%	L/C除外

3. 池内要求

应收账款池应有一定数量、规模起点要求，按照银行制度要求执行。参考数据：首次申请时，池内≥2个付款人；合计笔数≥10笔业务。

4. 合格应收账款

贸易背景真实、合同合法有效且全面执行、无合同纠纷、未转让或设担保、买方非关联、允许转让、无第三人主张抵消、代位权等、债权合法有效完整、不存在轧差、冲销等情况、符合其他法律规定。

应收账款期限：单笔≤90天（L/C除外）；

买方（进口方）国家范围，选择经济较为发达，法律环境好，地区及结算风险低的国家和地区。比如：欧洲、北美、澳大利亚、新西兰、日韩、新加坡、中国台湾、中国港澳地区。信用证结算条件下，基于开证银行的信用，上述要求可以适当放宽。但对开证行应当有一定的要求。

5. 收费：按照银行统一的收费标准和规定执行

6. 账户：在融资银行开立的账户必须是出口商收款的唯一账户（针对赊销）

6.19.3　国际业务专业审查要点及管理要求

（1）负责审查出口背景、历史合作记录、审单、寄单；负责提供出口面函，审查出口转让手续、索汇、建立出口应收账款台账（登记融资比例、融资额度等）、保证金台账、应收账款融资台账等。

（2）留存出口结算手续资料、档案。

（3）特殊情况的要求：对于客户自行寄单情况，严格审查，且满足以下4个条件：

①应收账款入池前，客户须向银行提交相关出口合同（或订单）、出口发票、运输单据副本和出口报关单原件或其他确认货物已出口的报关凭证，必要时，还应提供产地证、检验证副本等其他货运单据，凭上述资料审核客户应收账款贸易背景

并判断是否进池；

②企业自行寄单时，客户应在每笔商业发票上标注或粘贴由银行印就的应收账款转让标签，并应在寄单后及时将对外寄送的单据副本和快递回执交银行审查和备案；

③企业凭电子单据或电放方式完成出货的，客户可不寄单，但须按本款第一条件办理；

④企业办理首笔业务寄单时，需经国际部对其具体操作提供技术指导，避免操作失误。

6.19.4 出口应收账款池融资业务放款手续和文件（见表6-24）

表6-24　　　　　出口应收账款池融资业务信贷及法律手续表

序号	手续	解释或说明
1	信贷审批意见 （首笔业务提供）	（1）信贷报批的基础材料①（根据信贷审批部门要求提供） （2）信贷审查的终审意见通知书（正本，盖信贷审批部门章） （3）贷审会记录 （4）信贷审批报告（各级审查人、有权审批人的签字） （5）其他
2	《综合授信额度合同》	如果审批的是额度，额度内可以循环使用，首次放款时提供
3	（1）外汇贷款专户开户（或销户）申请书 （2）开销户通知书	外汇贷款专户可以直接凭申请书由银行开立 如需
4	《应收账款转让申请书》	申请书需法定代表人签字加盖公章，押汇申请书还要具备基本要素（用途、品种、金额、期限、日期等）
5	《应收账款池融资单笔业务审批表》	国际业务部门专业或协审的凭据
6	《出口应收账款池融资总合同》+《应收账款池融资申请书》	首笔业务全部提供，单笔业务只提供申请书。《应收账款池融资申请书》构成《出口应收账款池融资总合同》的一部分
7	银行出口BP面函 （复印件）	国际业务部签发，用于对外索汇的书面文件。注意粘贴转让通知（语句）。参考语句："This receivable has been assigned to ×××Bank Co., Ltd. You are requested to effect the payment to our A/C held in ××× Bank Co., Ltd. ××× Branch, and quoting this ref no. Foxx."。L/C和托收项下可不用指定账号

---

① 出口业务特殊基础资料：
a. 历史报关单以及本笔业务的正本报关单（或预报关单等，必要时使用报关系统核查）；
b. 出口核销记录；
c. 进出口许可证、批文（如需）；
d. 历史出口合同及收汇记录等；
e. 出口产品质量证明（有的按照行业管理要求）或声明。

续表

序号	手续	解释或说明
8	出口商出的有关声明书或证明材料	(1) 已履约证明手续/无商业纠纷证明 (2) 应收账款未转让/未设保声明/证明
9	出口应收账款付款人清单	了解进口商情况
10	汇票（复印件）	汇票（Drafts）
11	企业出口单据复印件	主要有商业发票（Commercial Invoice）、装箱单（Packing list）、运输单据（海运提单 Bill of Landing、空运单据等）、保险单（Insurance Policy）等
12	出口贸易合同	合同（Contract）、订购单（Purchasing Order）
13	自营外汇贷款登记表	目的是外汇贷款的统计
14	担保合同及必要的登记、记载、交付、备案、审批、公证	对于占用风险敞口额度的业务，比如：存在不符点押汇或托收项下、电汇结算方式下的押汇等，如果审批意见要求提供担保（具体要求，见第7章常见担保方式部分内容）
15	贷款卡当日查询结果	正常状态（含担保人的贷款卡查询，如果有担保的话）

6.20 自偿性贸易融资业务模式

根据前面的介绍，我们初步了解部分货押业务（先票后货、现货质押）以及担保提货等融资模式，这里重点介绍这些上述三种业务模式的放款审查需要注意的一些基本问题。

6.20.1 贸易融资业务的主要制度依据

(1) 银行承兑汇票业务或流动资金贷款业务制度依据（略）；

(2)《中华人民共和国担保法》；

(3)《中华人民共和国物权法》；

(4) 国家工商管理总局令（第30号）《动产抵押登记办法》；

(5) 商业银行关于货押监管、动产抵押方面的相关制度；

6.20.2 一般管理要求

(1) 资金封闭：银行融资必须定向支付给供应商，销售收入回流至融资银行。

(2) 第三方货物监管：引入独立的、具有一定资格的仓储物流公司对采购货物进行不间断、24小时监管，并承担监管责任。对于动态核定库存业务，负责凭银行监管部门签发的指令，办理赎货、换货、控货等责任。

(3) 设立专门的货押监管岗位或部门：进行货押业务的专业管理，负责巡库、核库、核价、盯市、赎货、换货等职能管理；对监管方、监管场地、监管手续、监管方案等进行评级、认定，签订监管协议文件，负责审核货物来源以及所有权资料，管理相关押品（仓单、货物保险单）等的入库管理、动态台账登记、档案管理。

6.20.3 贸易融资业务的放款手续和文件

从放款审查的角度看，此类业务融资工具不外乎前面介绍的流动资金贷款、银行承兑汇票等。因此，所需要的放款手续大部分也是相同的（详见4.2.1，4.2.4），但也有很大的区别。重点在于，担保方式主要提供"物"的担保，即以所购或现有的货物作为质押或抵押品，在此基础上提供融资；还有货物监管内容。

对于先票（款）后货模式以及现货抵（质）押模式来说，银行往往要求第三方监管，因此，放款手续上，还需要以下个性化手续和文件（见表6-25）。

表6-25　　　　贸易融资业务特殊放款信贷及法律手续

序号	手续	解释或说明
1	货押监管部门的认定报告书	认定监管方、监管仓库、场地、方案、组织和人员等
2	核库、核价报告书	对监管货物的仓库进行核查，对监管物的价格、价值进行认定，确保符合抵押率（质押率）的要求
	货物所有权凭证	发票、运输单据等
	产品品质证明书	质量证书等
	货物、仓库保险手续	保单（含批单）；险种符合要求；保险金额覆盖融资金额、期限；保单第一受益人规定为融资银行；明确未经银行的同意，保险条款不得变更
3	《仓储监管协议》	审查监管要素，并代表银行与监管方、授信申请人签订协议
	《仓储租赁协议》或《场地使用协议》	监管方租用场地进行监管的手续
4	抵押/质押合同	动态核定库存模式，签订最高额质押/抵押担保合同
5	《动产抵押登记书》	如果采用动产抵押的担保方式 为了有效对抗善意第三人，一般只要当地能够办理动产抵押登记的，均要求办理抵押（而不是质押）
	《动产抵押变更登记书》	如果仅仅在原来抵押登记书的基础上，变更部分内容、事项时，提供。多数是在续做业务，或其他情况下
	客户承诺书等	对合作事项、不重复设定抵/质押等问题提供承诺 对暂时不能覆盖融资期限的保险，承诺续保等

另外，担保提货模式是银行利用"三方协议"，把经销商、生产商（产品供应商）纳入到一个整体合作框架内，由生产商承担指定发货、不发货退款以及担保（提货）等责任，一方面封闭物流、资金流；另一方面，上游厂商间接提供担保。

因此，放款需要的手续中没有货押监管的内容，主要是补充《三方合作协议书》，明确各方责任义务、操作流程、合作额度等。该协议可以使用格式协议书，否则，文本必须提供法律部门进行审查。

6.20.4 贸易融资业务风险揭示

(1) 交票/送票风险：对于先票后货模式，银行开立银承后，必须由银行工作人员亲自或寄达上游供货商。第一次合作业务，必须双人送达，并得到供货商的收款确认，比如《银行承兑汇票收妥确认书》或类似文件。如果将银行承兑汇票直接交给客户（授信申请人）则会存在资金用途风险，即客户可能不用于采购货物。

(2) 银行操作违约风险：贸易融资业务的法律风险体现在三方或四方合作协议上，但客户经理或经营单位往往强调客户的责任与义务，而对于自身的责任义务的履行不到位，一旦出现法律纠纷，银行不能免责，甚至败诉。

(3) 监管风险：监管风险一方面体现在监管方监管责任不能落实，或者存在道德风险、联合作案等。另一方面体现在银行监管部门监管责任不到位，产生的风险。比如价值管理不到位，价格变化（贬值）过快，没有及时采取防范和补救措施等。

(4) 合作协议法律风险：体现在协议本身的条款存在问题；合作方不能履行协议规定；合作协议的签署存在问题等。

(5) 销售回款不封闭：销售回款及时回流至融资银行，即使赎货时控制信贷风险的基本要求。回款账户部唯一，或者不及时回款，则会产生信贷风险。

(6) 抵/质押存在法律瑕疵：动产抵押、质押登记存在问题，质押条件下，没有实现有效占有等。

第 7 章

放款管理常见法律问题

本章就放款管理中常见的法律问题进行了选择性归纳和整理,重点梳理了合同法、担保法、票据法等关系密切的内容。

7.1 信贷业务合同相关法律问题

信贷业务的合同一般有三类，即额度合同、业务合同（区分不同业务品种）、担保合同。

额度合同常用的有：《综合授信额度合同》、《商业承兑汇票贴现额度合同》。

常见信贷业务合同有：《贷款合同》、《汇票承兑合同》、《开立保函合同》或《开立保函申请书》（配套《开立保函总合同》）、《贴现合同》或《贴现申请书》（配套《承兑汇票贴现总合同》）、《进口押汇合同》或《进口押汇申请书》（配套《进口押汇总合同》）、《开证申请书》（配套《信用证开证总合同》）、《国内保理业务合同》、《保理合同》、《委托贷款合同》等。

担保合同常用的有：《质押合同》（或《最高额质押合同》）、《抵押合同》（或《最高额抵押合同》）、《保证合同》等。

另外，根据不同的业务性质、业务合作模式，还需要签订不同类型的合作协议，既有两方的合作协议、也有三方甚至多方的合作协议。比如《仓储监管协议》等。

7.1.1 不完全合同及解决方式

信息不对称以及信贷合同双方的有限理性，导致合同当事人难以做到事无巨细地订立合同条款，因此，信贷合同也是一种典型的不完全合同（张炜，林伟，2004）。

从放款管理角度看，应注意以下问题：

1. 客户经理（信贷员）以及放款审查人员对业务合同及其使用应有正确认识

（1）格式合同本身并不是"完善的"，其本身需要在业务实践中不断补充、修改、完善，最大限度消除合同的内在缺陷，增加过去未曾考虑到的问题、事项，这是业务合同版本不断变化的基本原因。只要有新的格式合同版本出现，必须主动、及时采用。

（2）利用约定事项，加入遗漏条款等是对格式合同不完善的补救措施，应高度重视。此环节很大程度上依赖于放款管理部门法律审查人员的能动作用。一方面针对信贷审批意见的要求，进行必要的约定，不要遗漏；另一方面，对日常业务管理中发现的合同缺陷，增加一些固定的约定，加以弥补，直至下发新的合同版本。

（3）业务部门、法律审查人员、客户经理（信贷员）以及其他合同使用者，对于发现的合同中的问题、缺陷、漏洞等，应通过银行的内部程序，进行反映，提出建议，以便于法律部门及时研究、修订。

（4）非格式合同在使用前，必须经过法律部门的审查、确认，经批准后方可使用。

2. 合同的监督机制利用（合同公证、见证、合同担保等制度），有助于转嫁风险于违约者，是应对不完全合同问题的重要方式。

7.1.2　格式合同与非格式合同

1. 格式合同

使用格式合同是银行的通行做法。格式合同具有一些优势：有利于事前法律风险的防范，具有规范、高效、低成本性、广泛适应性、相对固定性等特点。放款管理环节应尽量使用格式合同版本。如前述，格式合同同时也是不完全合同，随情况的变化，也需要不断进行修订、补充和完善，因此，又要求使用最新的格式合同版本。

但格式合同双方当事人经济地位是不平衡的，《合同法》对于格式合同条款的订立有一定的限制，应避免格式合同条款无效的情况。

根据《合同法》，格式合同的订立应注意以下几点：a. 体现公平原则。b. 格式条款内容明确具体，避免产生歧义。对于有两种以上解释的，法律规定应做出不利于提供格式条款一方的解释。c. 对于涉及免除或限制银行责任的条款，以适当方式引起合同相对方的注意。d. 文本与现行法律制度相一致。[①] e. 是否限制了对方当事人的法定权利。

一些必须要加的格式条款，一定注意表明是双方当事人经友好协商确定的真实意思表示，可能的话，最好由对方当事人单方出具确认的承诺，避免以格式合同为由做出对银行不利的解释。

信贷审批意见往往对借款人提出许多限制性要求，有些要求必须在合同中进行约定，有的企业或银行自身提出，要对某些条款进行修改、变更。放款法律审查岗位同样要考虑上述应该注意的内容。原则是，约定条款法律效力由于格式条款，进行约定、条款变更时，注意在充分保护自身利益的同时，不能忽视借款人、担保人的权益。

实践中，关于合同的约定内容，往往存在不同的意见。比如，上级信贷管理部门在信贷检查时提出的问题有时与经办行的意见不同，与法律部门的观点不同。

2. 非格式合同

传统业务中，非格式文本使用率较低，但随着业务的创新，融资业务品种花样纷呈，个性化融资方案需求持续增加，非格式文本也就在银行的合同（协议）的使

[①] 张炜，林伟. 银行法律纠纷风险控制［M］. 法律出版社，2004，8（1）：320~322.

用比例上呈现上升趋势。非格式合同适应了个性化要求，满足了业务创新的需要，但需要经过法律部门的法律审查程序，效率低、成本高。

规范非格式文本的使用，是促进银行业务合法、规范化经营，有效防范操作风险（尤其是法律风险）的重要环节。非格式文本常见问题：表述不规范、不全面或者错误；双方（多方）的权利义务界定不清晰；授权内容不明确；无法满足银行风险控制的要求等。如擅自签署，可能会产生不良后果。因此，凡非格式文本，均必须经过内部法律部门或岗位的审查、批准，方可使用。

非格式合同的审查要点：签约主体资格、合同内容的合法性、合同意思表示的真实性、合同条例是否具体、完备准确以及是否反映了业务特征、流程及信贷审查意见的要求和各方的责任义务、合同形式是否规范、合同要素（含附件）是否齐全、合同生效条件是否合法等。

7.1.3 合同生效条件

1. 一般生效条件："三个必要条件"

第一，主体合法：自然人、法人或其他经济组织订立，且有相适应的民事行为能力；

第二，真实意思表示；

第三，不违反法律和社会公共利益。

2. 签字、签章、盖章生效问题

业务合同、协议的一般生效条件是签字、盖章后生效。实践上，该条件经常难以完全实现。原因是，法定代表人（或其授权人）不能签字的情况相当普遍（尤其是大型企业、外资企业等），不仅影响了业务效率，也影响了法律效力。如果合同一方为自然人的，则自然人一方只能签字或签章（个人名章或手签章），上述要求也容易产生歧义。

（1）关于盖章问题。

对于借款人是法人或其他经济组织的，借款合同（和其他业务合同）必须加盖"公章"，但"合同专用章"也可以接受。但是部门印章不能接受。实践上，使用"财务专用章"签署合同的，必须提供"财务专用章"代替企业"公章"的声明书，声明书加盖公章。

（2）关于签字与签章问题。

对于签字盖章生效的合同，必须要求签字并加盖公章。对于不能本人签字，可以使用签章代替，同时，提供签章（含手签章）代替本人签字，且具有同等法律效力的声明书。声明书上，标明签章（含手签章）式样，以便于审核；本人签字并加盖公章。

对于不能提供上述声明书，又不能签字的，最好修改合同生效条件为"经合同各方签章、盖章后生效"，防止引起歧义。

3. 附条件合同、附期限合同

附条件合同，是设定一定的条件、要求，对合同的生效进行限定。条件或要求是限定合同的权利义务的发生、变更与消灭的事实。只有条件成就时，合同才能生效。

常见的"条件"：①对合同进行公证；②对合同进行见证；③登记生效由法律明确规定。

附期限合同。合同约定的期限届至、届满前，合同当事人的权利为期待权，只有届至、届满时，合同才生效。

4. 担保合同的生效条件

担保合同的生效条件有其特殊性。不同的担保合同生效条件不同，生效条件是否成就关系到担保合同的法律效力。抵押合同自登记之日起生效。

第一类，法律规定应当登记的特定财物，必须登记，否则担保合同不具有法律约束力；担保法同时规定，此类担保合同自在法定部门登记之日起生效。

第二类，法律规定自愿登记的财物，不登记不影响担保合同的法律效力，但不能对抗第三人。

主合同变更的，应当重新办理抵押登记，否则，抵押担保无效，除非另有约定。

注意，对于动产来说，抵押是合同生效的要件。

5. 主合同与从合同的生效关联

对于有担保的信贷业务，主从合同的关系是，从合同依赖于主合同的生效和存在。但是，反过来，主合同则不依赖于从合同的生效与存在与否，而独立生效和存在。

为了防止授信申请人在没有履行担保或抵/质押的情况下，也就是在担保、抵质押合同未生效的情况下（包括未办理抵/质押登记手续），要求银行履行主合同，应在主合同中设立关联生效条款或约定：

"本合同发生法律效力，以取得银行（甲方或乙方）认可的担保人提供有效保证或/和抵（质）押，并另行签订《保证合同》或/和《抵押（或质押）担保合同》为前提"。

或在主合同中规定提款条件约束，这样即使主合同生效，但由于没有达到提款条件，仍不能发放。比如约定："借款人（甲方或乙方）实际提款前，有关担保合同已经依法成立且已生效"。

7.1.4 可撤销合同与无效合同的异同（见表7-1）

表7-1　　　　　　　　　　　　　　合同比较表

	可撤销合同	无效合同
相同点	被确认无效后或被撤销后，合同均不发生效力，法律后果相同	
不同点	主要因当事人意思表示不真实所致（如重大误解、显示公平、欺诈、胁迫、乘人之危等）	内容违法、违背社会公共利益
	撤销前为有效合同，撤销后为无效合同	自始为无效合同
	由有撤销权的当事人在一定期限内主张（才能得到法院支持）由法院行使撤销权	不一定由当事人主张才无效，法院可依法主动认定合同无效

资料来源：张炜，尤瀛东，董建军. 银行法律风险控制：典型案例探析[M]. 法律出版社，2004(1)，96.

案例7-1：抵押未办，借款遭拒，起诉银行

案情	2000年×月×日，某水泥厂与某信用社签订了一份抵押担保借款合同，约定信用社向水泥厂贷款200万元。约定，贷款方若不按期、按额度向借款人提供贷款，应按违约数额和延期天数付给借款方违约金；同时约定，以水泥厂办公楼等房产对前述贷款提供抵押担保 此后，信用社放款时才发现，抵押物没有房产证，无法办理抵押手续，且贷款申请材料提供的房产证复印件系伪造，因此，信用社拒绝发放贷款 水泥厂方面多次催促信用社履行贷款义务未果情况下，向法院提起诉讼，请求法院判令： （1）信用社继续履行借款合同，向水泥厂提供贷款200万元 （2）信用社承担违约责任，支付未约金72万元
法院判决情况	一审法院认为： 抵押借款合同包含抵押担保合同和借款合同两部分，抵押合同未到抵押登记部门登记未生效。但是，借款合同系双方当事人的真实意思表示，且不违背国家的法律法规，属于有效合同，双方均应按约全面履行。信用社应承担违约责任，鉴于本案情况，履行借款合同已不可能，不予支持。判决信用社支付违约金46.6万元
信用社不服，提起上诉	认为原审判曲解抵押借款合同，割裂抵押与借款的因果关系，非法将违约责任强加给信用社。《担保法》规定的抵押贷款必须以合法抵押为前提，未办理抵押或抵押无效，抵押贷款就不能发放
二审判决	二审认为，从当事人设定抵押的目的和银行发放抵押贷款的商业惯例来看，抵押贷款的发放必须以合法抵押为前提，否则没有抵押，就不可能发放抵押贷款。水泥厂将没有房产证且无法办理抵押登记的抵押物用于抵押的行为存在欺诈，丧失商业信誉，水泥厂可能因此丧失履行偿还贷款债务的能力，信用社因此也丧失了收回贷款的保障。此情况下，信用社未按照约定放贷不能认定为违约行为，不承担违约责任。判决撤销一审判决，驳回水泥厂诉讼请求

续表

启示	（1）信贷调查不充分，导致发放贷款时才发现抵押物没有产权手续。笔者认为，必须在信贷调查和信贷审批之前，对抵押物的合法性进行调查和审查，这是信贷准入的前提 （2）如果信贷审批环节产权证尚未落实，需要在放款前落实的，先审查产权证的真实性之后，再签订有关借款合同、抵押合同 （3）在主合同中增加关联约定条款。如果未在主合同中约定主合同的法律效力取决于担保的生效，但是，如果贷款发放前，借款人的行为发生重大变化，且足以影响到贷款的安全，则贷款人可以行使《合同法》规定的"不安抗辩权"[①]，拒绝继续履行义务 （4）未经过放款法律审查前，银行方面在有关合同上可暂不盖章，更不能直接交给客户

注：案情根据张炜、尤瀛东、董建军：《银行法律风险控制：典型案例探析》，法律出版社，2004年9月第1版第1~4页案例简化、整理。

7.1.5 合同的签订、履行和保管

1. 合同的签订

关于合同的签订日期，实际操作中，应注意坚持"四个不早于"：

（1）具体信贷业务（借款合同、承兑合同、开证合同、开立保函合同等）的签订日期与《综合授信额度合同》签订日期可以相同或之后，但不得早于《综合授信额度合同》。

（2）信贷业务的实际发放日期不得早于具体信贷业务合同的签订日期。具体体现在借款借据、贴现凭证、银行承兑汇票的日期及信用证开证日、保函的签发日等上面。

（3）担保合同的签订日期不早于主合同的签订日期。

（4）抵押登记日期（《动产抵押登记书》、《他项权利证书》的日期，土地证、房产证等权利凭证上标注的登记日期或期限）不早于担保合同的签订日期。

注意不规范签订合同的情况：

（1）没有签订日期，导致不能确定合同的生效时间，法律纠纷产生后，给银行诉讼工作带来不利影响；还有的对签订日期进行涂改。

（2）合同要素不能填写完整。如双方的名称、地址、联系人、电话等；空白处不画线处理。

（3）有的非格式合同、协议文本缺少签订地点等要素，影响到法律管辖地的明确。

（4）合同修改过多，有的涉及重要条款。有的合同进行了修改确认，有的则没

[①] 不安抗辩权，是指"在后履行合同义务的一方当事人出现财产状况恶化、丧失或可能丧失履行能力等情形时，应当先履行合同义务的一方当事人可以行使抗辩权，在对方未履行对价（原文为'对待'，可能有误）或者提供担保之前，可以拒绝履行自己的义务"。张炜、尤瀛东、董建军. 银行法律风险控制：典型案例探析［M］. 法律出版社，2004（1），4.

有盖章（含签字）确认，导致银企所持有的合同不一致。

2. 合同的展期

合同展期仅仅发生了期限的变化，原来的借贷关系不变，并不产生新的债权。但毕竟主合同有变化，因此应注意保证担保的继续有效性，防止担保落空。展期还应注意按照银行内部的管理权限要求，进行审批后，方可办理。

（1）保证担保：根据《担保法》及其司法解释，保证人不因主合同的变更而一概免责；如果变更后，减轻了债务人的债务的，则保证人对变更后的主合同仍然承担保证责任。此时，并不必须通知保证人；反之，对于加重的部分不承担担保责任。谨慎起见，应通知保证人，争取得到保证人的同意，要求保证人在"借款展期协议"上签字盖章，承诺对变更后的债务继续提供担保。

（2）第三人抵（质）押担保：展期对于抵押人承担的抵押人责任大小、范围没有任何影响，不会加重其担保责任，无需征得抵（质）押人的同意。公平起见，应告知展期的事实，以免引起不必要的纠纷。

如果展期时，调高了借款利率，则最好让抵（质）押人在展期协议上承诺同意继续以原抵（质）押物对变更后的债务提供担保，签字盖章，至少出具书面同意展期的意见书。

3. 合同的履行

（1）各方是否履行了合同规定的义务，包括银行自身履行义务的各个方面。对于贸易融资业务等操作手续较多的业务，更要注意按照规定的操作要求、程序履行义务。

（2）在贷后管理环节，关注借款人、担保人履约情况。是否存在故意逃废债、怠于行使债权、实施有损于抵（质）押价值的行为，发现问题及时采取补救措施。

（3）关注借款人、担保人以及抵（质）押物是否发生法律纠纷或诉讼、破产、歇业、解散、停业整顿、执照吊销、重大人事变动或其他变故，否则及时停止新的业务出账。

（4）关注企业经营机制变化、经营范围变更、股权变动、注册资本变动、改制、重组等情况，以及债务转移情况等，评估是否影响债权。

（5）对逾期贷款、垫款等，积极进行合法、有效的催收，防止丧失诉讼时效，防止丧失追索权，防止担保落空等。

4. 合同的管理

合同未经放款管理部门法律审查合格前，不得直接交给客户。

合同作为最重要的信贷业务档案，必须由档案管理部门进行登记、分级保管。有的合同丢失，导致不能起诉，或因举证困难、证明力度不够，导致诉讼请求得不到应有的支持。

7.1.6 企业贸易（交易、业务）背景合同

企业之间签订合同，不应超过其经营范围。如果当事人超过其经营范围订立合同的，按照《合同法若干问题的解释（一）》，人民法院并不因此认定合同无效。但违反国家限制经营、特许经营以及法律、行政法规禁止经营规定的除外。

此情况下，对提供的担保合同的效力有一定影响，担保合同的效力与否，应视主合同的具体情况而言（张初础，2004）。

市场人员应对交易背景进行调查，明确交易背景的真实性、合理性和合法性，审批部门、放款部门应审查交易背景资料、合同的表面真实性，关注合同要素、签字盖章、关键条款（价格、期限、金额、付款、交付等）。

7.2 担保合同相关法律问题

7.2.1 担保合同与主合同的关系

1. 主从关系与从合同的独立性

我国《担保法》规定了担保合同与主合同的主从关系，担保合同是主合同的从合同，以其所担保的主合同的存在和生效为存在前提。主合同无效、被撤销、终止，从合同随之无效、终止。

但是，担保合同另有约定的，按照约定。根据此条规定，担保合同当事人可以对担保合同的效力与主合同效力之间的关系另行约定。

也就是说，可以利用约定，达到下列的法律效果：在主合同无效的情况下，主合同债权人与债务人之间的关系，转变为主合同无效情况下担保人应承担的责任（张炜、林伟，2004），或者使担保合同效力不受主合同效力的影响。

2. 主从合同不一致问题

主、从合同之间在内容上必须保持一定的协调性、统一性，不能相互割裂。比如主合同（借款合同）中约定，银行有提前收贷的权利，但保证合同中，未对提前收贷的担保责任进行约定。实务中，担保人往往以提前收贷违反担保合同的约定为由，提出抗辩要求免责。

一个主合同往往存在多个从合同（比如，主合同履行期间，抵/质押物发生置换、变动，则需要变更从合同），从合同的签订必须注意始终与主合同保持一致。注意担保的金额是主合同的金额，引述所担保的主合同的编号以及合同之间的时间、

顺序等逻辑关系是否正确。

3. 主合同变动，征得从合同当事人（担保人）的书面同意

主合同变动，需要征得担保人的书面同意。对于涉及加重债务人债务的任何变动，必须征得同意，否则对加重的部分不承担担保之责。比如借款合同的期限变化，未经保证人书面同意的，保证期间为原合同约定的或法律规定的期间。

主合同当事人双方协议借新还旧（以贷还贷）情况下，除了保证人知道或应当知道外，从合同无效，保证人不再承担责任（但是新旧贷款系同一保证人的，不适应上述规定）。

对于借新还旧，应在借款申请书、借据、主合同中明确贷款用途为"以贷还贷"（借新还旧），体现担保人的真实意思表示；征得保证人的书面同意。对物的担保还要重新进行抵押、质押物的登记。

7.2.2 抵押合同的要素

1. 房地产抵押合同

抵押合同需要记载的内容参照《城市房地产抵押管理办法》第 26 条执行。商业银行、信用社的格式合同应能反映规定的基本要素。

常见的其他约定事项：

（1）抵押房地产保险要求；

（2）限制抵押人出租行为、转让行为、改变用途行为。

2. 在建工程抵押合同的特殊要求

《城市房地产抵押管理办法》第 28 条明确了，在建工程抵押合同需要记载的其他内容：

（1）"三证"的编号（《国有土地使用权证》、《建设用地规划许可证》、《建设工程规划许可证》）；

（2）已经交纳的土地出让金或需交纳的相当于土地使用权出让金的款额；

（3）已投入在建工程的工程款；

（4）施工进度及竣工日期；

（5）已完成的工作量或工程量。

目前，银行的抵押格式合同中，一般没有单独的《在建工程抵押担保合同》，多使用其他通用的抵押担保合同，上述要素未能体现。

7.2.3 担保合同无效后的法律责任

法律纠纷中，如果担保合同被确认无效，担保人就不再承担担保责任。但是，

担保人有过错的,应当根据其过错承担相应的民事责任。

注意,此问题也适应于其他业务合同。如果合同当事人有过错,即使合同无效,在法律上也应根据各自的过错,分别承担相应的法律责任。

放款管理环节应注意以下问题:

(1) 经营单位、市场(营销)部门、客户经理高度重视合同的签订工作。认真对待合同的每一细节,注重关键条款、重要约定、逻辑关系。

(2) 放款审查部门应认真审核有关业务合同,减少银行方面在签订合同时可能的过错出现。对于存在填写错误,涂改未确认,要素未填写完整的,登记未办理的,逻辑关系不正确,未盖章或未经有权签字人签字等问题的,不得通过审核,退档处理,拒绝放款,直至符合要求。

(3) 因为各种原因允许在放款时未办理抵押登记而又同意出账的:

①必须取得抵押人事后一定期限内,补办抵押手续的承诺书,同时,客户经理、放款管理中心应及时跟踪落实后补手续。承诺书的出具有利于抵押人违背诚信原则,违背承诺不同意补办抵押登记的情况下,银行向法院主张获得抵押人赔偿的权利。

②因登记部门的原因暂时无法办理抵押登记的,争取取得抵押人的权利凭证,作为"押品"入库保管,可以在诉讼时对该财产主张优先受偿权。但不得对抗第三人。

7.2.4 保证合同保证期间与诉讼时效的异同

保证期间是保证合同当事人约定或依法推定的,保证人容许债权人主张权利的最长期限。诉讼时效是权利人在法定期间内不行使权利即丧失请求法院依诉讼程序强制义务人履行义务的权利。两者的异同见表 7-2。

表 7-2 保证期间与诉讼时效的比较表

相同点	不同点
适用对象都是请求权	(1) 保证期间首先是约定期间,无约定时才适应于法定期间(主债务履行期届满后的 6 个月);诉讼时效为强制性法定期间(依照民法通则),不能约定。 (2) 保证期间的起算点为主债务履行期限届满时;诉讼时效的起算点是权利人知道或应当知道权利被侵害之时; (3) 保证期间为不变期间;诉讼时效为可变期间,可以由于一定的法定事由而发生中止、中断、延长。 (4) 法律效力不同。诉讼时效届满消灭的仅是胜诉权或产生抗辩权,实体权本身并不因此丧失(日本除外);保证期间届满,债权人尚未主张权利的,保证人免除保证责任。债权人丧失的是主体权利

资料来源:根据张炜、林伟:《银行法律纠纷风险控制》,法律出版社,2004 年 8 月第 1 版,第 71~72 页和张炜、尤瀛东、董建军:《银行法律风险控制:典型案例探析》,法律出版社,2004 年 9 月第 1 版,第 54~55 页有关论述整理。

两个期限之间的连接：债权人在保证期内向保证人主张了权利，则保证期间结束，债权人即取得了行使保证权的实体权，此时开始计算保证合同的诉讼时效，两个期限得以连续承接。

7.2.5 担保合同的选择与使用

7.2.5.1 保证担保合同的选择与使用

常见的担保合同有《最高额保证担保合同》（签署额度合同时适用）、《保证担保合同》、《最高额保证担保合同》（不签署额度合同时适用）（统称为保证合同）。放款时，担保合同的选择、签订，须注意与相应的主合同相匹配。

（1）《最高额保证担保合同》只能担保《综合授信额度合同》，或者《商业承兑汇票贴现额度合同》（在没有签订综合授信额度合同的情况下）。即如果保证人愿意担保全部额度，则与银行签订《最高额保证担保合同（签署额度合同时适用）》；

（2）《保证担保合同》只能是担保单笔授信业务合同。即如果保证人只愿意担保某一单笔业务，则与银行签订《保证担保合同》。单笔授信业务合同包括《贷款合同》、《承兑合同》、《开立保函申请书》、《应收账款转让申请核准书》（预支价金方式时性质等同于单笔授信业务合同）等。这里的"申请书"实际是合同的一部分。一般是《×××总合同》（初次开展某项业务时签订）+《×××申请书》（单笔业务时提交），申请书与总合同共同构成某项业务的完整合同。

（3）借款人没有与银行签订额度合同，但保证人愿意对"借款人在一定时期内与银行签订的所有主合同项下的债务"进行保证担保，这种情况下就可以签订《最高额保证担保合同（不签署额度合同时适用）》。被担保的合同在法律上称为"主合同"。

7.2.5.2 抵押担保的合同的选择与使用

抵押合同有以下类型：《最高额抵押担保合同（签署额度合同时适用）》、《抵押担保合同》、《最高额抵押担保合同（不签署额度合同时适用）》（统称为抵押合同）。提供抵押物的自然人或企业称为"抵押人"，在有抵押担保时，要根据具体情况选择签订这三类抵押合同，这三类抵押合同能够担保的主合同的范围同前述的保证合同。

注意问题：

（1）抵押合同中应该有《抵押标的情况声明书》，或者单独提供一份《抵押标的情况声明书》，即抵押人还要同时向银行出具与抵押合同编号一致的《抵押标的情况声明书》（抵押人签字、盖章）。抵押物的名称、权属、价值、存放地等详细情况要写明在《抵押标的情况声明书》上。

（2）根据法律规定以及信贷终审意见要求，如果抵押需要办理抵押登记，则还需要取得相关国家机关出具的抵押物他项权利证等证明已办理抵押登记的凭证。

（3）如果抵押物的所有人是自然人，而该自然人是已婚人士，且夫妻双方健在，在没有其他相反证据证明的情况下，则该抵押物属于夫妻双方共有财产，需要夫妻双方均在抵押合同和抵押标的情况声明书上签字。

如果抵押物是"夫妻双方共有"之外的其他共有情况，同样需要全部共有人在抵押合同和抵押标的情况声明书上签字（如果共有人是企业，则需要企业签字、盖章）。

（4）抵押物的原值一般是指购买该抵押物时的价值，现值一般是指银行认可的评估值。

7.2.5.3 质押担保的合同的选择与使用

质押合同常见类型：《最高额质押担保合同（签署额度合同时适用）》、《质押担保合同》、《最高额质押担保合同（不签署额度合同时适用）》（统称为质押合同）。提供质物的自然人或企业称为"质押人"，在有质押担保时，要根据具体情况选择签订这三类质押合同，这三类质押合同能够担保的主合同的范围同前述的保证合同。

注意问题：

（1）质押合同应该附有《质押标的情况声明书》，或单独提供一份《质押标的情况声明书》，其与质押合同编号一致，质押人签字、盖章。质物的名称、权属、价值、存放地等情况要写明在《质押标的情况声明书》上。

（2）同抵押合同注意事项的第3点。

（3）质物如果是动产，其价值一般是指动产质押给银行时的市场价值和最初购买时价值的孰低值；如果质物是存单、银行承兑汇票、债券、股权等，其价值是指其表面价值。

7.2.5.4 贸易融资业务中担保合同的选择与使用

贸易融资中，目前常见的融资模式有：现货动态核定库存质押模式、先票后货标准模式、先票后货担保提货模式、信用证项下未来货权质押模式、汽车质押业务（汽车质押与其他货物质押的操作方式不同）等。不同融资模式下，对于合同的要求不同：

1. 现货动态核定库存质押模式

该融资模式下，须签订《最高额质押担保合同》，该合同的质押标的物就是该模式中的现货。

每个授信额度只在首次（首笔业务）放款时签订一次《最高额质押担保合同》，由于该模式中的《最高额质押担保合同》的质物是动态变化的，体现在描述质物情况的《质押标的情况声明书》中。实践中，如果与第三方监管方签订《仓储监管协议》，有的银行则常以《质物清单（代质押确认回执）》代替《质押标的情况声明书》，作为《最高额质押担保合同》描述质物情况的附件，每次单笔业务放款时，质物清单不同。

换言之，《质物清单（代质押确认回执）》既是《仓储监管协议》的附件，也是《最高额质押担保合同》的附件。该附件是监管方和出质人有义务盖章，出具给银行的确认质物情况的有效法律性文件（仓储监管协议中约定了监管方和出质人的该义务）。

为了完善法律手续，应在《最高额质押担保合同》中补充约定"变更附件"的事项。比如可以约定："本合同质物以《质物清单（代质押确认回执）》（附件）为准，该附件是本合同不可分割的一部分"或"质押标的详细情况，见本合同附件《质物清单（代质押确认回执）》"。单笔业务放款时，都要提供新的《质物清单（代质押确认回执）》（上面的质物情况是出账时出质人实际质押给银行的质物情况），作为《最高额质押担保合同》的最新有效附件。

2. 先票后货标准模式

该模式下，需要签订《质押担保合同》（借款人、银行签订），该合同的质押标的物是该模式中未来要质押给银行的货物。

在每次承兑（或者贷款等）出账时，借款人（假设同时是出质人）就要和银行预先签订《质押担保合同》。因为这时还没有质物，《质押标的情况声明书》因此提供的是空白的，待借款人用银行的融资向上游厂商购买了货物后，该货物到达银行指定地点，形成银行的实际占有和监管，或者银行委托的监管方代理银行占有和监管，这时该货物才成为真正现实的质物，这时就要及时完善《质押标的情况声明书》。这样，质物就具体化了，否则质押是"虚化的"。

汽车质押业务有些特殊性。无论是先货后票模式还是先票后货模式，每次放款时都需要签订《质押担保合同》。先货后票模式中，在放款时借款人（同时是出质人）要与银行签订《质押担保合同》，因为这时还没有质物，因此《质押标的情况声明书》空白，待借款人用银行的融资向上游厂商购买了汽车并取得汽车合格证后，这时就要及时完善《质押标的情况声明书》或质物清单、监管物清单，具体名称根据质押合同附件的名称而定（二者完全一致）。

3. 先票后货担保提货模式

该模式下，银行与上游供货商和经销商签订《合作协议书》（适用于先票后货担保提货模式）。协议中一般约定，上游厂商收到银行融资款后凭银行指令发货、不发货退款，但不涉及到货物质押，因此无需签订《质押担保合同》。

4. 信用证项下未来货权质押模式

该模式中，如果进口单据寄达开证行，进口客户用现款赎单，则不需要签订质押合同。但如果进口企业将进口货物质押给银行，逐步打款提货，则就需要签订《质押担保合同》（借款人、银行签订），该合同的质押标的物就是未来要质押给银行的进口货物。

7.2.5.5　担保合同中的其他注意事项

（1）在放款业务中，如果提供的保证金与出账金额不宜用比例来表述，则可以直接表述为具体金额。在合同条款中可以表述为："由我公司向贵行交付_____（币种）_____元保证金，保证金账号为_____，保证金按_____利率计息。本条款不因总合同及本申请书其他条款的无效而无效。"

如果是债务人提供保证金，则需要在债务人与银行签订的授信合同（例如《综合授信额度合同》、《贷款合同》、《承兑合同》、《开证申请书》、《开立保函申请书》、《进口押汇申请书》等）中约定保证金事项。如果是第三方（个人或者企业）提供的保证金，则需要由第三方与银行签订针对保证金为质押标的物的《质押担保合同》（根据情况，有时需要签订《最高额质押担保合同》）。

（2）转授信业务时，如果授信申请人有担保人，则需要在担保人与银行签订的《最高额**担保合同》中补充约定：乙方对主合同中转授信项下所发生的全部债务（包括或有债务）本金、利息、罚息及复利、实现债权的费用承担连带保证责任，保证期间从转授信项下具体授信合同生效日起直至转授信期限届满日后另加两年。约定的目的是要担保人对被转授信人的债务也承担连带担保责任。

（3）银行承兑汇票质押担保时，需要在《质押担保合同》（或者《最高额质押担保合同》）中补充约定：质物银行承兑汇票到期收回款项划入乙方在甲方开立的保证金账户内，继续承担本笔业务的担保责任，保证金账号为：_____。

（4）定期存单质押担保时，如果存单到期日早于授信到期日，则需要在《质押担保合同》（或者《最高额质押担保合同》）中补充约定：甲乙双方同意，在质物存单到期后，乙方以该存单继续提供质押担保，直至主合同债务履行完毕。

7.3　担保方式及法律要求

根据《担保法》的规定，法定的担保方式为保证、抵押、质押、留置、定金五种方式。留置权一般仅在保管合同、运输合同、加工承揽合同中适用，而定金则普遍适用于商业贸易合同中。银行融资业务中，经常使用的是保证、抵押、质押三种担保方式。

7.3.1 第三方保证担保

7.3.1.1 保证担保的概念与类别

保证,是指保证人(法人、自然人、其他组织)和债权人约定,当债务人不履行债务时,保证人按照约定履行债务或者承担责任的行为。

保证有两种方式,即一般保证与连带责任保证:

一般保证:当事人在保证合同中约定,债务人不能履行债务时,由保证人承担保证责任的,为一般保证。一般保证的保证人在主合同纠纷未经审判或者仲裁,并就债务人财产依法强制执行仍不能履行债务前,对债权人可以拒绝承担保证责任。

连带责任保证:当事人在保证合同中约定保证人与债务人对债务承担连带责任的,为连带责任保证。连带责任保证的债务人在主合同规定的债务履行期届满没有履行债务的,债权人可以要求债务人履行债务,也可以要求保证人在其保证范围内承担保证责任。

从两种保证方式比较来看,连带责任保证的债权人更有主动地位,即不需要经过审判、仲裁、执行等司法程序,就可以要求担保人承担保证责任。因此,银行一般只接受连带责任保证的担保方式。

7.3.1.2 保证责任的内容

根据《担保法》规定,保证担保的范围包括主债权及利息、违约金、损害赔偿金和实现债权的费用,保证合同另有约定的,按照约定。

银行格式合同中,保证担保的范围一般规定为"主合同项下债务人所应承担的全部贷款本金、利息、复利及罚息、实现债权的费用";保证期间通常规定为,授信期间届满日后另加 2 年。保证期间是一个除斥期间,在连带责任保证的情况下,债权人未在保证期间要求保证人承担保证责任的,保证人免除保证责任。因此,银行作为债权人必须在保证期间内,即授信到期另加 2 年内,要求保证人承担保证责任,否则该保证人的责任解除。

7.3.1.3 保证与回购的区别

保证与回购是两个不同的法律概念,保证是《担保法》中规定的五种担保方式之一,属于人的担保,当债务人不履行债务时,保证人应按照保证担保合同的约定履行债务或者承担责任。回购是一种依据前一买卖合同而形成的新的附条件的买卖行为,虽然可以作为处分抵押物、质物从而实现抵押权或质权的一种方式,但回购本身并不是担保方式。在具体操作中,在事先签订回购条款时就明确回购的价格是无效的,只有当债务履行期届满、银行作为债权人未受清偿时与回购方商定回购的具体价格。

可见，回购并不属于担保，不适用《担保法》的调整和保护，在签订合同时约定回购条款并不能起到担保法意义上的保障作用，一旦回购操作中双方产生纠纷，双方只能基于合同，而非《担保法》主张权力。

银行在贸易融资业务中经常要求厂商承担回购责任，这是在保障相应货物（如汽车、钢铁、纸张等）质押成立的前提下，追加的授信保障，而非担保。因此，为了防止回购中可能产生的纠纷，在回购条款中，协议各方应当就回购的时间、方式、具体操作流程及相应责任的承担约定明确，增强回购的可操作性。

7.3.1.4　保证担保主体及不同要求

据《担保法》规定，具有代为清偿债务能力的法人、其他组织或者公民，均可以作保证人。对保证担保的主体条件要求同样适用于抵押中的抵押人、质押中的质押人。

1. 被法律明确排除在外，不得提供担保的主体

（1）国家机关（经国务院批准为适用外国政府或国际经济组织贷款进行转贷除外）；

（2）学校、幼儿园、医院等以公益为目的的事业单位、社会团体[①]；

（3）企业法人的分支机构、职能部门（企业法人的分支机构有法人书面授权的，可以在授权范围内提供保证）。

2. 事业单位、社会团体提供担保

事业单位、社会团体提供的担保是否有效，需要根据一定的标准进行判断。以非公益为目的的事业单位、社会团体才可以担任担保人。

如何界定"以非公益为目的"的事业单位、社会团体，法律上没有明确的依据，实践中也很难把握。但根据《担保法司法解释》第16条的规定，则从"从事经营活动"这一角度设立了一个界定标准，即从事经营活动的事业单位、社会团体为保证人的，如无其他导致保证合同无效的情况，其所签订的保证合同应当有效。推及到这类主体充当担保人，如无其他导致担保合同无效的情况，其所签订的其他担保合同也应当有效。大部分的事业单位、社团法人根据这一原则就可以判断能否提供有效担保。

近年来，不少私立医院、学校的兴起又使这个问题复杂化了，即这些私立的团体是以盈利为目的从事经营活动的，他们提供担保是否可行。目前，考虑到《担保法》的立法本意，银行对于此类担保方式一般仍然不予接受，因为《担保法》这一

[①] 注意：私立学校、医院等尽管是盈利性质，但客观上，仍具有公益性质，担保法也未明确区分公立还是私立，因此，一视同仁。

规定的立法宗旨是为了维护社会公共利益,保障社会公众的共同利益。私立医院、学校虽然以盈利为目的,但是从社会公众普遍认知上看,仍然属于社会公益事业,其担保的效力一般不被司法界认同。

需要注意的是,公益为目的的事业单位、社会团体对外担保也有例外情况。根据《担保法司法解释》第53条规定,学校、幼儿园、医院等以公益为目的的事业单位、社会团体,以其教育设施、医疗卫生设施和其他社会公益设施以外的财产为自身债务设定抵押的,可以认定抵押有效。此类担保的成立,首先必须是教育、医疗、公益设施之外的财产作抵押,如医院的宿舍楼,学校的校办工厂等。其次,抵押担保必须是针对学校、医院等的自身债务设定的,为其他人提供的担保无效。

3. 境外机构或个人提供担保

随着银行业务的不断发展,境外机构或个人提供担保的授信业务逐渐增多。由于提供担保的法人或自然人身处境外,这就产生了国际私法问题,即涉外民事行为应适用哪国法律调整的问题。基于国际私法的复杂性,由银行审查人员对境外担保的有效性进行审查是不现实的。因此当担保人为境外(含中国香港、澳门、台湾地区)的机构或个人时,均需办理由境外执业律师出具的法律意见书(境外金融机构除外)。

法律意见书必须具备以下内容:

(1) 本次担保资料是否完整、合法、有效。

(2) 担保人是否具备合法的主体资格、提供担保是否违反当地法律法规。

(3) 担保人为公司时是否需要提供董事会决议、所出具的决议是否合法、有效;担保人为个人时是否涉及夫妻共有财产法律问题。

(4) 合同签字、董事会决议签字、公司盖章是否真实、有效。

(5) 律师认为应当提供的其他意见。

境外律师出具的法律意见书必须对上述事项出具明确、清晰的意见,并由律师本人亲自签名、盖章或由该律师所在律师事务所盖章。

4. 备用信用证(Standby Letter of Credit)担保

备用信用证担保,实质应属于保证担保一类,一般是境外金融机构、境内外资金融机构对某笔信贷业务或某综合授信额度提供连带责任保证。见第4章4.4.1节"备用信用证担保人民币贷款的性质、条件及风险控制"。

5. 上市公司对外担保

证监会《关于上市公司为他人提供担保有关问题的通知》规定,上市公司不得以公司资产为本公司的股东、股东的控股子公司和股东附属企业或个人债务提供担保;对外担保必须经董事会或股东大会批准。形成决议时,与担保有利害关系的股东、董事应回避表决。

7.3.1.5 无效保证担保行为

1. 违反《公司法》规定，为股东提供担保无效

旧《公司法》第60条第3款，规定"董事、经理不得以公司资产为本公司的股东或其他个人提供担保"。否则，担保无效。即使经过董事会决议通过也是无效的。此类担保至少要取得股东会、股东大会的决议。根据2005年最新修订的《公司法》第十六条规定，公司可以为公司股东或者他人提供担保，但是需经股东会或股东大会决议。公司为股东做担保，子公司为母公司做担保目前都是得到法律的认可，但是需符合公司法规定的前提。

旧公司法对公司对外担保绝对禁止，而新公司法对公司对外担保有所放松，但在决策程序上作了严格限制。其中，公司为公司股东担保，必须经股东会或者股东大会决议，且被担保股东本人不得参加表决。

问题延伸：经过股东会或股东大会明确授权的董事会决议是否有效？如果授权明确，则一般认为是可行的。因此，审查担保人和被担保人之间的投资关系是防范操作风险的重要手段。其他注意事项：

（1）根据《最高人民法院关于适用〈中华人民共和国担保法〉若干问题的解释》第4条的规定，"除债权人知道或者应当知道的外，债务人、担保人对债权的损失承担连带赔偿责任"，该民事责任属于缔约过失责任（张炜等，2004）。

《公司法》的明文规定，债权人一般知道不应接受此类担保，担保人不应提供担保，因此往往都存在过错，债权人与担保人应当分担责任。此情况下，担保人承担过错不超过债务人不能清偿债务的1/2。

（2）也有债权人"无过错"的特殊情况存在。即投资关系隐晦、债务人与担保人隐瞒身份关系、串谋欺骗，其他外界无法知道的情况等。

2. 其他担保无效情况

非独立法人的分支机构（分公司）提供的担保，如果未经过其法人资格的公司授权，对外担保无效。

企业内部的职能部门提供的担保无效。

根据《财政部关于规范地方财政担保行为的通知》（财金〔2005〕7号）的规定，"地方财政应严格遵守有关法律规定、禁止违规担保"，"停止对《担保法》规定之外的贷款或其他债务承担担保责任"。因此，对于2005年1月26日之前发生的财政担保，法院可能认可，而在此之后的地方财政担保，法院则可认定为无效担保。事实上，《担保法》第八条有明确规定："国家机关不得为保证人，但经国务院批准为使用外国政府或者国际经济组织贷款进行转贷的除外"。

7.3.2 抵押担保

7.3.2.1 抵押担保概述

1. 抵押的概念

抵押，是指债务人或者第三人不转移对财产的占有，将该财产作为债权的担保，在债务人不履行债务时，债权人有权以该财产折价或者以拍卖、变卖财产的价款优先受偿。债务人或者第三人为抵押人，债权人为抵押权人，提供担保的财产为抵押物。抵押这种方式在担保中有着非常重要的地位。抵押在银行业务中也广泛被采用，成为担保贷款的主要担保方式。

按照抵押物来分，抵押分为不动产抵押（房屋、土地使用权等）、动产抵押（车辆、船舶等）。

2. 抵押物的登记：法定、自愿登记；变更登记

根据《担保法》第38条规定，抵押人和抵押权人应当以书面形式订立抵押合同。签订抵押合同是设定抵押权的必经法律程序，但是并不是签订了抵押合同抵押担保关系就成立了，抵押与其他担保方式的重要区别在于，大多数法定抵押必须经过登记才能生效。除必须登记的抵押财产外，当事人以其他财产抵押的，可以自愿办理抵押物登记，抵押合同自签订之日起生效。

抵押物的登记是指有关登记机关经抵押合同当事人的申请，将抵押物记载于登记册的行为。

抵押物登记分为两种情况，一种是法律规定必须登记的抵押物，另一种是自愿登记的抵押物。当事人未办理抵押物登记的，不得对抗第三人。无论抵押物登记产生何种法律效力，从债权人的角度来看，一律办理抵押物登记更有利于保护自身合法权益。对于此类没有明文规定登记部门的财产，抵押登记可以到当地公证机关进行办理（见表7-3）。

表7-3　　　　　　　　法定必须抵押的抵押物及登记机关

序号	抵押物标的	抵押登记机关
1	无地上定着物的土地使用权	核发土地使用权证书的土地管理部门
2	城市房地产或者乡（镇）、村企业的厂房等建筑物	县级以上地方人民政府规定的部门
3	林木	县级以上林木主管部门
4	航空器、船舶、车辆	运输工具的登记管理部门
5	企业的设备和其他动产抵押	财产所在地的工商行政管理部门
6	矿业权（包括探矿权、采矿权）	原发证机关审查批准并办理备案手续

变更登记问题：法定抵押登记要求下，如果贷款合同等业务（主合同）变更，需要重新办理抵押登记。如果未重新办理，会导致抵押担保无效。

3. 抵押物出租及重复抵押问题

银行在接受抵押物前应当对抵押物的状况进行核实：一是是否已经出租，二是是否已经抵押（重复抵押问题）。

4. 租赁状况进行核实及处理方式

如抵押人将已出租的财产抵押，则可能会给今后实现抵押权带来一定的障碍。根据《担保法司法解释》的规定，抵押人将已出租的财产抵押的，抵押权实现后，租赁合同在有效期内对抵押物的受让人继续有效，这就是民法中常说的"买卖不破租赁"。

所谓"买卖不破租赁"原则，是指租赁权成立在先，抵押权设定在后，租赁权可以对抗抵押权而继续有效存在。银行作为抵押权人在实现抵押权时，可能因为承租人要求租赁期满后才交抵押物，或承租人早已将所有租金一次性付给了抵押人等情形，而影响对抵押物的顺利处分，并损害自身的利益。

因此，银行在接受抵押人提供的房地产等不动产抵押、船舶等动产抵押前，应通过查询不动产租赁登记，实地调查动产、不动产占有等方法了解抵押物是否存在租赁情形以及租期、租金等租赁合同的相关情况，作为贷款审查的要素予以考虑。

如果抵押人将已抵押的财产出租，由于抵押权设定在先，租赁权成立在后，因此不适用"买卖不破租赁"的原则，抵押权优于租赁权，租赁关系因抵押权的实现而解除。在租赁权影响抵押权的实现时，抵押权人有权要求解除租赁关系。但在实际操作中，往往因为承租人的不配合，处分抵押物也会遇到困难。因此，银行作为抵押权人，在合同履行期间应加强对抵押物的监管。

7.3.2.2 不动产抵押及抵押登记

1. 农村集体土地使用权抵押

法律依据：国家土地管理局《农村集体土地使用权抵押登记的若干规定》（1995年9月11日）。

两类可以抵押的农村土地使用权：集体荒地土地使用权、乡村企业集体土地使用权。其他类型的土地不得设定抵押权。

法定必须进行抵押登记，登记机关为县级人民政府土地管理部门。

抵押登记的程序、前提：

（1）集体土地所有者出具同意抵押的证明。内容要素包括：在实现抵押权时，同意按照法律规定的土地征用标准补偿后，转为国有土地；征地费是否作为清偿资金等。注意：土地抵押事项须在农民集体内部履行合法手续。

(2) 地价评估。经有土地估价资格的评估机构。

(3) 土地管理部门确认土地估价结果；同时核定通过拍卖抵押物实现抵押权时应补交的土地使用权出让金额。

(4) 签订抵押合同。

(5) 签订抵押合同的15日内，申请抵押登记（手续见表7-4）。

(6) 审核、登记，核发抵押证明（受理之日15天内办理）。

表7-4　　　农村集体土地使用权抵押登记提交手续表

序号	手续名称	备注
1	被抵押土地的集体土地所有者同意抵押的证明	前提条件
2	抵押登记申请书	
3	抵押人、抵押权人的身份证明	
4	抵押合同	
5	土地管理部门确认的地价评估报告	
6	土地使用权的权属证明	
7	其他要求的资料	

①抵押合同变更的，应重现签订抵押合同，并在签订合同15日内变更抵押登记。
②抵押合同解除或终止后，15日内持有关文件申请办理注销登记。

2. 土地使用权抵押（适于"地上无房屋"——含建筑物、构筑物及在建工程——的国有土地使用权抵押）

法律依据：《国家土地管理局关于土地使用权抵押登记有关问题的通知》。《农村集体土地使用权抵押登记的若干规定》与之不一致的，按照本规定执行。

(1) 抵押登记机关一致原则：土地所在地原土地使用权登记机关办理抵押登记；县级以上人民政府土地管理部门负责登记工作。

(2)《土地他项权利证明书》为抵押权的合法凭证（《国有土地使用证》、《集体土地使用证》、《集体土地所有证》不得作为抵押权凭证，抵押权人不得扣押上述土地证书，扣押无效，土地使用权人可以申请原土地证作废、办理补发手续）。

(3) 不同类型的土地使用权抵押前，应采用不同的地价评估方式（见表7-5）。

(4) 抵押登记申请或变更的时间要求（抵押合同签订或变更的15日内）及手续。

(5) 抵押登记的程序事项：在土地登记卡上进行注册登记、在抵押人土地使用证上记录、向抵押权人核发《土地他项权利证明书》。

表7-5　　　　　　　　　　土地抵押地价评估、确认规定

序号	土地使用权取得的方式	评估机构要求	确认单位	合同签订
1	出让方式取得的国有土地使用权	抵押权人或具有土地估价资格的中介机构	抵押权人确认	价值认可后签订抵押合同
2	划拨方式取得的国有土地使用权①	抵押人委托具有土地估价资格的中介机构	土地管理部门确认，批准抵押；核定"出让金"数额	认可、核准后签订合同
3	乡（镇）村企业厂房等建筑物抵押涉及的集体土地使用权②	同上	同上，明确实现抵押权的方式，需转为国有的，核定出让金额	同上
4	承包方式取得的荒山、荒沟、荒丘、荒滩等荒地的集体土地使用权（"四荒"）③	同上	土地管理部门确认	确认后签订抵押合同

法律依据：《国家土地管理局关于土地使用权抵押登记有关问题的通知》[1997]；
①注意限制。尚未建有地上建筑物的划拨土地使用权不得抵押。尚未建有建筑物的国有租赁土地使用权不得抵押。企业改制中国家作价入股的划拨土地使用权可以抵押；②即土地不得单独抵押。③有的认为，通过拍卖的"四荒"土地可以抵押；"四荒"的抵押不需要"双重"审核（农村集体经济组织和地方政府）（王丽丽、张炜，2004）。

（6）涉及转移土地使用权变更的，受让方、抵押人、抵押权人三方在抵押财产处分后30日内，持有关证明文件变更登记；涉及集体土地使用权转为国有土地使用权的，按照土地管理的有关规定执行；解除、终止抵押合同提交解除或终止的证明文件及《土地他项权利证明书》，合同解除或终止起15天内，办理注销登记手续。

（7）抵押行为必须得到有关部门的批准，且经地价评估确认后，方可抵押，否则抵押无效。

划拨土地使用权：有审批权的人民政府或土地行政管理部门批准。

租赁土地使用权：应经出租人（一般是有审批权的土地行政管理部门）（合同中另有规定的除外）。

外商投资企业的场地使用权：根据《中外合资经营企业法实施条例》第35条以及《外资企业法实施细则》第36条的规定，场地使用权，不属于所有权，其使用权不得转让，抵押时必须得到有关部门的批准。

集体土地使用权：抵押经土地所有权人的批准。

3. 城市房地产抵押（适于城市规划区国有土地范围内的房地产抵押，含在建工

程已完工部分)

法律依据:《中华人民共和国城市房地产管理法》、建设部《城市房地产抵押管理办法》。

(1)"房、地"同时抵押原则。抵押房屋及其占用范围内的土地使用权必须同时抵押。

我国《城市房地产管理法》第31条规定:"房地产转让、抵押时,房屋的所有权和该房屋占用范围内的土地使用权同时转让、抵押。"这就是根据房地产的不动产性质而制定的"房、地产一体化"原则。《担保法》第36条第1款、第2款对此进一步明确指出:"以依法取得的国有土地上的房屋抵押的,该房屋占用范围内的国有土地使用权同时抵押。以出让方式取得的国有土地使用权抵押的,应当将抵押时该国有土地上的房屋同时抵押。"

因此,在作为抵押权人接受房地产抵押时,应当遵循"房、地产一体化"原则,按规定签订抵押房地产的抵押合同,办理抵押登记手续。如果在抵押房地产所在地,政府部门对房产、地产实行分开管理,房产和地产由不同的政府主管部门分别管理,分别发证(即房产证和地产证两证分离),则银行作为抵押权人应当到相关的政府主管部门,同时办理抵押房产和地产的抵押登记手续。否则,既有可能就抵押合同是否有效产生争议,也会在处分抵押物时产生实际上的困难。

(2)房地产抵押登记管理部门:省市自治区建设行政主管部门、直辖市、市、县人民政府房地产行政主管部门(本行政区内)。

(3)不得抵押的房地产(见表7-6)。

表7-6　　　　　　　　　　不得抵押的房地产类别

序号	不得抵押的房地产类别
1	权属有争议的房地产
2	用于教育、医疗、市政等公共福利事业的房地产
3	列入文物保护的建筑物或有重要纪念意义的其他建筑物
4	已依法公告列入拆迁范围的房地产
5	被依法查封、扣押、监管或以其他形式限制的房地产
6	依法不得抵押的其他房地产

法律依据:《城市房地产抵押管理办法》第八条。

(4)"抵押人所担保的债权不得超出其抵押物的价值"及"多对一"问题。

根据《城市房地产抵押管理办法》第九条规定,"抵押人所担保的债权不得超出其抵押物的价值"。

实务中,对于一个大的债权,追加一个小的房地产抵押物的情况下,或者多个抵押物对应一个较大的债权，容易导致产生上述问题。即抵押物的价值小于债权金额。此时，抵押登记机关依照上述要求，在《他项权利证明书》"体现的被担保债权"往往只能是抵押物的一定比例，而实际债权则是另一个较大的金额，导致被担保的债权与实际债权不符，存在一定法律瑕疵。

关于"多对一"问题：第十条规定，"以两宗以上房地产设定同一抵押权的，视为同一房地产"。

抵押操作要点：对于第一种情况，尽力要求描述一致；对于第二种情况，每个抵押物按照抵押率对应一笔贷款，可以分别登记、分别出账或按照一个抵押物对待。

（5）不同房地产抵押的前提条件或要求（见表7-7）。

表7-7　　　　　　　　房地产的归属及其抵押前提

序号	拟抵押房地产性质、归属	抵押的前提要求
1	以国有企业、事业单位授权其经营管理范围的房地产	符合国有资产管理的规定。如《国有资产管理法》等规定
2	集体所有制企业的房地产	集体所有制职工（代表）大会通过，报上级主管机关备案
3	"三资"企业房地产	董事会通过（公司章程另有规定的除外）
4	有限责任、股份公司房地产	董事会或股东大会通过（章程另有规定的除外）
5	有经营期限的企业房地产提供抵押	所担保债务的履行期限不得超过企业经营期限
6	有土地使用年限的房地产抵押	所担保债务的履行期限不得超过"土地出让合同规定的土地使用年限减去已经使用的年限"
7	共有房地产	事先征得其他共有人的书面同意
8	预购房地产①	（1）商品房开发项目必须符合房地产转让条件 （2）提交生效的《预购房屋合同》 （3）取得《商品房预售许可证》
9	已经出租的房地产	（1）抵押人告知抵押权人租赁情况 （2）抵押人告之承租人抵押情况 《租赁合同》继续有效
10	以享受优惠政策购买的房地产抵押	以房地产权利人可以处分和收益的份额比例为限

法律依据：《城市房地产抵押管理办法》第11~21条
①预购房地产，是指购房人在支付首期规定的房价款后，由贷款银行待其支付其余的购房款，将所购商品房抵押给贷款银行作为偿还贷款履行担保的行为。

（6）房地产（含在建工程）抵押登记的要求：登记时间：抵押合同签订之日起30日内。抵押变更或终止的，应在合同变更或终止的15日内进行变更登记。

登记手续如表7-8所示。

表7-8 房地产抵押登记手续

序号	登记机关要求的抵押登记手续
1	抵押当事人的身份证明或法人资格证明
2	抵押登记申请书
3	《抵押担保合同》
4	《国有土地使用权证》、《房屋所有权证》（或房地产权证）
5	《房屋共有证》或共有人同意抵押的证明
6	证明抵押人可以设定抵押权的文件或证明材料
7	证明房地产价值资料（如评估报告等）
8	登记机关认为必要的其他文件

法律依据：《城市房地产抵押管理办法》第32条。

登记程序：

对于有房屋所有权证书的，在《房屋所有权证》上作他项权利记载后（抵押人收执），向抵押权人颁发《房屋他项权利证》；

预售房屋、在建工程抵押的，登记机关在《抵押合同》记载。竣工的，应在抵押人领取房地产权属证书后，重新办理房地产抵押登记。

(1) 以出让方式取得的土地使用权抵押。

根据我国《城市房地产管理法》第25条，以出让方式取得土地使用权进行房地产开发的，超过出让合同约定的动工开发日期满两年未动工开发，政府可以无偿收回土地使用权。以出让方式取得的土地使用权抵押贷款，如果土地使用权出让合同已明确约定动工开发日期，则用于抵押的土地使用权就有可能存在因未及时开发、而被政府无偿收回的风险。因此，银行在作贷前调查时应对这一风险作重点控制，必要时可要求增加其他担保方式共同担保。

(2) 行政划拨用地抵押。

行政划拨用地可以抵押，但是如果设定房地产抵押权的土地使用权是以划拨方式取得的，则依法拍卖该房地产后，应当从拍卖所得的价款中缴纳相当于应缴纳的土地使用权出让金的款额，然后，贷款人作为抵押权人方可优先受偿。在授信审查中，一定要考虑到处置此类抵押时会遇到的问题。

(3) 集体所有的土地使用权抵押。

根据现行法律规定，耕地、宅基地、自留地、自留山等集体所有的土地使用权不得抵押，但以下两项特殊情况除外，即抵押人依法承包并经发包方同意抵押的荒山、荒沟、荒丘、荒滩等荒地的土地使用权；乡（镇）、村企业的厂房等建筑物及其占用范围内的土地使用权同时抵押。以上述两种可以抵押的集体所有的土地使用权抵押的，在实现抵押权后，未经法定程序不得改变土地集体所有和土地用途。

但是在实践中，由于我国尚未制定集体土地使用权出让、转让和抵押的法规，即集体土地使用权还未被允许进入市场流通领域，因此，当企事业单位或其他经济组织如需使用城市郊区或农村土地时，依我国现行法律规定，这些单位不可直接获得集体土地使用权，而是要按照规定的程序，经过申请报批手续后，由国家征用集体所有的土地，使集体所有土地先变为国有，然后从国家那里通过有偿出让方式获得土地使用权。鉴于集体所有土地使用权在转让中受到诸多条件约束，缺乏法律保障，因此多数银行目前均不接受此类抵押。

4. 在建工程抵押

所谓在建工程抵押，是指抵押人为取得在建工程继续建造资金的贷款，以其合法方式取得的土地使用权连同在建工程的投入资产，以不转移占有的方式抵押给贷款银行作为偿还贷款履行担保的行为。根据《担保法司法解释》的规定，以依法获准尚未建造或正在建造中的房屋或其他建筑物抵押的，当事人办理了抵押登记，人民法院可以认定抵押有效。

银行在接受在建工程抵押时，必须注意着重对建设工程合同的发包人是否有拖欠工程款的情况进行审查。如果有拖欠情况的发生，承包人建设工程的价款可就该工程折价或者拍卖的价款优先受偿。所谓建设工程价款优先受偿权是指发包人有接受竣工工程并支付价款的义务，发包人未按照约定的时间和数额支付价款的，承包人可以催告发包人在合理的期限内支付价款，发包人逾期不支付的，承包人可以与发包人协议将该工程折价，也可以通过诉讼申请人民法院将该工程依法拍卖，建设工程的价款就该工程折价或者拍卖的价款优先受偿，且该优先受偿权可以排除抵押权的优先受偿。作为银行来讲，当然不希望有优先于自己抵押权的第三方权力出现，但是工程价款的优先权是法定的权力，其效力当然高于抵押登记这种约定权力。

在审查中，银行可以要求发包方、施工方共同出具无拖欠工程款的声明，并由施工方声明放弃优先受偿权，但此种做法是否能够保障银行抵押权的顺利实现仍有争论，尚需等待司法实践考验。

有的授信审批，要求以在建工程抵押，但是，资金使用却是其他用途，这是不符合信贷政策的。

5. 原抵押物继续提供抵押的法律效力

原来业务到期并归还，续做新的业务时，如果原抵押物不解除抵押，且签订了新的抵押担保合同，并且约定以原抵押物继续提供抵押，是否有效。

《担保法》规定，抵押权因债权的消灭而消灭，或因抵押物的灭失而消灭。原借款已经偿还的情况下，抵押权随之消灭。如果不重新办理抵押登记，则原抵押物的担保效力无效，新签订的《抵押担保合同》无效。

6. 放款操作要点

（1）一些经营单位贪图省事，想当然地认为，原来的抵押物已经抵押给了自己（银行），不用重新办理抵押登记，是错误的。

（2）放款管理部门必须严格要求，确保新的抵押担保的有效性。

（3）在原债权已经结清的情况下，配合做好原抵押手续（他项权利证书正本）的取出和重新办理工作。

（4）不同的土地使用权性质，要求不同的抵押物评估、确认手续后，方可签订抵押合同。

（5）抵押登记以抵押合同签订的一定时间内办理（比如土地抵押登记，包括变更登记，要求在抵押合同签订或变更的15天内）。

（6）注意抵押登记申请和办理的手续不同。

7.3.2.3 动产抵押及登记

在《物权法》和国家工商管理总局令（第30号）《动产抵押登记办法》发布以前，对于使用动产提供物的担保的业务一般采用动产质押的方式，货物质押，必须转移对货物的有效占有，因此，商业银行多采用第三方监管的方式实现对货物的转移占有。

但是随着各地工商行政管理部门开始办理动产抵押登记以来，商业银行为了有效对抗善意第三方，纷纷实行了动产抵押模式，该方式对于监管的要求则有所降低。

动产抵押登记管理工作注意事项：

（1）为确保抵押登记的真实性、有效性和规范性，客户经理应做好准备和咨询工作，并与客户一起到抵押登记机关办理抵押登记手续，并确保抵押登记符合要求。

（2）动产抵押业务，放款审查的要件之一是《动产抵押登记书》（正本+复印件），其作为重要的法律文件，必须归档保存。主合同变更时应及时做好变更登记。

（3）根据业务性质的不同，在《动产抵押登记书》的状态栏内应该填写"现有"（现货静态抵押）、"将有"（先票/款后货、未来货权质押业务）和"现有和将有"（动态核定库存）。如客观上难以描写成"现有和将有"时，则选"将有"。

（4）《动产抵押登记书》中填列的被担保债权的"数额"应与对应的主合同（《综合授信额度合同》、单笔的业务合同）显示的合同金额（而不是敞口）严格一致；"担保范围"应与签订的抵押担保合同的担保范围（选项）严格一致。通常情况下，担保范围一栏描述为："×××号×××合同（主合同）项下债务人所应承担的全部债务（包括或有负债）本金、利息、复利及罚息、实现债权的费用"。"债务人履行债务的期限"一栏，一般原则要求是至综合授信额度合同（或其他主合同）项下所有债务结清为止。操作上，一般可以按照主合同期限+两年计算后填写，但对于有期限较长的保函业务的（有的保函期限长达 3 年或更长），则此期限还要相应延长。

（5）《动产抵押登记书》的其他内容，比如抵押物名称、权属等亦应填写正确、无误，抵押人、抵押权人以及登记机关应分别签字、盖章。

（6）存量客户续做业务，新额度启用前，需要变更抵押登记。在旧额度合同终止，授信余额纳入到新签订的《综合授信额度合同》项下统一管理的前提下，如动产抵押登记机关要求，允许将原《动产抵押登记书》（正本）从专夹中取出用于办理变更登记。从取出之日起至变更抵押登记办理完毕之前，不得办理新的业务出账。如后续的抵押变更登记出现问题或不能办理，则应在规定期限内将原《动产抵押登记书》正本归还放款管理中心档案室，重新归档保管。

（7）经营单位应认真履行抵押登记前的查询工作，防止重复抵押。

7.3.2.4 抵押担保及抵押登记常见法律问题

1. 重复抵押的风险及预防措施

抵押人如果将同一个抵押物重复抵押，则在一个抵押物设定了两个甚至多个抵押权，抵押权人都可以行使抵押权。

不同情况下，抵押权人的清偿顺序、比例是不同的，因此，对于债权人（银行）的风险也就不同：

（1）如果抵押登记有先后，则将按照抵押登记的先后顺序进行清偿。第二、第三抵押权人只能在上一个抵押权人得到清偿后，如果有剩余，再按顺序继续清偿，以此类推。

（2）如果抵押登记时间相同，则将按照比例进行清偿。

此情况，严重的有可能导致担保落空，或抵押率达不到审批意见的要求，不利于债权的担保。

预防措施：

信贷审批和信贷放款前均要求对抵押物进行调查，主要内容：

（1）调查抵押物的位置、状况、价值、归属及产权等情况，核查相关权证（原件）；

（2）抵押物的出租情况；

（3）在抵押登记部门核查抵押物是否重复抵押。

2. 不合法的抵押登记

以房产作为抵押物是银行授信业务中所经常采用的方式。但是，存在的误区之一是，"只要抵押登记了，抵押就是合法、有效的。只要给予抵押登记的贷款发放就是安全的。"许多教训表明，一些已经抵押登记的抵押却是无效的，抵押登记部门的抵押登记也存在不合法的情况。

比如：有的抵押登记机关，凭《预售房地产买卖合同》办理抵押登记，被法院认定是"行政行为违法"。

抵押登记不合法的法律后果是，法院判决"撤销抵押登记"，导致抵押合同无效，银行的抵押权丧失，担保落空。

抵押人是否对抵押物有所有权和处分权是法律审查、信贷审查的关键，唯一的标准是"所有权凭证"，如《土地证》《房产证》。有的实行了土地证、房产证合一。

例外情况：

（1）凭《房地产买卖合同》可以办理购房按揭贷款；

（2）在建工程抵押，用途为继续建设该工程的建设用款。

3. 抵押登记期限的法律效力

《担保法》规定抵押权与债权同时存在，并未规定抵押设定抵押期间。实务中，银行与抵押人往往规定抵押期间，抵押期满后，如不能及时续登，导致抵押人以抵押登记期满要求免责。

《担保法》司法解释认为，担保期间对担保物权的存续不具有法律约束力。否定了担保期间、抵押登记的期限可以消灭担保物权，否定了物权担保期间的法律上的意义。

谨慎起见，在抵押合同以及抵押文件中，将抵押登记期间笼统规定为"直至主债务受到全部清偿之日止"（张初础，2004），但具体能否这样操作和实施，受到多重因素的影响。

4. 最高额抵押担保项下"不特定债权"的确定

在履行最高额抵押担保合同过程中，最高额抵押担保项下"不特定债权"的确定直接影响到：哪些债权受到担保，即债权人享有最高额担保合同项下的完整抵押担保物权；哪些债权已经不再享有完整的抵押担保物权。

为此，应明确"不特定债权"的确定情形，认识其可能产生的不同法律后果，并采取相应的对策：

（1）合同约定的决算期届满；

（2）不特定的债权不再发生；

（3）抵押物因财产保全或执行程序被查封；

（4）法院受理债务人、抵押人破产案件的。

《担保法司法解释》第81条规定，"最高额度抵押权所担保的范围，不包括抵押物因财产保全或执行程序被查封后或债务人、抵押人破产后发生的债权"。上述的（3）、（4）情况之后所产生的新的债权，债权人不再享有最高额担保合同项下的抵押优先受偿权。

因此，经营单位或监测预警部门在贷后管理过程中，如果发现存在（3）、（4）中的任何一种情况，则应立即通知放款管理部门，冻结授信额度的使用。

5. 抵押权随债权的转让

《城市房地产抵押管理办法》第37条规定，抵押权可以随债权转让。转让时，签订《抵押权转让合同》，办理抵押权变更登记。

抵押权转让后，原抵押权人应告知抵押人。

6. 抵押房地产的转让与出租

《城市房地产抵押管理办法》第37条规定，经抵押权人同意，抵押的房地产可以转让或出租，所得价款应提前清偿所担保的债权。

7. 受偿顺序

《城市房地产抵押管理办法》第43条规定同一房地产设定两个以上抵押权的，以抵押登记的先后顺序受偿。

8. 不得接受抵押的土地

9. 租赁权与抵押权并存

用于抵押的抵押物，在抵押前已经出租，抵押人又抵押给银行的，就出现租赁权与抵押权并存的情况。

①抵押物的租赁权不因抵押行为而丧失，原租赁合同在其有效期内仍然有效；
②抵押权实现后，租赁合同对在有效期内抵押物的受让人继续有效。

7.3.3　质押担保及移交、记载或登记

根据《担保法》的规定，按照质物的不同种类，质押分为"动产质押"和"权利质押"。

7.3.3.1　动产质押及其生效

1. 基本概念

动产质押，是指债务人或者第三人将其动产移交债权人占有，将该动产作为债权的担保，在债务人不履行债务时，债权人有权以该动产折价或者以拍卖、变卖该动产的价款以优先受偿。债务人或者第三人为出质人，债权人为质权人，移交的动产为质物。

2. 动产质押合同的生效条件：质物的移交、占有

《担保法》规定，动产质押合同由出质人和质权人以书面形式订立，自质物移交于质权人占有时生效。动产质押的成立并不需要登记，但是，质权的设定以质权人占有由债务人或者第三人交付的动产为必要条件。

质物，如汽车、成品油、钢材等动产，必须实现"占有和保管"，对于银行来讲无疑增加了操作和管理的难度。银行自己设立专门的仓库去接受和保管质物不现实，而不占有质物，质押就不能生效。为了最大限度满足质押的法律要件，增强银行业务的可操作性，现行的动产质押一般是依照银行的指示，将质物存放于第三方仓库或银行租赁的仓库，由银行委托第三方进行代为占有、监管。但是此种间接占有是否能得到法律的支持，尚待司法实践的进一步检验。这也是近年来，银行重视动产抵押的原因之一（尽管也实行监管）。

3. 保证金——特殊的动产

根据《担保法司法解释》第85条规定，债务人或者第三人将其金钱以特户、封金、保证金等形式特定化后，移交债权人占有作为债权的担保，债务人不履行债务时，债权人可以以该金钱优先受偿。第118条规定，当事人交付留置金、担保金、保证金、订约金、押金或者定金等，但没有约定定金性质的，当事人主张定金权利的，人民法院不予支持。

因此，保证金是金钱（动产）的特定化形式，是质押担保，需要保证金所有人与银行对保证金质押事项进行书面约定。

实务中，保证金实现质押主要有两种实现形式：

（1）在业务合同（主合同）中，约定保证金担保条款。列明保证金账号、币种、金额、计息方式等。这主要适用于债务人自己提供的保证金情况。

（2）签订《质押担保》合同，合同的标的为保证金。除了上述要素外，还要表明所有权人。主要适用于追加保证金或者第三人提供保证金担保。

7.3.3.2 权利质押及其生效

1. 基本概念

权利质押，是指以权利作为质押标的，在债务人不履行债务时，债权人有权将该权利转让以优先受偿的债权担保方式。权利质押是以汇票、本票、支票、债券、股票、知识产权中的财产权利为质物的质押。

2. 法律规定可以质押的权利

当然，并不是所有的权利都可以用来质押，用作质押的权利只能是依法可以进行转让的财产权利，除此之外的其他权利不得设立质押。没有法律明文规定的权利质押，在司法实践中，其担保效力仍存在不确定性。

目前可以接受的权利质押主要包括以下几类：

（1）汇票（出票人已记载"不得转让"字样的汇票不得质押）、支票、本票、债券、存款单、仓单、提单。

（2）依法可以转让的股份、股票（包括证券公司持有的证券投资基金）。

（3）依法可以转让的商标专用权，专利权、著作权中的财产权。

（4）公路桥梁、公路隧道或者公路渡口等不动产收益权[②]。

（5）电网经营企业经国家有关主管部门批准的电费收益权（但所担保授信必须用于农村电网建设与改造）。

（6）高等学校学生公寓收费权（但所担保授信的资金用途应用于解决学生公寓等高等学校后勤服务设施建设项目所需资金，且申请人已落实项目建设所需的资本金）。

3. 权利质押的生效要件：有效的交付、记载、签章或登记

权利质押不同于动产质押，动产质押是以交付为生效条件的，而权利质押一般以有效登记为生效要件。

因此，在审查权利质押时应当对质押手续的办理进行重点审查。是否正确记载、登记、登记机关是否正确、是否经过审批。具体情况见表7-9。

表7-9　　　　　　　　　权利质押及生效条件汇总表

序号	权利类别	权利凭证	生效程序要件			
			记载	交付	签章	法定登记及登记机关
1	票据、债券、提货权等	汇票、支票、本票、债券	√背书"质押"字样	√	√	
		存款单	√参照上述要求执行	√	√	
		仓单、提单		√	√	
2	上市公司的股份					√证券登记机构
3	有限责任公司或者非上市股份有限公司的股份[①]		√记载于股东名册		√	
4	不动产收益权（公路[②]、桥梁、隧道等收费权）	省级人民政府批准的收费文件				√公路所在地的地市级以上交通主管部门
5	依法可以转让的商标专用权、专利权、著作权					√相关主管理部门
6	电费收益权[③]					√质押合同签订后10日内到省、自治区、直辖市发改委登记

续表

序号	权利类别	权利凭证	生效程序要件			
			记载	交付	签章	法定登记及登记机关
7	高等学校学生公寓收费权	省级教育行政部门审批同意				√省级教育行政部出质登记
8	企业应收账款					√中国人民银行征信登记系统登记（自愿）

注：√标记为选择项，保理业务属于应收账款"转让"，而不是"质押"，亦可以在中国人民银行征信登记系统进行自愿登记。
①如公司为"外商投资企业"，应遵循其他相关法律法规的特殊规定。
②关于公路收费权质押的法律依据：国务院《关于收费公路项目贷款担保问题的批复》。
③指以电费收益权为农村电网建设与改造工程贷款出质担保的情况。

4. 常见权利质押其他操作要点提示

存单质押：

（1）存单的查询是必要的，尤其是其他银行出具的存单。参照票据的查询、查复手续。比如：×××号存单是否贵行签发，是否有挂失止付（回答：×××号存单是银行签发，无他查、挂失、止付，真伪自辩）。目前，银行一般只接受本行签发的存单，因此，往往简化或省略查询手续。

（2）已经质押的存单，银行不能受理挂失止付。

（3）按照人民银行存单质押贷款管理办法的规定，质押率不得高于90%。但对于追加的担保物，其质押率往往不受此限制。

（4）出质声明书。出质人必须对其出质行为进行声明。一般应就资金来源的合法性、自有性、可处分性进行声明。

银行承兑汇票质押：

（1）"质押"背书；

（2）票据的托管：办理已质押的银行承兑汇票的托管手续；

（3）托收手续：一般事先办理汇票的托收手续。

股票质押：

法律依据：《担保法》及其司法解释；《公司法》；财政部《关于上市公司国有股质押有关问题的通知》；

（1）股票是否可以依法转让，是否可以接受的股份。这是质押的前提。

发起人持有的国有股在法律限制期内（三年以内的），不得用于质押，满三年后可以质押。

国有股东授权代表单位用于质押的国有股只限于为本单位及其全资、控股子公司提供质押；且用于质押的国有股的数量，不得超过其持有的该上市公司国有股总额的50%；融资的用途不得用于买卖股票。质押协议签订后，必须按照财务隶属关系报省级以上财政机关备案。持《上市公司国有股质押备案表》办理抵押登记。

外商投资企业用于质押的股份，必须是已缴付出资部分形成的股份。

（2）签订《质押合同》或协议，注意约定或设置"强行平仓线"，规避股票价格下跌的风险。

（3）必须办理出质登记，登记是质押合同生效的前提

《担保法》第78条规定，以依法可以转让的股票出质的，应签订质押合同，并向证券登记机构（中国证券登记结算公司上海、深圳分公司）办理出质登记，质押合同自登记之日起生效。关于上市公司非流通股质押登记操作的有关规定，参照证券交易所的具体规定执行。

非上市股份有限公司、有限责任公司的股份质押时，在股东名册上做出质记载，质押合同自股份记载于股东名册之日起生效。

（4）出质行为的许可或审查、备案，未经审批、备案的，质押无效

非上市股份有限公司的国有股质押，应取得国有资产管理部门同意；有限责任公司的股份出质，出质人提供其他股东同意质押的书面意见和股东会的书面决议（过半数股东通过）；外商投资企业股份出质，须经所有其他投资者的同意。

外商投资企业，在签订质押合同后，必须提交资料报送批准该企业的审查机关审查：

——董事会及其他投资者关于同意出质者将其股份质押的决议；如果是中方投资者，还要提供主管部门同意质押的意见书；

——质押合同；

——出质投资者的出资书；

——验资报告；

——审批机关同意出资者出质股份批复后的30天内，持批复文件到原登记机关办理备案。

（5）处置方式。按照规定的方式、程序变现后清偿债务，不得直接将国有股过户到债权人名下。涉及国有股转让的，报财政部核准。导致上市公司实际控制权变化的，质押权人，应同时遵守有关上市公司收购的规定（见表7-10）。

表7-10　　　　　　　　　不同公司处置方式对照表

序号	公司类型	实现质权的方法	批准程序	依据
1	有限责任公司	股东之间可以相互转让		《公司法》
		向股东以外的人转让	全体股东过半数同意	
2	金融机构	国有股、法人股转让	人行审批	
		受让方投资入股的资格	事先报人行审查	

续表

序号	公司类型	实现质权的方法	批准程序	依据
3	上市公司（国有股、法人股）	法院拍卖；拍卖前的评估（有证券从业资格的资产评估公司）；国有股权竞买人应当依法具有受让股权的条件（已经持有＋竞买的股份不超过已发行股份数量的30%，否则，中止拍卖程序）		《关于冻结、拍卖上市公司国有股和社会法人股若干问题的规定》、《证券法》
4	外商投资企业	中方股权如果发生变化，则须经资产评估机构评估，经国有资产管理部门确认后，作为变更股权的依据	国有资产管理部门	《外商投资企业投资者股权变更的若干规定》
		股权变更还要符合有关法律法规对投资者资格、产业政策的要求		《外商投资企业产业目录》
		股权变更涉及企业性质变化（变成外资企业）的	符合外资企业的条件	《外资企业法实施细则》

国债质押：

法律依据：《担保法》及其司法解释，人行、财政部颁布的《凭证式国债质押贷款办法》、《商业银行柜台记账式国债交易管理办法》等（见表7-11）。

表7-11　　　　　　　　　　国债质押管理要点

序号	管理内容	限制性规定	备注
1	可接受的国债品种	1999年后（含）财政部发行，各承销银行以"中华人民共和国凭证式国债收款凭证"方式销售的国债	
2	可以开展国债质押贷款业务的银行	经人行批准，允许办理个人定期储蓄存款存单小额抵押贷款业务并承担凭证式国债发行业务的银行	
3	范围管理	不得跨银行系统办理质押贷款业务	不得接受他行出具的国债作为质押品
4	期限	贷款期限不得超过国债凭证到期日；多张国债，以最近到期者确定期限	
5	金额	贷款金额5000元以上（含）	
6	质押率	票面金额的90%	
7	结息方式	利随本清	
8	处理方式	逾期1个月内的，计罚息；超过1个月的，银行有权处置质押的凭证式国债，抵偿本息。如果国债未到期的，银行可以按照程序提前兑付（手续费由借款人承担），抵偿本息后，余款退给借款人	
9	质押登记	凭证式国债，质押背书	证券营业部出具的"质押证明"不构成法律意义上的质押
		记账式国债，中国证券登记结算有限公司（上海、深圳分公司）办理质押登记	

续表

序号	管理内容	限制性规定	备注
10	签订《质押担保合同》		
11	移交与保管	凭证式国债，贷款行应将国债入金库保管，出具入（金）库保管的凭证	
		记账式凭证，实行托管	两级托管机制（中国人民银行制定的一级托管人；承办柜台交易的银行为二级托管人），托管账户实名制

注：制表依据：《凭证式国债质押贷款办法》、《商业银行柜台记账式国债交易管理办法》。

仓单质押（见表7-12）。

表7-12　　　　　　　　　　仓单质押管理要点

序号	管理内容	标准仓单	普通仓单①
1	仓单当事人	四方：借款人、银行、借款人委托的交易所经济会员、交易所	考虑仓储公司的信誉状况
2	质押合同	签订合同，标的为"仓单编号"；原件入库保管；复印件，盖章后存档	是否有效，关键看内容而不是仓单的名称
3	质押背书	出质人在仓单背面场外交易栏卖出方处，加盖出质背书章	
4	质押登记	在交易所办理	
5	移交、占有	移交给质权人	占有，同时应在仓储公司质押登记，对载明的货物冻结，仓储公司确认，不得接受出质人的挂失申请
6	处置界限规定	价值变动风险（价值低于一定程度时，贷款提前到期、补足保证金或处置仓单）	
7	处置	场内办理处置必须委托经纪人，在经纪人处开立账户	
		场外交易时，需要交易所和仓库盖章认可	

①一般的提单（不是信用证业务项下使用的标准提单B/L）与普通的仓单管理类似，注意提单的流通性、文义性，并有一定独立的价值，同时在开出提单的运输公司办理质押登记手续。

收费权质押：

目前，可以质押的收费权有公路桥梁、公路隧道、公路渡口、电费受益权等，属于一种不动产收益权。属于"准物权"，并不是一个独立的物权，依附于不动产而存在。

法律依据：《担保法》及其司法解释、《国务院关于收费公路项目贷款担保问题的批复》、《国务院办公厅关于农村电网建设与改造工程贷款偿还期限问题的复函》。

操作要点（公路收费权为例）：

（1）公路收费权在性质上可以流通，依法可以转让，因此可以设定质押。法律依据《公路法》、《公路经营权有偿转让管理办法》。

（2）获得政府有关部门的批准。权利本身是合法的（已经获得有关部门的批准）。下列技术等级和规模的公路，依法可以收取车辆通行费（见表7-13）：

表7-13　依法可以收取车辆通行费的公路

A	县级以上政府交通主管部门利用贷款或集资建成的公路
B	由国内外经济组织依法受让前项收费公路收费权的公路
C	由国内外经济组织依法投资建成的公路

依据：《公路法》。

（3）公路的收费期限、标准经交通部门规定之后方可质押（见表7-14）。

（4）质押行为获得主管部门的批准。

表7-14　公路性质和权利质押审批部门线路

	公路性质	权利质押审批部门、线路
A	含有中央车辆购置附加费或中央财政性资金投资建成的公路、国道经营权的转让	省级交通部门报交通部审批
B	全部地方规费或地方财政资金投资及自筹资金等建成的省级以下公路经营权的转让	省级交通部门报省政府审批，向交通部备案

依据：《公路经营权有偿转让管理办法》。

（5）质押登记。登记部门为地市级以上交通主管部门。

（6）政府部门的承诺函。保证项目资金的投资或成本出现超支时，追加投资，确保完工；对于收支两条线管理的，先有项目公司上交财政等，然后下拨用于还贷。财政等部门应承诺及时下拨。

7.3.3.3　质押票据期限与债权到期期限不一致问题

对于用于质押的票据等有价证券的到期期限与所担保的到期期限之间存在三种对应关系，处理方式不同：

（1）二者期限相同：此情况下，二者同时到期，如果债权人未获得清偿，质权人可以直接行使质权，收回贷款。

（2）票据等有价证券的到期日或清偿期先于债务履行期的：

质权人有权将票据兑现或提货。是否提前清偿所担保的债务，应与出质人协商。如果不愿意提前清偿，则应向约定的第三方提存（质权将及于提存物）。

（3）票据等有价证券的到期日或清偿期后于债务履行期的：担保法未做规定，其司法解释102条进行了规定，即"质权人只能在兑现或提货日期届满时兑现款项或提取货物"。也就是说，银行不能强行提前支取存单等用于清偿债权。除非出质人明确同意。因为银行在同意质押的过程中，事先已知道了质物到期期限晚于债权到期期限的问题，自愿承担不能立即行使质权的后果（张炜等，2004）。

尽管审批意见或决议同意以存单等有价证券做质押，但在实际操作中，提供何种期限的存单等可能并未规定。实务操作中，放款管理部门就肩负了谨慎审查和把握的责任。

放款环节应注意的操作要点：

（1）如果提供的质物期限晚于主合同的到期期限时，应当得到审批部门的确认；提示债权到期不能立即行使质权的法律后果，并请示放款终审人审批。银行约定债务到期不能得到清偿时，债权人有权处理存单（未到期）等，抵偿贷款本息，是无效条款。违反了担保法司法的解释。

对于存单质押而言，办法之一是，由出质人单方面提供声明、承诺书等，声明或承诺，"如果债务到期不能提供资金偿还，债权人可以提前支取质押存单用于清偿债务，由此引起的经济损失（利息损失）由出质人自行承担。"而不采取在格式合同约定的方式。

（2）如果质物到期期限早于主合同到期期限时，在质押合同中约定向第三人提存的条款，质权及于提存物；或到期后，继续提供质押。

（3）目前，银行对存单经常采用到期自动转存的操作机制，但对于质押的存单则不应适用自动转存，并告知出质人。如果自动转存，原质押存单的到期日则自动延长，导致存单到期日可能又变成晚于到期日。

7.3.3.4 不得转让票据是否可以质押

1. 常见"四类"不得转让的票据

第一类，票据当事人（出票人、背书人）的意思表示不得转让。即在票据上记载"不得转让"、"禁止转让"或类似内容。

第二类，法律规定不得转让。即被拒绝承兑、拒绝付款、超过付款提示期限的票据。如果继续在上述票据上背书，成为"期后背书"。如果继续背书转让，背书人应承担汇票责任（《票据法》第36条、《支付结算办法》第31条）。

第三类，《支付结算办法》第27条规定的不得转让票据。如记载"现金"字样的票据。

第四类，区域性的银行汇票不得在区外转让。银行本票、支票仅限在其票据交换区域内背书转让（《支付结算办法》第27条）。

2. 不得转让票据是否可以质押

实践上，尚未定论。实际操作中，应区分情况，分别对待。

（1）对于出票人记载"不得转让"字样的票据，票据不具有可转让性，因此，此类票据的质押行为无效，质权人不享有票据质权。

（2）对于背书人记载"不得转让"字样的票据，仍有可转让性。只是免除了该背书人对其非直接后手的担保付款责任，只有当质权人行使票据质权遭到拒绝付款时，无法对该背书人行使追索权。见最高人民法院《关于审理票据纠纷案件若干问题的规定》第51、53条规定。

（3）有的认为（张炜等，2004），《支付结算办法》规定的不得转让票据的设质应是合法有效的。《支付结算办法》的规定只是为了金融管理的需要，对于转让、质押法律行为并不产生影响。

谨慎起见，对于不得转让的票据，或有质权法律瑕疵的票据，一般应拒绝接受质押要求，尽管实践上也有判定载有"不得转让"字样的票据质押有效的判例。

7.3.3.5 质权人优先受偿权的丧失

"质物"的依法移交是动产质押合同生效的法定程序，也是质押与抵押的关键区别之一。出现下列之一的，质权人不能对"质物"依法行使优先受偿权：

（1）质物移交质权人占有后，又将质物返还给出质人；

（2）出质人代质权人占有质物的。

放款管理要点：

（1）对于质物（押品的一类）的占有、保管直接影响到质押的法律效力，而不仅仅是操作风险问题。这就要求，押品管理岗位或者货押监管部门不仅知晓保管押品实物的重要性，还要认识到，业务操作程序本身的法律意义。

（2）不能实行出质人代理保管质物的操作管理模式。一些银行对于汽车经销商融资所采取的质押方式和形式监管模式的结合，存在较大的法律风险。

（3）质物不得以各种理由"外借"、"退回"，除非提供了新的质押，置换原来的押品，并重新签订了质押合同。

7.3.3.6 其他权利质押法律问题[①]

1. 账户质押

账户质押不属于法定质押形式，实质是以某项未来预期的收入作为担保的银行债权保障形式。真正的标的物是账户中的资金，但账户中的资金是流动的，而不是特定的。在法律未明确浮动担保的情况下，不具有对抗第三人的效力。与《担保

---

① 王丽丽，张炜. 银行公司业务与法律风险控制［M］. 法律出版社，2004（1），223-227.

法》司法解释第 85 条规定的特户、封金、保证金质押不同，后者是确定的、特定物。该账户应是唯一回款/收费账户，并得到有效的监管。

2. 学校收费收入、医疗费收入设置担保

学费、医疗费不属于法律上认可的"收费权"，不属于不动产收益权。

以公益为目的的学校、医院等事业单位，其学杂费、医疗费收入一般已列入预算收支计划，属于财政收入，任何单位和个人不得侵占和挪用，不宜设置担保。

3. 旅游景区收费担保问题

旅游景区有事业单位、企业法人两类。事业单位存在与医院收费类似的问题。对于企业法人，其收费收入则可以设定担保。但不属于"收费权"质押，因为也不属于不动产收益，建议采取《账户监管协议》的操作方式，但该监管协议无法对抗第三人，但受《合同法》以及其他法规的保护和约束。

4. 市政公用行业不动产收费担保

有的已经企业化，有的仍属于事业单位，应当有效区分。企业收费收入可以设定担保。形式上类似于不动产收费权，实质上并不是法律上明确的不动产收费权，建议采取《账户监管协议》的操作方式。

排污收费，属于行政事业收费，实行收支两条线管理，不宜设定担保。

5. 不动产租赁收入设定担保

形式上属于不动产收益，但不是法律明确的不动产收益，因此不构成"收费权"质押，不宜称之为"收费权"质押，建议采取《账户监管协议》的操作方式。

租赁收费，依赖于出租人的财产权或使用权而存在，因此，防范风险的重要措施之一是，质押合同中，约定出质人在质押期间内不得转让租赁财产。

6. 特许经营权质押

特许经营权是指通过政府行政许可的方式授权企业经营某特定行业的排他性权利的特许经营制度，如电信、出租车、供水、燃气、公交等行业等。一般颁发《特许经营许可证》。

特许经营权质押需注意：

（1）权利是否可以转让。政府许可时应有相应的规定；

（2）办理质押登记手续，能得到相关部门的配合，以对抗第三人；

（3）转移经营权的"占有"（《特许经营许可证》）。

7.3.4 抵（质）押的区别及共性法律问题

7.3.4.1 抵押与质押的异同

共同点：抵押与质押都是重要的担保方式，二者都属于物的担保。

不同点：

（1）抵押与质押的标的不同。抵押的标的传统上是不动产（现代立法，也包括部分动产），而质押的标的是动产与权利。

（2）在抵押与质押中，标的是否转移占有存在明显不同。在抵押法律关系中，抵押的标的是不转移占有的，仍由抵押人占有、使用、收益。抵押权人的权利在于有权干预未经其同意的债务人对抵押物的处分，并有权追索该标的，以及优先受偿权。而质押中，作为"标的"的动产与权利是要进行转移占有的。在质押合同设立后，债务人要将标的交付债权人占有。动产要交付占有，而权利也要交付权利证书（如专利权证、商标权证等代表权利，并能使占有人根据此证享有利益的权利证书）才能起到担保的效果。

（3）抵（质）押担保合同的生效条件不同。

7.3.4.2 抵（质）押的前提要求

对抵（质）押行为进行前提性条件的审查，是维护银行债权，确保抵（质）押合法性的必要步骤。

（1）抵押物、质物的权属明晰，出质人、抵押人必须对抵押物具有所有权、处分权。

比如，银行作为质权人时，为保证质押合同的合法、有效，首先应当核实出质人对质物（出质的动产）是否依法享有处分权。例如仓单、提单等，可以作为出质人对出质动产依法享有处分权的权利凭证。对于出质人通过买卖合同取得的动产，应主要核实发票等履行合同的相关证据，必要时应核实其买卖合同。

（2）是否属于法定允许的担保物。以学校、医院、幼儿园等公益为目的的事业单位，不能对外提供保证担保。但可以对自身的债务提供物的担保，即可以法律限定的财产（教育、医疗和其他公益设施以外的财物）提供抵押，债权人可以优先受偿。但是，上述财产为他人的债务提供抵押的，抵押合同无效。非法律明文规定的"权利"，不宜作为质物。

（3）是否存在其他优先权存在见 7.3.4.4。

（4）是否出租已经出租的，应通知出租人，取得回执；或解除原租赁合同，防止用恶意出租的方式损害债权人的优先受偿权。

（5）出质人、抵押人必须是具有完全民事行为能力的人。比如，不得接受未成年人名义下的财产（存单、房地产等）作为质物、抵押物。尽管"物"本身权属明晰，符合法律规定。

7.3.4.3 共有财产抵（质）押

以共同、共有财产提供抵（质）押的，必须取得所有共同人的书面同意抵

（质）押的意见，并进行核实。

同时，提供共有人的证明材料。

常见问题：

（1）个人担保情况下，审查是否是单身或夫妻的证明资料（如结婚证、户口本等）；

（2）个人提供抵（质）押担保的，财产共有人必须在相关的抵（质）押担保合同上签字，即双签。注意，不仅在合同的签约处签字，还要骑缝签字或加盖个人名章（但应提供个人名章代替本人签字的声明书）；

（3）企业的财产共有人往往是企业的股东。

7.3.4.4 几种法定优先权与一般抵押权的冲突

1. 建设工程价款优先权

《合同法》第286条和最高人民法院《关于建设工程价款优先受偿权问题的批复》（以下简称《批复》）赋予建设工程承包人就其建设工程价款享有优先受偿的效力。该优先权优于一般抵押权（张炜等，2004）。

以在建工程及房产提供抵押融资时，可能遇到法定优先权与一般抵押权的冲突问题。如果存在拖欠工程款，承包人提起法律诉讼时，拖欠的工程款优先受偿，则银行的债权难以得到保障。实际案例中，法院的判决也证明了这一点。

为了应对此类问题，应注意以下操作和管理环节：

在建工程抵押时：

（1）要求发包人具有相当的自有资金实力；

（2）信贷资金实行封闭运行，有效监管，确保专款专用；

（3）约定发包人的信息披露责任（报表、承包合同、预售方案、诉讼等情况）；

（4）了解承包工程以及工程款结算方式、动态情况；

（5）防范关联企业或其他企业之间，恶意串通，虚构建设工程欠款，逃废银行债务。

现房抵押时：

（1）掌握工程款结算情况，"出具工程款已经完全结清的证明"，可作为放款审查手续之一。

（2）如果存在未结清工程款的情况，应对房地产价值与未结清工程款的数额进行比较，判断房地产变价款在承包人优先受偿的情况下，仍然能够完全偿还贷款。或剔除后计算抵押率。

（3）协商发包人，放弃该"优先权"，放款前出具"放弃优先受偿权的声明书"。

第7章 放款管理常见法律问题

（4）市场调查与信贷审批环节应做好充分细致的调查，把好准抵押品的合格、合法审查准入关，放款管理部门做好相关资料的审核。

（5）根据"批复"第2条规定，该承包人享有的优先权不得对抗买受人，即交了全部或大部分款项的消费者（购房者）。所以，房地产销售的回款（售房款）必须存入专门账户，防止挪用或卷款潜逃，将损失转嫁银行。

此类案件中，银行方面可能的抗辩理由①：

（1）承包合同存在无效的理由；

（2）发包人存在重大违约事实（未验收合格、未按期竣工等）；

（3）承包人行使法定优先权的条件尚不具备（未竣工、未超过规定竣工期、承包人尚未对发包人进行催告）；

（4）工程属于不宜折价、拍卖的范围；

（5）优先受偿的范围超过《批复》规定的范围；

（6）发包人、承包人之间恶意串通、虚报工程价款等损害第三人合法权益的事实。

2. 留置优先权

《担保法》司法解释第79条第2款规定，"同一财产抵押权与留置权并存时，留置权人优先于抵押权人优先受偿。"

3. 税收优先权

为保障国家税收收入，我国《税收征收管理法》第45条明确规定："税务机关征收税款，税收优先于无担保债权，法律另有规定的除外；纳税人欠缴的税款发生在纳税人以其财产设定抵押、质押或者纳税人的财产被留置之前的，税收应当先于抵押权、质权、留置权执行。"

根据该规定，如果纳税人欠缴税款发生在先，以其财产设定抵押、质押在后，则税款优先于抵押权、质权。反之，如果纳税人以其财产设定抵押、质押在先，欠缴税款发生在后，则抵押权、质权优先于税款。

防范措施：

（1）审批阶段、放款之前，均应做好纳税情况的调查，核实抵押人、出质人是否存在欠缴税款的情形，必要时，向税务机关了解；

（2）企业先行纳税，再接受抵押。

4. 土地使用权出让金优先权

以行政划拨土地使用权抵押的，必须在折价、拍卖、变卖所得价款缴纳相当于

---

① 张炜，尤瀛东，董建军. 银行法律风险控制：典型案例探析 [M]. 法律出版社，2004，8（1）：25~26.

土地使用权出让金后，才能就剩余部分优先受偿。

5. 职工安置费优先权

按照国务院的相关规定，对于纳入国家兼并破产计划的国有企业，其转让土地使用权所得必须首先用于支付职工安置费。

7.3.4.5 抵（质）押登记记载内容问题

关注抵（质）押登记与抵（质）押合同的一致性。抵（质）押登记记载的内容（抵押物的名称、数量、质量状况等），必须与抵（质）押合同约定的内容一致，否则，将以登记记载的内容为准。

放款管理要点：

（1）审查二者的一致性，如果登记内容不正确、不一致的，应要求重新办理动产抵押登记后，方可放款。

（2）经营单位、客户经理，重视抵（质）押登记的严肃性、重要性，仔细审查登记记载的内容。

（3）抵（质）押登记凭证（他项权利证、动产抵押登记书等）上面的描述不存在法律或逻辑上的瑕疵。比如：被担保债权与主合同不同。往往出现在抵押物价值小于主合同债权的情况。如果抵押登记部门不配合，建议尽量分开抵押，分别出账，不采用多个抵押物对应一个主合同（借款合同等）的方式。抵（质）押登记的顺序未填写，或者不是"第一"等。对于一个较大的抵押物同时抵押给多个抵押权人时，更应注意此问题。

7.3.4.6 主合同变化与抵/质押登记变更

银行业务中，最常见的主合同变更是借款展期。借款展期应当签订"展期协议"，书面通知抵押人，征得抵押人的同意，并根据原借款合同及新签订的借款展期协议，办理变更抵/质押登记的手续。

未经担保人同意的，保证期间仍为原合同约定期限或法律规定的期限，不会自动相应延长，对保证人不再有法律约束力。

案例 7-2：抵押物存在法律瑕疵

授信审批意见	经贷审委审批通过，某行同意给某投资管理公司（政府背景，经政府推荐）流动资金贷款额度5000万元，资金用于中小企业改制、旧城改造。期限 1 年，以公司的预购房产 ABC 大厦部分楼层（8400 平方米建筑面积）提供抵押，评估价值 10940 万元，抵押率 45.7%。出账前办妥抵押登记、评估、公证手续，签订银企合作协议
审批问题	采用预售房产抵押，房产的所有权凭证在未取得的情况下，抵押权利存在严重缺陷

续表

放款问题	(1) 未对预售房产抵押的法律问题提出异议 (2) 押品价值管理存在问题
企业做法	放款后，企业资金立即划走，资金挪用于证券公司进行投资国债，部分用于房地产
后果	到期不能按时偿还，逾期。 由于 ABC 大厦原开发商违规，未按规定为预售房办理权证，造成逾期，申请展期。 抵押物价值下降，诉讼执行时，价格缩水 3~4 倍，评估价格严重失衡
启示	(1) 抵押物的选择必须适当，不能存在法律瑕疵，预购房产不宜做融资抵押物 (2) 重视抵押物的价值管理以及价值评估及修正 (3) 放款法律审查应能够对审批环节存在的问题提出异议 (4) 综合投资类公司授信必须慎重，用途严格控制

7.3.5 "保证与物的担保"并存的有关法律问题

授信业务中，保证担保（人的担保）和抵押、质押（物的担保）同时并存的情况非常普遍。需要注意的法律问题是：

（1）物的担保优于人的担保。《担保法》第 28 条规定，"同一债权既有保证又有物的担保的，保证人对物的担保以外的债权承担保证责任。"

（2）注意物的担保是自有财产还是第三人提供的重要区别。《担保法司法解释》第 38 条规定："同一债权既有保证又有第三人提供物的担保的，债权人可以请求保证人或物的担保人承担保证责任。"

司法解释对担保法第 28 条形成了限制性解释，债权人因此可以选择有利于自己的方式实现债权。

（3）利用有关承诺或书面文件，确保"物的担保"或"保证担保"的有效性。

措施 1：企业出具资产设定质押的承诺书

承 诺 函

×××银行＿＿＿：

鉴于我公司以自有财产提供质押担保在贵行办理货押业务，为保证贵行质权的合法、有效，现声明并承诺如下：

一、提供给贵行担保的质物均为我公司合法所有或依法拥有处分权的货物。如果上述质物存在其他共有权人，该质押担保事宜已取得其他共有权人的同意。

二、我公司未在上述质物上设定任何其他担保，任何第三人不会对贵行质权的合法、有效性及优先性提出任何异议。

三、在被担保的债权清偿完毕前，我公司有义务确保贵行质权的有效性及优先性。未经贵行书面同意，我公司任何时候均无权将上述质物转让、赠与给他人，并保证不将上述质物转让、赠与给他人，也无权在上述质物上设定其他担保物权，并保证不在上述质物上设定其他担保物权。

公司盖章：

法定代表人或被授权人签字：

年 月 日

措施2：企业提供知悉追加动产抵押的回函

知悉追加动产抵押的函
（适用于公司法人）

_____银行：

  我公司已知悉，贵行对由我公司提供保证担保的客户_____追加办理了动产抵押担保手续和动产抵押登记，并再次声明：我公司与贵行签署的_____号《保证担保合同》仍然继续有效，我公司将严格按照合同的约定，继续履行连带担保责任。

  特此声明。

公司盖章：

法定代表人签字：

或被授权人签字：

年 月 日

知悉追加动产抵押的函
（适用于自然人）

_____银行：

  我本人已知悉，贵行对由我提供保证担保的客户_____追加办理了动产抵押担保手续和动产抵押登记，并再次声明：我（及财产共有人）与贵行签署的_____号《保证担保合同》仍然继续有效，我将严格按照合同约定，继续履行连带担保责任。

  特此声明。

签字：

年 月 日

附录：

表 7-15 动产抵押登记书（正本）登记簿

序号	支行	客户名称	登记书编号	额度合同编号	合同金额	归档日期	取出日期	取出原因	经办签字

保管人： 复核：

7.3.6 政府担保法律问题

各级地方政府和政府部门应严格遵守有关法律规定，禁止违规担保。严格执行《财政部关于规范地方财政担保行为的通知》（财金［2005］7号）的规定。2005年1月26日后，各级地方政府和政府部门对《担保法》规定之外的任何担保均属严重违规行为，其担保责任无效。但各级地方政府和政府部门必须采取有效措施，督促企业保证偿还贷款本息。2005年1月26日前，各级地方政府和政府部门对《担保法》规定之外债务承担的担保，要履行担保责任。整顿和规范银行各类打捆贷款，切实防范贷款项目的信用风险和法律风险。

根据上述规定，商业银行建议采取如下应对措施：

（1）停止与各级地方政府和政府部门签订新的各类打捆贷款协议或授信合作协议。

（2）对已签订的各类打捆贷款协议，银行要在防范风险的前提下依法审查贷款承贷主体、担保主体的资格和履约能力，对不符合《担保法》规定的抵押担保手续要重新予以落实，确保贷款项目的合法、合规，并符合银行审慎经营的各项条件。

（3）要密切跟踪评估已发放各类打捆贷款项目未来现金流量的变化及其对贷款偿还的影响，对贷款使用实行全程跟踪和严密监控，对挪用贷款的借款人采取必要的信贷制裁措施。

（4）在支持地方项目建设过程中，银行要严格执行国家产业政策和市场准入标准，坚持审慎性原则，按照规定的条件和程序逐一评审贷款项目，审慎发放项目贷款，防范盲目进行信贷扩张。

7.4 重要授权文件的有效性

企业法人客户（包括担保单位、出质人、抵押人等）的公司章程规定了企业融资、对外担保、提供资产抵押或质押等所需要的审批机制、审批层次，有些需要股东会决议，而有的是董事会决议或总经理办公会决议，这些授权文件是信贷放款管理即放款审查过程中所高度关注并必须提交的要件。

实践中，具体需要哪类授权、哪类文件，所遵从的依据是法律审查岗位所提出的法律审查意见。经营单位客户经理在提交资料到放款管理中心进行放款审批（又出账审查）之前，必须密切关注法律审查意见。

法律审查意见毕竟是银行内部的法律人员或律师对公司章程的理解和认识，是否与企业公司章程的实际含义完全一致亦不尽然（一般来讲，出于谨慎性考虑，所提出的审查意见或要求相对严格）。因此，就会出现企业的实际做法与法律审查提出的具体意见或要求不一致的情况。

特殊情况的处理方式及问题：

1. 企业不提供相应的审批、授权文件

这要区分情况，具体问题具体分析。如果公司章程规定不明确，法律审查部门或岗位一般从谨慎性的要求出发，要求企业提交"不需要相关文件的说明"。企业方面所提供的说明或解释基本能满足放款审查的谨慎性要求。

2. 如果格式、形式上存在问题，要素不齐全或授权存在法律瑕疵

严重的甚至不被法院采信。最高人民法院的审判案例标明，法院对于相关决议、文件的出具有时候要求提供相关决议的其他佐证资料，证实有关决议的真实、有效性。比如，董事会、股东会的会议记录、出席会议的董事、股东签名等。

实践中，

（1）一些决议文件没有股东、董事的签字，仅有公章，有不被认可的风险。

（2）一些决议文件中，对于授信金额、出质行为、抵押行为、担保行为、保证金比例等不做明确规定，必然影响到授权的有效性，进而产生法律风险。

放款审查时，对于不符合要求的文件，应要求重新出具。必要时，要求提供有关的佐证资料。

7.5 票据业务常见法律问题

7.5.1 票据背景及票据权利的取得

票据的取得必须有真实的交易或债权债务关系背景，同时应当给付双方当事人认可的代价（支付对价）。《票据法》规定，未给付对价而取得票据的持票人不得享有票据权利。

放款环节需要注意的事项：

（1）对于票据贴现业务而言，票据贴现申请人必须是合法票据持有人，有背书转让行为的，背书必须连续。法院公示催告期间的票据，票据权利处于不确定状态，不得贴现，否则法院不予支持。

放款审查的要点是，票据的交易或其他业务背景真实性、背书的连续性，或者是否禁止转让，是否处在"公示催告期"。

例外情况：因税收、继承、赠与取得票据不受支付对价的限制，但持票人所享有的权利不得优于其前手的权利。

（2）恶意取得、重大过失取得不符合《票据法》规定的票据，依法不享有票据权利。

（3）票据记载事项无欠缺，或不得记载的事项是否记载了，或者不得更改事项是否更改了，避免某事项无效或票据无效（见表7-16）。

（4）是否限制转让（是否记载"不得转让"字样）。

（5）经过审慎的查询、查复程序，排除票据欺诈。《票据法》第103条列举了7类欺诈行为。

表 7-16　　　　　　　　　　无效票据情况参考

序号	情况描述
1	票据绝对记载事项、要素不全。《票据法》第 22 条规定了汇票的必须记载事项，缺少任意一个要素，汇票均无效
2	对不可更改的票据要素（出票时间、金额、收款人）更改、涂改
3	大小写金额不符（不一致），或仅出现一种记载的
4	文字不正确
5	签字、签章不符合规定①、与预留印鉴不符
6	伪造票据
7	自制票据（样式非人行统一管理印制，无效且违法）

① • 无民事行为能力或限制民事行为能力的人在票据上签章无效；
- 无出票人签章；
- 欠缺其他票据行为人的签章（承兑人、保证人、背书人等）；
- 画押、指印等不具有效力（只允许签字、签章、签字加盖章）；
- 自然人的本名（同身份证）、法人的本名（同营业执照的全称），不得简写、缩写。

7.5.2　票据行为及要点

1. "票据背书"及法律问题

《票据法》规定了三类票据背书：转让背书、保证背书、质押背书。另外，还有"委托收款背书"。

如何进行银行汇票的"质押"背书？即在银行汇票的背面或粘单上记载以下内容："质押"或"质押给××××银行"字样。

放款管理环节注意问题：

（1）审查背书是否符合信贷业务特征和性质。

（2）背书的方式、形式是否正确。

（3）背书连续是付款人证明持票人为合法权利人的依据。背书不连续的情况：前一背书的被背书人与后一背书的背书人不是同一人，或者盖章有误。

（4）出票人作了禁止背书转让要求的，其后手转让的，出票人对后手的背书人不再负付款责任。

（5）质押背书时，必须以背书形式记载"质押"字样。

（6）以质押票据背书再行质押或背书转让的，背书行为无效。见《最高人民法院关于审理票据纠纷案件若干问题的规定》第 47 条。

（7）票据背书为"委托收款"的，票据持有人对该票据不享有"票据权利"，无权贴现票据。

2. 两类"票据权利"

《票据法》规定的票据权利有：一是付款请求权，二是追索权。背书转让的是票据的一切权利。

"无追索权"票据贴现指的是放弃对持票人的追索权,从持票人手中"买断票据",但并未放弃对票据承兑人的付款请求权以及其他票据债务人的追索权。此类业务对承兑人、贴现申请人的要求要高。

另外,如果所贴现票据是假票,承兑人拒绝付款,则无论是否放弃追索权,则无论贴现申请人是否恶意,都应对贴现银行承担相应责任。但也有的要求银行无条件放弃追索权。

3. 票据承兑

汇票付款人承兑汇票后,即为票据的承兑人,从而取代出票人成为负有到期支付票面金额责任的第一债务人。

4. 付款

付款人履行到期付款的义务,同时应履行审查的义务。

①形式审查义务:票据付款人(及其代理人)仅就票据的外观形态、背书连续性等进行要式性、文义性审查,不涉及票据外的其他事实和关系。代理人未尽审查义务而错误付款的,承担票据外的过失赔偿责任,不承担票据上的再次付款责任。

②实质审查义务:票据付款人(及其代理人)对持票人(提示付款人)是否为真实权利人,背书受让票据权利是否真实有效,票据是否伪造、变造等实质问题进行审查。涉及到票据外的事实才能确认真伪。根据最高人民法院《关于审理票据纠纷案件若干问题的规定》精神,银行须承担实质审查义务,否则视为有"重大过失"(张炜、林伟,2004)。

具体审查:应审查票据的记载事项、背书的连续性、提示付款期限、提示付款人的合法身份(证件)、是否存在票据瑕疵及权利瑕疵,防止过失付款而承担责任,对恶意取得的票据拒付。

票据被无权代理、越权代理的,被代理人可以拒绝付款。

已经挂失止付或法院对票据已做出除权判决的票据,付款人应停止止付。

5. 票据保证

保证人在票据或粘单上记载"保证"字样,并另行签订保证合同或保证条款。未记载"保证"字样,而只签订保证条款的,不属于票据保证,而适于《担保法》的规定。

《票据法》规定,票据保证不得附有条件,附有条件的,不影响对汇票的保证责任。

6. 票据记载事项的分类(见表7-17)

表 7-17　　　　　　　　　　票据记载事项分类解释与说明

序号	记载事项类别	解释	说明
1	绝对记载事项	指票据必须记载，否则票据无效	银行汇票的 7 项绝对记载事项：①表明"银行汇票"字样；②无条件的支付承诺；③确定的金额；④付款人名称；⑤收款人名称；⑥出票日期；⑦出票人（银行）签章。实践中发现，一些企业在出票人处缺少盖章，该票缺少绝对记载事项"出票人"，应为无效票据
2	相对记载事项	必须记载，但不记载不会导致票据无效，而是以《票据法》进行推定的记载事项	
3	任意记载事项	可记载，也可不记载，记载将产生一定的法律后果	主要是"不得转让"此类记载
4	不得记载事项	禁止记载事项，记载则导致该事项无效，或票据无效	主要是无条件支付承诺不得附加条件
5	不产生票据法上记载事项	事项记载与否不产生票据法上的效力	当事人凭自己意愿加上的，但如果双方认同，且符合民法规定，可产生民法上的效力

注：支付结算制度规定的记载事项有误或欠缺，不影响其法律效力。
资料来源：主要根据刘国武等《票据支付结算与风险防范》湖南人民出版社，1997 年 12 月第 1 版第 1~2 页内容整理，并补充。

7.6　进口业务融资相关法律问题

7.6.1　进口信用证项下款项的冻结、止付问题

1. 冻结、止付的前提

根据最高人民法院《关于严禁随意止付信用证项下款项的通知》（法 [2003] 103 号，2003 年 7 月 16 日）的精神，信用证交易独立于基础交易（进口业务合同），因而属于不同的法律关系，一般不得因为基础交易发生纠纷而裁定止付开证行所开立信用证项下的款项（付汇保证金）。

只有在有充分证据证明信用证项下存在欺诈，且银行在合理时间内尚未对外付款的情况下，人民法院才可以根据开证申请人的请求，并在其提供担保的情况下裁定止付款项。但是如果已经承兑并转让或已经议付，仍不能裁定止付。

2. 信用证项下款项与汇票项下款项的区别

实践中，法院裁定冻结的标的物通常为信用证项下的货款。如果是远期信用证

且已经承兑了汇票情况下，银行在信用证上的责任已经转变为票据上的无条件付款责任。

此时，法院裁定冻结的标的物已不复存在，银行无法协助执行冻结裁定，应不属于《民事诉讼法》规定的"拒绝协助执行"的情形。

如果法院执意冻结汇票款项，应向银行重新送达以汇票款项为冻结标的物的裁定书。但由于《票据管理实施办法》禁止任何单位和个人非法冻结依法背书转让的票据款项，立案法院一般不敢贸然送达此类裁定（张炜等，2004）。

3. 法院管辖权瑕疵

国际货物买卖合同通常约定采用仲裁的方式解决纠纷，地方法院大多没有国际货物买卖合同纠纷的管辖权。

注意查看进口开证合同上的纠纷解决条款，看是否是仲裁方式，防止不适当的司法冻结。

4. 争取最高法院的支持

地方法院存在地方保护主义或受到地方的多种干预和影响，而最高人民法院始终旗帜鲜明地反对滥用止付信用证措施。

7.6.2 进口押汇业务的特殊担保机制及法律关系

1. 设定抵押担保

以进口货物做抵押，开展押汇融资。比如建设银行。主要问题：需要办理动产抵押登记；抵押权与处分权的矛盾，作为抵押物的进口货物需要出售、加工、组装等；与信托收据的不协调，信托收据的操作与《担保法》规定矛盾。

2. 设定质押担保

以进口货物的单据（包括但不限于提单等）质押。质物必须占有，交还则丧失质权。银行难以持续地占有质物。质押与信托收据也存在矛盾。

3. 通过信托收据（Trust receipt）取得进口项下货物的权利

4. 保证担保

7.6.3 信托收据的性质、特征及其法律关系[①]

对于信托收据的性质或界定存在分歧。

如：《中国银行国际业务操作规程》对信托收据的性质进行了阐释。信托收据实质是客户将自己货物的所有权转让给银行的确认书，持有该收据，意味着银行对

[①] 王丽丽，张炜. 银行国际业务与法律风险控制[M]. 法律出版社，2004（1）：9、16-20.

该货物享有所有权。银行凭信托收据将货权凭证交给进口商（客户），客户仅是银行的受托人代理银行保管单据、处理该批货物（包括存仓、代购保险、销售等），并将货款交给银行。

也有的认为，信托收据是以质押关系为基础建立的信托关系，不是所有权的转移为基础的。银行与进口商，通过签订协议，是信用证项下的单据与货物成为银行债权的质押品，然后银行再通过信托收据将货物、单证交给进口商处理，这种持有、处置是以银行委托认的身份进行的。

国内的法律依据是《信托法》。

信托收据的基本特征：

（1）信托收据是一种信托合同，建立了信托财产处分的信托法律关系，而不是担保法律关系，尽管有一定的担保意义。而是担保之外的合同，有时与其他担保关系法律并存。

（2）信托收据以委托人（银行）对进口货物所拥有的合法财产权为前提。即在建立信托关系前，必须通过协议和具体的操作程序，使货物的权利转移至银行。比如提单的背书转让、在信托收据中声明、或通过出质，使银行获得质权。具体方式，根据有关的法律规定。

（3）基本功能在于为进口商提供融资便利，同时为银行提供一种保护机制。各国信托法都强调了信托财产及其收益的相对独立性。

（4）所构建的信托关系是一种相对独特的信托关系，不同于普通的动产或不动产信托。独特性表现在：特殊的关系主体、特殊的财产关系、特殊的委托与受托关系、受托人对信托财产享有的特殊权益（如果基于质押关系产生的，则受托人仍享有所有权）、信托权责的表现（主要表现为出售而不是经营、管理）以及有关关系建立的先后顺序等方面。

7.7 出口押汇的性质及法律关系

7.7.1 出口押汇的性质

各行对于出口押汇的性质在认识上存在分歧，主要观点如下（王丽丽、张炜，2004）：

（1）是附有抵押担保的外汇贷款。代表银行有中行、建行、民生上海分行等。

（2）是附有单据质押担保、有追索权的融资行为。代表行有工商银行、兴业银行。

(3) 一种与议付密切结合的融资行为。代表行有农业银行。

(4) 与出口议付等同看待。代表行：中国中信银行。

(5) 是一种授信行为，具有质押垫款的性质。代表行：中国台湾地区的银行。

7.7.2 出口押汇的法律关系

(1) 出口押汇是一种融资法律关系或借贷法律关系。

(2) 一种附有特殊担保机制的融资法律关系。担保机制是出口信用证项下的单据作为抵押或质押品。

(3) 与出口议付有密切的关系，但有很大的不同（见表7-18）。

表7-18　　　　　　　　出口议付与押汇的法律关系区别

序号	区别点	出口押汇	议付
1	基本法律关系	附有担保的债权债务关系	信用证法律关系
2	涉及款项不同	银行付出的是"借款"	银行支付"对价"
3	救济权利不同	保留追索权	取决于与信用证
4	审单责任联系	无直接关系	按照UCP600履行
5	适用法律不同	特定国家的相关债权债务关系	受国际惯例支配

资料来源：据王丽丽、张炜：《银行国际业务与法律风险控制》，法律出版社，2004年第1版第39~41页归纳、补充。

7.8 涉外担保相关法律问题

离岸业务中，内外联动融资的方式之一，是离岸公司为境内公司提供担保。比如，离岸客户为境内公司的融资提供保证金、存单质押担保等方式。

7.8.1 法律适用问题

主要是指担保合同的法律适用问题及处理措施。外国公司、离岸公司担保项下的人民币贷款业务中，担保合同的法律适用包括：

(1) 合同当事人缔约能力的法律适用，决定了担保的合法性。一般主张适用合同主体的"属人法"，也有的主张适用合同的"准据法"（支配合同的法律）。

(2) 合同的形式、成立、解释、履行、违约责任等问题的法律适用，决定担保合同权利义务的实现。各国立法有以下不同的主张：适用当事人选择的法律、适用支配主合同的法律、适用单方面的承诺的法律。

关于担保合同与主债务合同的关系，各国法律有不同的规定：

①担保合同在有效性上对主合同的依赖。主合同无效,担保合同无效,如意大利。或承认依赖性,但允许另有约定。

②主合同变更对担保合同的影响。有的立法规定,主债务关系变更导致担保终止,但有的规定,担保自动影响担保人,担保继续有效。

③主债务关系主体及履行状况对担保人义务的影响。比如债务人破产、或因不可抗力不能履行债务时,担保人免责。但有的反对。

④主合同的债权请求权因时效而消灭对担保的不同影响。多数肯定,主债权因时效消灭,担保义务也消灭。

⑤担保合同与主合同的法律适用与管辖权是否存在依赖不同。有的主张有支配主合同的法律决定,有的允许选择不同的法律。

各国立法上的差异,给境内公司、银行的信贷业务操作增加了困难,为了有效解决对外国、离岸地法律的不熟悉的问题,银行一般要求由当事人所在地法律机构(律师)出具"法律意见书"的办法,来规避法律风险。

7.8.2 境外(离岸)法律意见书要点

离岸业务是开办离岸业务的商业银行所能提供的一项特色业务,其特征是,离岸、在岸联动,本币、外币联动,为进一步拓展市场空间创造了条件。

由于离岸客户在境外(包括我国的港澳台地区)注册,开展离岸授信或离岸担保(常见的有离岸存款/存单质押担保或备用信用证担保)在岸人民币授信业务时,一般需要由境外(离岸)执业律师提供法律意见书(以下简称"意见书"),这是控制授信业务法律风险的重要文件,也是放款环节必须提供的重要出账资料。

实务操作上,不仅要求能够"提供"上述文件,而且要求所提供"意见书"的形式和内容两方面均能满足银行授信或放款(出账)的要求。即:"意见书"在满足基本形式、程序的前提下,对相关的法律问题进行了明确回答,且所回答的情况显示,符合授信或放款的要求。如果出具"意见书"的形式、程序不符合要求,比如,要素、内容不完整,或不足以全面反映银行所关切的内容,则应重新或者补充提供。如需见证而未经过见证,则应重新履行相关程序;如根据法律意见显示的情况判断,所提供的资料、手续不齐全,或未经有效授权,或不符合当地法律的规定等,则不能进行授信审批或不能放款。

因此,银行市场人员(客户经理)、法律审查人员及其他相关人员应具备识读"意见书"并据以判断的能力。鉴于此,本书对"意见书"的基本含义、形式、作用及其见证程序进行了初步阐释和说明,并以案例(新加坡某公司"ABC CO.")的形式对"意见书"的内容要点进行了简要分析,以规范操作,防范风险,促进离岸业务的有效、健康发展。

1. "意见书"的含义及作用

简单地说，"意见书"是根据某申请人的申请，由熟悉离岸授信申请人或离岸担保当事人及担保合同所在地法律的当地执业律师，在尽职调查、了解的基础上，基于当地法律、公司实际状况，向申请人提供的就有关法律问题进行明确回答的书面文件。该"意见书"经律师本人签字、盖章（或律师本人所在的律师事务所盖章）并负法律责任。这实质上是委托境外/离岸律师代理行使"法律审查"之职，形式上类似于一种业务外包，属于有偿服务。

就上述业务而言，"意见书"主要解决以下两类问题，从而为银行的授信或放款提供决策依据。

一类是对境外/离岸授信申请人的申请资料、资格、行为进行法律审查，提出审查意见，审查内容包括但不限于：授信申请人主体资格的合法性、申请资料的完整性、合法性和有效性（如果业务合同适用境外/离岸地法律）、相关资料、盖章、签字的真实有效性等。

另一类是对境外/离岸担保人（境外机构、个人）担保资料、资格、行为的有效性、合法性进行法律审查，提出明确审查意见。审查内容包括但不限于：担保行为是否合法、担保资格是否具备、担保文件是否经过有效授权、担保资料以及签字、盖章是否完整、真实、合法、有效（担保合同适用境外/离岸法律时）等。

2. "意见书"的基本形式及内容

（1）"意见书"的基本形式及见证。

尽管没有一个统一的格式，但"意见书"起码应具备一定的形式要件。首先必须是正式的书面文件，其次应包含一些要素：律师事务所的名称、地址等内容（格式抬头）；法律意见出具的缘由或类似文句，即与银行的具体业务相关联；法律意见的正文，即具体的法律意见；律师本人的签字（如果是打印的，还要有打印的全名）、盖章（或事务所的盖章）；"意见书"出具的日期等。

"意见书"还要经过见证程序。所谓见证，这里是指出具"意见书"的律师资格以及所提供的意见书经有关部门、机构进行转递、公证的程序。

按照银行的有关制度，香港律师（经司法部委托的，即有资格的）出具的"意见书"，需由中国法律服务（香港）有限公司（深圳办事处）转递公证，不论页数多少，一律加盖火漆封印；中国香港以外律师出具的，需要其律师楼（事务所）在我境内的分支机构（否则需经香港律师或当地使馆）转递、见证，转递需要加盖转递章。

（2）"意见书"的基本内容和要点：

"意见书"的内容，视业务情况而定，繁简各异。对于常见的离岸担保、在岸授信业务，一般需就以下问题提出法律意见：

要点一：境外公司（机构）是否合法注册，法律"状况"是否良好。

如果由离岸公司法人提供出质、担保，则该公司必须是合法注册的公司，受当地法律保护，同时法律状况良好，无不良记录。该要点属于对境外（离岸）公司进行查册时所要境外律师回答的一般性问题，法律意见书中可以一并反映，或提供"良好状况证明书"（Certificate of Good Standing）。对于是否需要启动"查册"程序，由总行离岸部决定。

案例：我们（律师）在此确认，ABC 公司在新加坡合法注册、有效，且状况良好。（We（the lawyer）hereby confirm that ABC CO. has been duly incorporated in Singapore, and is validly existing and of good standing.）

要点二：出质人的出质担保行为的有效性、合法性。如担保人是否具备担保资格、能力，出质担保行为是否得到了有效授权。

案例：根据董事会决议，有关备忘录以及公司章程（2007 年 8 月 3 日版）的规定，ABC 公司具备相应的能力并得到有效的授权来履行该担保决议（Pursuant to the board solution and its Memorandum and Articles of Association（the M&A，公司章程）dated 3 Aug. 2007, ABC Co. has the capacity and is authorized to execute and perform the pledge agreements.）

要点三：离岸担保人为公司法人时，依照公司章程规定，需要提供股东会还是董事会决议？所出具的相关决议是否合法、有效，是否违背当地法律。

据 2007 年 8 月某业务提供的"意见书"显示，对于新加坡的公司而言，不论是上市还是非上市公司（listed or private co.），对外担保需要哪种决议取决于公司章程的规定，法律上并未区分或做出特别的规定或限制。通常情况下，出具董事会决议即可，而且一般至少需要董事会决议（There are no general different stipulations or limitations for listed and private co. in connection with the provisions of guarantees under Singapore Laws. Normally, a solution or an authorization of board of directors is sufficient. All guarantees should be in very least be authorized by the board of directors.）

但有的公司章程则规定的比较严格，对外担保需要得到股东会的授权，这与国内情况类似。可见，审查有效的（董事签字确认的）公司章程是明确上述问题的关键。

对外任何担保均需要股东会审批时：

英文表述可以参考下列语句：According to the M&A's stipulations of ABC Co., the shareholder's approval should be required before granting any guaranties.

仅需要董事决议且多数通过时（这时还需要知道有多少个董事）：

英文表述可以参考下列语句：A board resolution in writing signed by the majority of the directors shall be valid and effective as a resolution duly passed at a meeting of the directors.

要点四：公司股东或董事会（成员）情况（名单），某董事签字的公司章程是否有效。

英文表述可以参考下列语句：ABC CO.'s current board of directors comprise... (name 1, name 2, name 3,...).... The "M&A" of the Co., as signed solely by Mr./Ms ×××, are proper and valid.

要点五：质押担保合同是否需要登记。

新加坡法律并未要求对质押担保合同进行登记。

英文表述可以参考下列语句：There is no legal requirement under Singapore Law to register the pledge agreements.

如需要登记，则要额外提供若干签订好的《质押担保合同》（或包括业务合同），通过离岸部传递给当地的担保人用于登记之用。

3. "意见书"的出具及例外情况

除下面的特殊情况之外，一般都需要提供"意见书"。市场人员应就"意见书"的出具问题及时与客户取得联系。

（1）境外个人申请授信时，且符合下列条件：能够核实合同签字的真实性；相关合同在我国境内签订、履行（即在我国领域内进行民事活动）；依我国法律具备完全民事行为能力。

（2）境外个人以其境内资产提供抵押、质押或提供保证的，且满足上述条件以及抵（质）押手续在我国境内办理；已婚人士以夫妻共有财产提供抵（质）押的，双方在抵质押合同上签字。

（3）有的银行在满足下列条件的情况下，对部分地区进行了简化要求。比如有的银行要求：中国香港、英属维尔京群岛（BVI）、开曼、百慕大和新加坡的公司为境内申请人的人民币（在岸）授信提供离岸存款质押或开立备用信用证担保，在同意适应中国法律的前提下，且满足：离岸部完成查册手续（离岸部决定是否需要查册）；境外公司的公司章程由董事签字确认，并提交了章程规定的有效董事会或/及股东会决议；相关合同由银行经办人员双人台签。

"意见书"出具后，客户经理有初步审查、判断的职责，法律审查人员则根据"意见书"及其他资料，对是否给予授信或者是否同意出账提出明确审查意见，此时，"意见书"的形式及内容就成为审查的重点。

7.9　福费廷与其他融资方式的比较（见表7–19）

表7–19　　　　　　　　福费廷融资与其他融资方式的比较表

序号	比较事项	福费廷	保理	贴现	出口押汇
1	法律关系	票据买卖关系	应收账款买卖（包括账务管理、催收等）	票据买卖关系	借贷法律关系，依赖于抵/质押担保或其他保证；属于综合性融资，法律关系复杂，涉及的票据不仅是汇票，还包括提单等，看重的是货权转移，汇票本身不需要担保或承兑
2	追索权、期限	类似于无追索权贴现，期限可高于6个月~10年中长期融资，交易背景以资本性出口商品为主	融资期限一般6个月内短期融资；贸易背景消费类商品为主	6个月限制；有追索权	有追索权；期限一般较短，属于短期融资
3	二次交易	可再转让		可再贴现	
4	法律依据	受国际票据法、国际管理约束		国内票据法、结算办法	

附 录

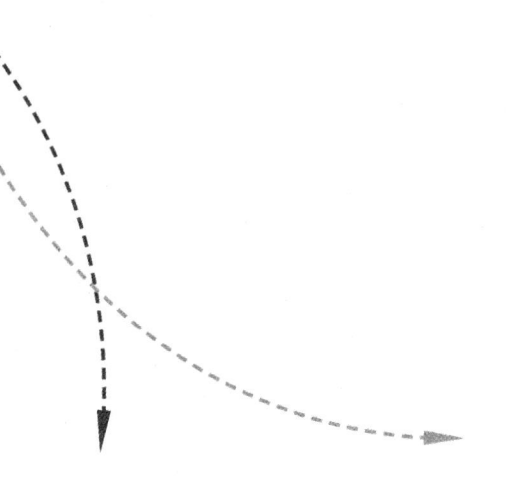

附录部分附列了放款管理和操作中常用的政策、法规目录和部分条文,便于查找使用,最后附列了几个放款管理工具。

附录1　商务合同审查常见问题

在放款资料中，除了银行与企业签订的贷款合同、担保合同、额度合同、协议之外，商务合同（贸易合同、交易合同、其他业务合同），是需要提供的重要资料之一。开立无真实贸易背景的融资性银行票据和信用证，不仅有信贷风险，而且有政策性风险。从管理的角度看，业务背景合同审查的基本目的主要有两方面：一是为了确保贸易（交易）背景的真实性，防范开立无真实交易背景的融资性银行票据和信用证；二是确保银行的信贷资金投放符合经营范围，真正用于生产、经营，并做到专款专用。

日常出账业务的审查过程中发现，客户经理对于商务合同的审查、重视不够，提交的合同中存在许多带有共性问题，见附表1。

附表1　商务合同常见问题及审查提示

序号	问题	审查要点提示
1	没有"买方、卖方"，无法说明买卖关系，无法出具银行票据和开立信用证；或者买卖双方与业务关系	开立银承时，出票方（即开立票据的申请人）必须是买方；开立信用证时，申请人必须是买方（buyer）、进口方，信用证的受益人（beneficiary）一般必须是卖方、出口方（seller），但有特殊情况，比如在进出口合同中约定了特定的受益人
2	提供的合同没有签字，而合同中明确规定"经双方签字盖章后生效"，这种合同实质上是无效合同（可能双方事实上也确实执行）	注意合同本身对于生效条件的约定。按照约定和签署情况判断合同的有效性。对于要求签字盖章后生效的合同必须满足既盖章又签字的条件
3	合同过期，实为无效合同	检查合同的有效期规定。如果合同过期仍然执行，一般需要交易双方确认
4	商品名称（进出口合同又称为货物描述 goods description）与申请书不严格一致	按照营业执照、特许经营资格证（有效期内）审查：是否属于公司的经营范围，是否属于进出口业务范围，是否属于终审意见规定的支持对象（限制条件）；开证业务中，对单证、单单一要求严格，如合同的货物描述与申请书中的描述不一致，慎重起见，要求申请人进一步明确，防止出现纠纷（尽管我们开证的主要依据是开证申请书）
5	货物价格	是否属于正常价格（price），偏差过大或根本不符合实际，说明合同的不真实性或者是假合同。出于套利行为的合同往往如此
6	合同价值（包括多份合同累计）小于开票金额、开证金额，说明贸易背景不真实；合同的数量、价值与申请书显示不完全一致（有时是很小的小数点）	开票金额、开证金额只能≤合同价值（包括多份合同累计）合同价格与数量的乘积是否等于总价值，是检查合同主要内容慎重起见，与申请人进一步核实微小的差异

续表

序号	问题	审查要点提示
7	装运期（shipment）不符	检查开证日期与装运日期的合理性
8	合同结算方式空白	检查合同结算方式是否是开立银承、商票或利用信用证方式等结算
9	仅有框架协议，没有每月的具体订单。框架协议只能说明总的贸易合作意向，并没有产生实质性购买关系，无法证明真实性贸易背景	二者的结合（协议+订单），类似于银行的质押清单与质押合同关系
10	合同无日期，无法完整说明合同的存在期限（如果有明确的有效期限可能起到补充作用）	检查合同签订的具体日期
11	合同多次使用，（复印件）印章以及其他主要内容模糊不清，无法判断是否是银行认可的贸易双方或商品种类等	重新更换，否则无法判断
12	未来合同，做先货后票业务	检查合同签订的具体日期，是否符合实际，是否出现了失误
13	以"订货计划"代替合同。实质上不具备合同的功能，因为没有双方的盖章和相关约定的内容	最好提供正规的贸易合同。根据情况，可以检查和要求提供合作协议（由买卖双方盖章的，开票通知单（卖方盖章子签字），网上订单（申请人盖章）等，再依赖票据关系来证明贸易背景的真实性，必要时提供发票和运输单据。先货后票提供增值税发票、报关单、提单等（复印件）
14	进出口合同没有外方的签章。有两种可能，一是复印件已经无法看清；二是无效合同	检查英文合同（purchase order/sales contract）的尾部，看有没有双方的签字盖章
15	格式合同除了主要数量价格外，其他待选项空白（运输方式、结算方式等）。使人怀疑合同的真实性	必要的内容有选项的，要尽量选择完整
16	其他商务合同比如保函业务中的承包合同等	注意审查投标或承包工程等合同的真实性、有效性；开立保函的金额是否符合商务合同规定的比例要求
17	过去签订的合同，又没有明确的有效期规定	最好要求提供有关的情况的说明，证明该合同的有效性
18	合同缺少关键性条款（如金额、交货期等）	表面真实性存疑

附录 2　发票的种类、内容及作用

制度依据：

（1）中华人民共和国财政部令第 6 号《中华人民共和国发票管理办法》已于 1993 年 12 月 12 日国务院批准，现予发布。

（2）国家税务总局关于贯彻实施《中华人民共和国发票管理办法实施细则》的通知（国税发［1993］第 157 号，自《中华人民共和国发票管理办法》施行之日起施行）。

1. 发票的种类

增值税纳税人发票领购到国税局办理，营业税纳税人发票领购到地税局办理。如果一个企业以增值税为主并兼有营业税的经营项目，就应该分别到国税和地税主管税务机关办理。

（1）增值税专用发票。

增值税专用发票只限于增值税一般纳税人领购使用，一般纳税人如有下列情形之一者，不得领购使用增值税专用发票：

从 1995 年 7 月 1 日起，一般纳税人经营商业零售的烟、酒、食品、服装、鞋帽（不包括劳保专用的部分）、化妆品等消费品不得开具专用发票。一般纳税人生产经营机器、机车、汽车、轮船、锅炉等大型机械电子设备，凡直接销售给使用单位的，不再开具专用发票，而改用普通发票。按照开具方式分：①手工版增值税专用发票：中文四联千元、中文七联千元；中文四联万元、中文七联万元；中文四联十万元、中文七联十万元；中英文四联十万元中英文七联万元。②电脑版增值税专用发票：四联、七联电脑。

（2）普通发票。

普通发票主要由营业税纳税人和增值税小规模纳税人使用，增值税一般纳税人在不能开具专用发票的情况下也可使用普通发票。所不同的是具体种类要按适用范围选择。即：①增值税纳税人使用的普通发票。②营业税纳税人使用的普通发票。

普通发票由行业发票和专用发票组成。前者适用于某个行业的经营业务，如商业零售统一发票、商业批发统一发票、工业企业产品销售统一发票等；后者仅适用于某一经营项目，如广告费用结算发票、商品房销售发票等，可以说是在行业发票划分的基础上再细分。

除增值税专用发票外，县（市）以上税务机关根据需要可适当增减联次并确定其用途。比如：四联、六联工业、三联加工修理、六联加工修理、三联临时经营、三联商业零售、四联商业零售、六联商业零售、五联商业批发、六联商业批发、四联加油站、四联砂石、五联汽车修理（小修）、六联汽车修理（大修）、机动车销售、粮食销售、农付产品收购、废旧物资收购、临时经营、七联商业专用发票、四联电脑销货清单。

(3) 专业发票。

专业发票可由政府主管部门自行管理，不套印税务机关的统一发票监制章，也可根据税收征管的需要纳入统一发票管理。

专业发票包括国有金融、保险企业的存贷、汇兑、转账凭证、保险凭证；国有邮政、电信企业的邮票、邮单、话务、电报收据；国有铁路、国有航空企业和交通部门、国有公路、水上运输企业的客票、货票等。

2. 发票的内容、联次

发票的基本内容包括：发票的名称、字轨号码、联次及用途、客户名称、开户银行及账号、产品名称或经营项目、计量单位、数量、单价、大小写金额、开票人、开票日、开票单位（个人）名称（章）等。

发票的基本联次为三联：第一联为存根联、开票方留存备查；第二联为发票联，收执作为付款或收款的原始凭证；第三联为记账联，开票方作为记账原始凭证。增值税专用发票的基本联次还包括第三联为抵扣联，收执方作为抵扣税款的凭证。

3. 发票的填开

销售产品，提供服务的及从事其他经营活动的单位和个人，对外发生经营业务收取款项，收款方应当向付款方开具发票。

特殊情况下由付款方向收款方开具发票，是指收购单位和扣缴义务人支付个人款项时开具的发票。

单位和个人在开具发票时，必须做到按号码顺序填开，填写项目齐全、内容真实、字迹清楚、全部联次一次复写、打印，内容完全一致，并在发票联和抵扣联加盖单位财务印章或者发票专用章。

开具手工版增值税专用发票的销货单位，应在专用发票"销货单位"栏内，加盖统一刻制的销货单位栏戳记（包括销货单位名称、地址电话，税务登记号，开户银行及账号等）该章使用蓝色印泥。

4. 发票在放款管理中的作用

发票作为记录企业经营活动的一种原始证明，是证明企业交易背景真实性的重要凭证，贴现业务申请人在办理贴现业务时，必须提交发票（预付类也要后补发票）。

在关联业务中，为了核实交易背景的真实性，银行应要求后补发票，防止利用虚假合同，套取银行资金。

附录3 放款资料、手续和常见问题表（见附表2）

附表2　　　　　　　　　对公授信业务放款资料、程序及问题表

类别	序号	必备资料、必要程序		简要说明
		未提供/未履行必要手续	提供/履行但有严重瑕疵	
基础资料	1	公司章程	章程不是现行有效的或不完整（影响正确判断）；境外公司章程未经董事签字	缺少对公司内部授权进行判断的依据（即需要哪一级授权、授权范围、需要什么决议）
	2	营业执照	在有效期	放款时是否合法、正常经营
	3	申请授信或提供担保的内部授权文件（董事会、股东会或总经理办公会决议）	不符合银行要求（品种、期限、金额、敞口约定、方式等）	未按照公司章程获得相应批准、授权，银行存在过错
	4	房地产类贷款未提供相关证书；规定比例要求的自有资金证明		主要指"四证"，即国有土地使用证、建设用地规划许可证、建筑工程规划许可证、施工许可证
	5	政府部门/外汇管理机构文件、批件		
	6	特定融资业务未提供要求的准入资格、资质材料（进出口许可证、三资企业批准证书、工程或技术资质等）	提供但不符合要求（过期、失效、未年检）	针对特定业务品种
业务合同、协议等法律手续	7	合作协议书、业务合同	关键条款、内容错误（如责任义务、金额、期限、利率、保证金账号、抵/质押标的、签约地点、时间等）	法律风险大，信贷资产风险无法保障
	8	业务合同、协议未签字、盖章	或签字人未经过有效授权	影响合同的有效性
	9	签字人身份和签字有效性（授权）的证明材料，包括营业执照、法定代表人证明书、授权书、身份证或护照等		主要是一些合作厂商、间接授信客户的营业执照、授权（尤其是分公司）
	10	手签章、印章代替签字，但未提供手签章、名章代替本人签字的《名章声明书》（银行格式）		声明书体现签章或印章与本人签字同等法律效力的意思表示
	11	非格式协议、合同文本未提供法律部门（资产保全）审查手续、审后文本		《法律审查意见》是可以使用该文本的依据，要求原件，审查人签署明确意见并经过有权人的审批
	12	境外律师出具的"法律意见书"（如需）		根据文件要求

续表

类别	序号	必备资料、必要程序		简要说明
		未提供/未履行必要手续	提供/履行但有严重瑕疵	
抵押手续	13	他项权利证、动产抵押登记书、变更登记书（原件）	登记有错误或严重不符合要求	抵押登记部门"受理单"不视为抵押登记手续的完成
	14	动产、不动产所有权凭证（复印件）	未盖章、客户经理双签（原件审核无误）	
	15	价值评估报告或其他价值认定手续		
质押手续	16	保证金转入手续、质押品入库手续；离岸质押的总行离岸部"控款回执"	缺少运营管理或离岸部门印章或签字	特指支行运营管理部门管理的押品
	17	用于质押的存单、银承未经所有权人背书签字或盖章、未标明"质押"字样；金抵利协议未生效（双方签字、盖章）；银承质押（以及贴现）业务，承兑行未在银行认可的名单范围；非银行开具存单		运营管理部门重点审核内容
	18	质物清单、抵押物清单（先票/款后货首笔业务提供空白清单）	清单上监管方或借款人未盖章	后者指现货抵质押类业务
	19	质押登记手续		标准仓单、股权质押等
	20	人行征信登记和查询手续	或者征信登记信息有错误	货押中心负责登记/查询；特指应收账款质押（含金抵利受益权质押）、保理业务
公示、公证	21	上市公司对外担保的公告资料以及相应的董事会或股东会决议；公证手续；法律意见书的见证手续		上市公司对外担保公告可在公开网站上打印
保险	22	抵、质物保险单原件/复印件，保险收费发票	保险金额、范围、品种、第一受益人等事项不符合要求	一般按货物价值投保，但投保金额至少要不低于授信金额或贷款的本息合计
贸易或业务背景资料	23	贸易、服务或其他业务合同、协议、其他证明业务真实性的材料，如投标书、中标通知书、增值税发票、商业发票、运输单据等	提供的合同未生效、未签章、签字、过期、金额不符、结算方式未标明或不一致等	对于框架性合同、协议，要有具体订单、具体数量、价格
	24	特别要求的贸易合同（如唯一回款户条款等）	表述不符合要求	如要求出账前落实

附 录

续表

类别	序号	必备资料、必要程序		简要说明
		未提供/未履行必要手续	提供/履行但有严重瑕疵	
贸易或业务背景资料	25	关联交易合理性证明资料（增值税发票或其他）	限制的交易对象	
	26	代理协议		代理业务
	27	信用证/托收业务项下国际部签发的来单通知面函、商业发票（invoice）	未显示企业同意付汇/承兑的意见及盖章；未经运营部门审核签章	特指进口押汇、汇利丰、海外代付等业务；凭以审查对外付款的金额、方向、时间的真实性、合理性
信用状况查询	28	企业、个人征信状企业况查询资料（每笔业务发放前）	信用状况存在问题	借款主体、担保方等。经过授权，出账前，进行征信状况查询，检查是否存在问题
	29	出账当天相关各方（借款申请人、担保方）的贷款卡打印资料	或状态不属于"正常"，发现显示有不良信用信息	包括借款企业、担保方
价格管理	30	利率、收费审批手续	未履行有权签字人的签字	超分行审批权限的，要提供总行审批手续
客户专项授权、通知文件	31	保理业务的《授权书》、票据托收委托手续等		托收手续指质押票据到期日早于授信业务的到期日情况
	32	货押业务的空白《委托变卖协议》		
	33	《账户更改通知书》		保理业务的首次合作客户
资金监管	34	《资金封闭监管协议》、监管账户资料		房地产开发贷款等
	35	资金用途证明（贸易合同等）		
	36	保证金来源说明、自由合法资金证明		反洗钱
	37	应收账款转让确认手续		保理业务
货物监管	38	监管仓库的租赁协议		
	39	货物权属凭证		
	40	货押部或岗位的监管认定报告		货押业务首笔业务或临时要求
	41	核库报告书、质物（抵押物）清单		
额度管理	42	三个月未用额度情况下的《二次审查意见》		厂商额度低于授信额度的，按照厂商额度控制
	43	异地额度占用审批或同意的手续		异地分行额度管理部门签发
	44	（间接授信客户）超过间接授信额度		贸易融资类，贸易融资部台账控制

续表

类别	序号	必备资料、必要程序		简要说明
		未提供/未履行必要手续	提供/履行但有严重瑕疵	
总行审批	45	展期信贷业务未提供总行审批意见		一般而言,权限在省级分行或总行
	46	办理未经过总行授权的业务品种		权限管理要求
放款审查程序履行	47	临时控制性审批文件未提供、程序未履行		如资金、信贷额度指标、承诺落实等
	48	协审程序	缺少审批岗位有权签字人签字	禁止逆程序操作
	49	《出账申请/审批表》未经信贷综合员、客户经理、支行行长或其他有权签字人签署明确同意意见		
	50	客户经理面签声明或双签的《合同面签确认书》		后者针对国际业务以及其他未使用现行标准《出账/申请审批表》的情况
	51	票据贴现业务未经过查询、查复程序且符合要求	或企业、银行、运营部门签字、盖章不完整	
境外查册	52	境外查册手续(如需)		离岸业务
信贷审批意见落实	53	正本《信贷审批通知书》(盖章/签字)、变更审批意见书	信贷审批意见未经过有权签字人签字	总行审批的,可以先用传真件
	54	终审意见提出的其他限制性要求(比如企业出具"承诺书(函)"等)		一般是信贷审批时根据具体业务、具体客户提出的个性化要求
风险预警	55	贷后管理或其他岗位、部门发出风险预警,要求停止出账的情况		动态风险控制
日常控制	56	存在未按时落实的放款承诺且超过规定数量		
	57	临时控制性审批文件		如资金、信贷额度指标等
其他	58	其他必备手续		未尽事项

资料来源:系笔者整理。

附录4　常用政策法规和国际惯例目录

1. 有关政策、法规目录

（1）人民银行《关于印发利率管理暂行规定》的通知

（2）人民银行《关于扩大金融机构贷款利率浮动区间有关问题的通知》

（3）《中华人民共和国公司法》

（4）《中华人民共和国商业银行法》

（5）《中华人民共和国合同法》

（6）《最高人民法院关于审理经济合同纠纷案件有关保证的若干问题的规定》

（7）国家工商总局（第30号令）《动产抵押登记办法》

（8）国家工商行政管理总局令（第88号，修订）《动产抵押登记办法》

（9）《最高人民法院关于国有工业企业以机器设备等财产为抵押物与债权人签订的抵押合同的效力问题的批复》

关注点：国有工业企业以机器设备、厂房等财产与债权人签订的抵押合同，如无其他法定的无效情形，不应当仅以未经政府主管部门批准为由认定抵押合同无效。

（10）《中华人民共和国担保法》

（11）《最高人民法院关于适用〈中华人民共和国担保法〉若干问题的解释》

（12）《中国证监会关于上市公司为他人提供担保有关问题的通知》

（13）《国务院关于收费公路项目贷款担保问题的批复》

关注点：公路建设项目法人可以用收费公路的收费权质押方式向国内银行申请抵押贷款，以省级人民政府批准的收费文件作为公路收费权的权力证书，地市级以上交通主管部门作为公路收费权质押的登记部门。质权人可以依法律和行政法规许可的方式取得公路收费权，并实现质押权。

（14）人民银行《境内机构对外担保管理办法》

（15）国家外汇管理局《境内机构对外担保管理办法实施细则》

（16）《关于加强境内金融机构外汇担保项下人民币贷款业务管理的通知》

（17）国家外汇管理局关于转发和执行《最高人民法院关于适用〈中华人民共和国担保法〉若干问题的解释的通知》

（18）《中华人民共和国物权法》

（19）《中华人民共和国国有资产法》

关注点：以国有企业的资产担保（质押、抵押）问题

（20）《最高人民法院关于建设工程价款优先权问题的批复》

（21）《中华人民共和国城市房地产管理法》

（22）《农村集体土地使用权抵押登记的若干规定》

（23）《城镇国有土地使用权出让和转让暂行条例》

（24）《国家土地管理局关于土地使用权抵押登记有关问题的通知》

（25）《专利权质押合同登记管理暂行办法》

（26）《著作权质押合同登记办法》

（27）《商标专用权质押登记程序》

（28）《城市房地产抵押管理办法》

关注点：不得设定抵押的房地产。

（29）《凭证式国债质押贷款办法》

（30）《单位定期存单质押贷款管理规定》

（31）《证券公司股票质押贷款管理办法》

（32）《农村电网建设与改造工程电费收益权质押贷款管理办法》

（33）银监会令《固定资产贷款管理暂行办法》

（34）银监会令《流动资金贷款管理暂行办法》

（35）银监会令《个人贷款管理暂行办法》

（36）银监会关于印发《项目融资业务指引》的通知

（37）《企业动产抵押物登记管理办法》

（38）《公证机构办理抵押登记办法》

（39）《最高人民法院关于房地产管理机关能否撤销错误的注销抵押登记行为问题的批复》

关注点：房地产管理机关可以撤销错误的注销抵押登记行为。

（40）《最高人民法院关于严禁随意止付信用证项下款项的通知》

（41）《中华人民共和国票据法》

（42）《最高人民法院关于审理票据纠纷案件若干问题的规定》

（43）人民银行《票据实施管理办法》

（44）人民银行《支付结算办法》

（45）《中华人民共和国税收征收管理法》

（46）《中华人民共和国税收征收管理法实施细则》

（47）中国银监会《关于整治银行业金融机构不规范经营的通知》

（48）财政部《关于规范地方财政担保行为的通知》

（49）国务院《关于加强地方政府融资平台公司管理有关问题的通知》

(50)财政部、国家税务总局《关于全面推开营业税改征增值税试点的通知》

(51)银监会《银行业金融机构全面风险管理指引》

2. 常用国际惯例(名录)

ICC458:国际商会见索即付保函统一规则(编号458 1992)

Uniform Rules For Demand Guarantees ICC Publication No. 458 1992

UCP600:跟单信用证统一惯例

The Uniform Customs and Practice for Documentary Credits, 2007 Revision, ICC Publication No. 600 ("UCP")

ISP98:国际备用信用证惯例

International Standby Practices (ISP98)

URR725:国际跟单信用证项下银行间偿付统一规则

Uniform Rules for Bank to Bank Reimbursements Under Documentary Credits (URR725)

ICC522:托收统一规则(URC522)

ICC Uniform Rules for Collections, ICC Publication No. 522

参 考 文 献

[1] 江其务. 银行信贷管理学 [M]. 北京：中国金融出版社, 1994.

[2] 卡罗尔·亚历山大. 商业银行操作风险 [M]. 陈林龙, 等译. 北京：中国金融出版社, 2005.

[3] 康书生. 银行制度比较与趋势研究 [M]. 中国金融出版社, 2005 (1).

[4] 刘国武, 等, 票据支付结算与风险防范 [M]. 湖南人民出版社, 1997 (1).

[5] 孙建林. 商业银行授信业务风险管理 [M]. 对外经济贸易大学出版社, 2003 (1).

[6] 王丽丽, 张炜. 银行公司业务与法律风险控制 [M]. 法律出版社, 2004 (1).

[7] 肖舟. 中国工商银行信贷制度变迁研究 [M]. 科学出版社, 2008 (1).

[8] 杨俊川. 商业银行放款实务 [M]. 中国金融出版社, 1998.

[9] 杨学友. 孟霞. 现代商业银行信贷 [M]. 中国金融出版社, 2001 (1).

[10] 张初础. 贷款担保纠纷处理参考手册 [M]. 立信会计出版社, 2004.

[11] 张炜, 林伟. 银行法律纠纷风险控制 [M]. 法律出版社, 2004 (1).

[12] 张炜, 尤瀛东, 董建军. 银行法律风险控制：典型案例探析 [M]. 法律出版社, 2004 (1).

[13] 张静琦. 商业银行信贷管理 [M]. 西南财经大学出版社, 2005 (1).

[14] 赵志宏等. 银行全面风险管理 [M]. 中国金融出版社, 2005 (1).

[15] 赵延河. 打包放款融资业务的性质、风险与控制 [J]. 山东行政学院学报, 2001 (3).

[16] 赵延河. 国际结算业务中的信用转化与风险变化 [J]. 金融会计, 2005 (7).

[17] 赵延河. 备用信用证担保人民币贷款的性质、条件和风险控制 [J]. 税务与经济, 2006 (1).

[18] 赵延河. 论放款管理的功能定位和制度选择 [J]. 深圳金融, 2010.

[19] 罗凯. 增资扩股对信托公司的影响：文献综述与统计分析 [J]. 经营与管理, 2016 (9).

[20] 罗凯, 刘芬. The Impacts of Main Factors on Dynamic Efficiency of Chinese Com-

mercial Banks [M]. Communications in Information Science and Management Engineering, 2011, 1 (7): 6 – 11.

[21] 罗凯, 刘芬. An Empirical Study on the Determinants of Dynamic Efficiency of Chinese Commercial Banks [C]. 第二届 IEEE – IWE 经济学国际研讨会论文集, 2011.

后　　记

　　这本书，是笔者在商业银行从事放款管理实践经验的阶段性总结。它成稿于几年前，一直未能出版，原因是存在诸多不尽人意之处。比如，逻辑架构的安排、政策的适应性调整、金融创新内容的充实等方面。尽管如此，个人认为，这并不影响本书的核心价值。因此，在朋友们的鼓励下，稍作调整，决定成书出版，期望能抛砖引玉。

　　当前，在金融领域的竞争日趋激烈的形势下，风险管理重要性不是降低了，而是应当进一步加强。因为，商业银行为了赢得竞争优势，或追求更高的收益，积极创新，经营策略正变得比过去更加激进，"高风险、高收益"的理念更趋盛行。但严峻的现实是，有时往往事与愿违。有些业务的创新由于管理失策最终失败了。高风险的业务带来的是高比例的不良，而不良资产最终吞噬了短暂的高收益。

　　经验教训表明，除了产品设计、客户选择、风险分析、市场调查、营销管理模式、风控机制等方面存在的诸多问题外，放款管理环节的失控也是导致风险产生的重要原因。在日常的业务实践中还发现，年轻的客户经理、信贷经理对放款环节依然比较"陌生"，操作不熟练、差错率高、放款效率低，甚至部分信贷管理人员、审批人员、风险管理人员对"放款管理"的认知也远未达到深刻、全面的程度，此种状况不利于健康、科学的风险文化的形成。

　　客观上，碎片化的培训，较难提供一个清晰、完整的认识；而本书则有助于给读者提供一个关于放款管理的全面、整体认识框架。期望本书的出版能够对商业银行的信贷管理做出新的贡献。

　　我的博士生导师中央财经大学齐兰教授、中国银行业监督委员会政策法规部王科进副主任对本书的出版均给予了鼓励和指导，国家税务出版社王静波博士、光大信托的罗凯博士后以及部分同事对本书的出版也做出了积极贡献。经济科学出版社的周国强主任和其他编辑老师，对本书的出版付出了辛勤的劳动，并给予了富有见地的指导，在此一并表示衷心的感谢！

　　最后，感谢家人对我工作的支持和帮助！

赵延河
2016 年 10 月 15 日